JN078695

日本統治期
台湾の経済、産業発展再考

小山三郎責任編集

近現代東アジア研究叢書編集委員会／
国立台北大学歴史学系共編

文明基　陳徳智　林佩欣　曾立維
蔡龍保　林采成　三澤真美恵　王淳熙／著

霞山アカデミー
近現代東アジア研究叢書

『近現代東アジア研究叢書』
創刊にあたり

阿部純一

一般財団法人霞山会理事長

　本書は、2022年11月、国立台北大学において霞山会（以下、当会）と同大が共催した国際シンポジウム、「東アジア近現代史の中の変遷、対抗、融和——歴史、教育、産業・経済の視点から」での報告内容等をもとに編纂されたものである。

　この国際シンポジウムは、新型コロナウイルス感染症（COVID-19・以下、コロナ）がまだ収束したとは言えない状況下で開催された。その移動において、往路では台北の空港で飛行機から出るやいなや何と入境手続の前にコロナの検査キットを手渡され、宿泊先での慣れない自己検査とその結果報告が非常に面倒であった。そして復路でも、なぜ日本人が日本に帰国するのにここまで面倒な手続きをしなければならないのかと辟易したことは、今となっては遠い昔のことのように懐かしさすら感じるものの、二度とはしたくない体験である。しかし、このような状況にもかかわらず、このシンポジウムのために多くの研究者や専門家が会場である国立台北大学に会し、あるいは時勢を反映して（また、時間的にどうしても会場への移動時間を確保することができずに）リモートで参加し、加えて、多くの聴衆も会場に足を運び、あるいはリモート配信を視聴するなか、2日間にわたって各界の研究者及び専門家の研究報告並びに活発な討論が行われたこと、そして、その結果少なからぬ成果が得られたことは、その場に臨んだ一人一人の熱意と努力無くしては全く不可能だったであろう。それだけに、この場を借り、重ねてこの国際シンポジウムの開催・運営に携わり、成功に導いてくれた全ての方々に心からお礼を申し上げたい。

この国際シンポジウムはまた、当会と国立台北大学が初めて共催したシンポジウムであった。初めての共催だけに、当然のことながら台湾側の各方面において当会をあまりご存知ない方が少なからずおられたようであった。そこで、シンポジウム当日の開会挨拶において当会を簡単に紹介したが、ここで新たに本書を手に取られた各位のため、改めて当会を紹介したい。

　当会は、日清戦争直後の1898年に設立され、第二次世界大戦後の1946年に解散した東亜同文会の設立理念と基本財産を継承し、1948年に創立された財団法人である。当会の名称である霞山会の「霞山」とは、東亜同文会の初代会長である近衛篤麿公の雅号である「霞山」に由来している。そして、創立以来、東アジアにおける「文化・教育・研究交流による相互理解の促進」並びに「アジア諸国・地域との交流を深め、世界平和に貢献」することを基本理念として事業を実施してきた公益団体である。その実施事業を大別して紹介すると、国際・国内シンポジウムや講演会をはじめとする調査研究事業のほか、月刊『東亜』の発行をはじめとする出版事業、そして各種奨学金事業である。さらに、昨今では新型コロナウイル感染症流行時に培った配信のノウハウを活かし、各種講演のネット配信や、その配信内容をもとに『霞山アカデミー新書』を出版している。これらの事業を通じ、当会は、日本国内のみならず日本と海外の国や地域との学術・文化交流の発展に寄与すべく努めている。そのほかにも、日本語学校及び中国語学校からなる語学学校の「東亜学院」も擁しており多くの卒業生が日本で、そして海外（中国語圏）で活躍している。

　ここで強調しておきたいことがある。それは、これらの事業遂行に当たって必要な原資につき、当会は国からの補助金に一切頼ることなく、当会ビル事業部が基本財産である不動産を運用して得た収益のみで遂行していることである。そうすることによって、当会は各種事業を外部の干渉を受けることなく独立性と公平性を持って実施しているということを付言しておきたい。

　そのほかの詳細については、当会のホームページを是非訪れて頂きたい。

　さて、冒頭でも述べた通り、本書は2022年11月、当会と国立台北大学が共催し、同大キャンパスにて開催した国際シンポジウム、「東アジア近現代史の中の変遷、対抗、融和──歴史、教育、産業・経済の視点から」での報

告内容等をもとに編纂されたものである。シンポジウムのテーマを見てもおわかりのとおり、扱われた時代も、そして分野も非常に広範囲にわたっており、それだけに本書も実に豊富な内容となっている。本書の完成に当たっては、日台双方の実務担当者および協力を頂いた関係各位の協力と努力なくしてその成果を語ることはできない。それだけに、その協力と努力の結晶がこのような素晴らしい形で体現されたことを寿ぎ、本書の完成が当会の基本理念に合致することを慶び、そして日台双方の学術発展に寄与することを確信したい。末筆で甚だ恐縮だが、本書の発行に携わった全ての方々に対し、文字では尽くせぬ心からの感謝の意を表するものである。

『近現代東アジア研究叢書』
創刊号序

李　承嘉
国立台北大学学長

　本学歴史学科は2000年に設立された比較的若い学科ですが、東アジア地域の研究を中心に教育研究、国際交流に力を入れてきました。その結果として、2009年からは日本、韓国の持ち回りでセミナーを開催し、この10年余りの間に豊富な研究成果を蓄積し、緊密な学術ネットワークを構築してきました。これに基づき、台湾、日本、韓国の研究者が「近現代東亜研究会」を結成し、長期的な協力関係のもとで、蔡龍保教授が編集を担当し、『近現代東亜研究論叢』を創刊することになりました。このことは、本学歴史学科の努力の成果であり、大変名誉なことであります。

　歴史研究が時間を主軸とし、地理研究が空間をフィールドとするならば、地理的領域を研究空間とし、同時に歴史的視点を取り入れてこの空間を解釈・分析することは、人文学的な時間と空間を結合した研究となります。したがって歴史を主軸として東アジアを研究すれば、研究の幅も深みも格段に広がることになります。このことが「近現代東亜研究会」設立の目的の一つでしょう。

　周知のように、東アジアを研究領域とすることは、まったく新しい研究対象と言う訳ではありません。これまでも多くの研究がありました。しかしそれらの研究は、往々にして東アジアを後発の地域として研究するものでした。しかし中国の沿海地域に台湾、日本、韓国を加え、これらの地域の近年の発展を研究するとなると、また違った歴史観や視野が必要になるでしょう。「近現代東亜研究会」は、このような姿勢に立ち、「近現代」に焦点を当てているものと考えます。このような研究の時間軸を設けることで、東アジア研究

はより焦点が絞られ、革新的な研究成果をあげることができると信じております。

　「近現代東亜研究会」の設立と『近現代東亜研究論叢』の刊行に際し、とりわけ日本・一般財団法人霞山会の長期にわたるご支援と、五南図書出版の協力に感謝を申し上げます。これらの学術活動に参加された研究者の皆様の献身的な努力により、本シリーズの一部は中国語と日本語の両方で出版される予定であり、これもまた斬新な試みと言えましょう。諺にもありますが、良いスタートは成功の半分であります。志を同じくする多くの人々の努力によって、「近現代東亜研究会」と『近現代東亜研究論叢』は飛躍的に発展を遂げ、長期にわたって成功を収めることができると信じています。

序として──
『近現代東アジア研究叢書』への期待

何　淑宜

国立台北大学歴史学系主任

　2020年2月1日、台北大学歴史学科は、創立20周年を迎えました。2000年の学科創立から振り返りますと、若い学科が徐々に成長し道を切り拓いてきたように感じております。教育、研究を重視する大学として、学科の教員は、自身の研究を深め、新しい世代の人材を育成することの重要性を常に理解しております。

　これまで教員の研究成果を発表するために、私たちは以下のような研究セミナーや国際シンポジウムを開催してきました。

・「帝国之禮」（2009）
・「植民地台湾の経済発展と市場の生成」（2010）
・「近代東亜的区域交流與秩序重編」（2012）
・「Dynamics of Political Economy between Japanese Empire and the Colonies」（2013）
・「植民地台湾の社会資本と流通」（2013）
・「Integration and Tension between Empire and Colonies: From a comparative historical view of Korea, Japan and Taiwan」（2014）
・「帝国的形成、発展與拡張──関係性．同時性．異質性」（2015）
・「台・日・韓跨領域2013研究座談会──環境／共有財／原住民」（2016）
・「秩序、治理、産業──近代東亜政経発展脈絡的再検視」（2016）
・「地方文書與近代東亜植民史研究」（2017）
・「東亜近現代史中的変遷、対抗、融合──従歴史、教育、産業、経済的

視角」（2022）
・「Food Distribution and Consumption in Modern East Asia and the Japanese Empire」（2023）
・「日台産業協力の可能性」（2023）

　これらのセミナーを通じて、本学科の教員が近現代東アジアの歴史・文化に深く関心を示し、本学科の学問的発展の方向性を築きあげてきたことがお分かりになると思います。

　本学科では、こうした研究会の開催が、教員各位が新たな研究の方向性を模索していることを示すだけでなく、学問分野の研究者仲間との交流の場になることを望んでおります。このことを実践するために、国内、日本、韓国、アメリカ、中国、香港、マカオから優秀な研究者を招聘し、国内外の研究機関と共同で研究会を開催し協力関係を深めております。数年にわたる努力を経て、多くの研究成果が蓄積されました。蔡龍保教授は、これらの研究成果を学術界のために書籍にまとめることを提案し、この提案は学内の研究者に支持され、『近現代東亜研究論叢』として順次刊行されることになりました。

　創刊号である本書は、一昨年2022年11月に日本・一般財団法人霞山会と共催で開催した国際シンポジウムで報告された論説を選び、審査を経て編集したものです。出版は霞山会と協力して行われており、日本でも刊行されることになっております。

　本書の各論説は、無線電信システム、鉄道、軽便鉄道などのハードウェア構築の側面と漁業調査、紅酒の販売の拡大、戦前戦後の台湾映画の伝統の二重性、戦後の文化財の再生と活用などのソフトウェア管理を通じて、日本統治時代から現代の台湾の関連産業や技術が、日本の植民地政策の変遷、台湾全体の経済・産業の発展、東アジア情勢やその他の環境触媒の変遷、及びそれぞれの時代にどのように適応し、現在に至っているのかを探求しております。

　以上のテーマは、本書冒頭の文明基論文のテーマ「なぜ『帝国主義下の朝鮮』がなかったのか－矢内原忠雄の植民政策研究と台湾・朝鮮」と呼応していると考えます。矢内原忠雄の植民政策を考察した文明基論文は、日本の植

民地体制下の代表的な植民地であった台湾と朝鮮の違いを、植民地そのものの政治的経済的特性から浮き彫りにしているからです。

　本書の出版は、関係する多くの方々の協力により刊行されました。学内では、蔡龍保先生、山口智哉先生、王超然先生、林佩欣先生が編集を、周俊宇先生、曾健洲先生が翻訳を、王美淑さんは庶務全般を担当し、五南図書出版の黄惠娟副編集長に力添えをいただき、刊行にたどり着きました。出版に際しての皆様の献身的なご助力に深く感謝申し上げます。私たちは、今後もさらなる研究の向上と有為な人材の育成を目指していく所存です。

『近現代東アジア研究叢書』発刊の目的

蔡　龍保

国立台北大学歴史学系教授・『近現代東亜研究論叢』主編

１．本書の成り立ち

　近年、「帝国」や「越境」に関する研究が注目を集めている。これまで単一の帝国や単一地域を対象とした研究から、帝国間や地域間の多次元的相互作用の研究へと移行し、政治、経済、社会、文化など各領域で成果が期待されている。討論の枠組みとして東アジア研究も重要なテーマであり、これまで多くの研究成果が生み出されている。

　東アジアは、西欧や北アメリカと社会、文化、伝統の面で大きく異なり、過去のその相違を指摘した研究成果の大半は、原因を解明する時には西欧や北米に比べて東アジアの発展が遅れたことによると主張している。しかし東アジアの経済が急速に発展したにも関わらず、東アジアと西欧、北米との違いは依然として存在する。このことから、資本主義の類型の違いが問題となっている。

　その一方で歴史研究は、いままでの変化を理解するために必要かつ効果をもつものとなっている。長期にわたり歴史研究の深まりとともに、これまで関連性が乏しいと考えられてきたものが、長い期間にわたってゆっくりと変化し、積み重なった結果であることが徐々に証明されてきている。

　このテーマに関して、台湾と日本の研究者は、共同研究を通じて、いくつかの重要な研究成果をあげている。例えば、代表的な研究書として、中村哲主編『東アジア近代経済の形成と発展』[1]、『1930年代の東アジア経済』[2]、『近代東アジア経済の史的構造』[3]、堀和生、中村哲編『日本資本主義と朝鮮・台湾』[4]等があげられる。

台北大学歴史学系では、この研究の方向性の重要性を認識し、2009年に「帝国の禮：国際シンポジウム」を開催して以後、積極的に国際学術交流に取り組み、具体的には、台湾、日本、韓国で「植民地台湾の経済発展と流通」、「帝国の形成、発展と拡張――『関係性』、『同時性』、『異質性』」、「地方文書と近代東亜植民の研究」、「東アジア近現代史の変遷、対抗、融合――歴史、教育、産業、経済的視角から」等々のテーマのシンポジウムを実施してきた。最近では「日台産業協力の可能性」国際学術シンポジウムを開催した。これらのシンポジウムを通じて、「帝国史」、「近代東アジア史」研究において、より深い研究基盤と学術ネットワークを作り上げてきた。

　さて本学と一般財団法人霞山会との関係について、説明をしておきたい。

　私たちと一般財団法人霞山会の橋渡しをしてくださったのは、小山三郎先生である。知遇を得た契機は、20年前に先生が台湾師範大学歴史学系の呉文星教授の研究室を訪問したことにある。今回、先生を通じて一般財団法人霞山会との関係が生まれ、本学歴史学系と長期にわたる文化交流を協力、推進することとなった。

　霞山会の前身は、1898年に成立した東亜同文会で、当時の活動方針は東アジア地域における文化交流活動にあり、第二次大戦後は、民間の財団として生まれ変わった霞山会がその精神を引き継いで今日に至っている。こうした歴史の背景のなかで、近年、国際的地位が高まりつつある台湾との民間文化交流の一環として、本学との学術交流がスタートしたのである。

　小野邦久理事長、阿部純一理事長と新旧理事長との親交を経て、2022年10月、阿部理事長、倉持由美子理事、千葉憲一事務局長兼文化事業部長、齋藤眞苗文化事業部副部長、古月雅之文化事業部課長と報告者の御一行の本学来訪が実現し、2日間に渡り「東アジア近現代史の変遷、対抗、融合――歴史、教育、産業、経済の視角から」国際シンポジウムを実施した。

　2023年には、東京霞山会館で、「日台産業協力の可能性」国際シンポジウムが開催され、台北大学文学院、商学院、公共事務学院および中央研究院の8名の研究者が参加した。この2回のシンポの報告をもとに執筆された論説は、『近現代東亜研究論叢』の1号、2号、3号として五南出版社から刊行されることになった。記念すべき創刊号には、厳格な審査を通過した経済関

連の 8 篇が収められている。この「論叢」の出版を支援してくれた五南出版社の副總編の黄惠娟さんに深謝したい。

　この度、本書は、日本語版として霞山会から刊行された。このように台湾と日本で討論され、学術書として刊行されたことは、東アジア研究の領域に大きな貢献を果たしていくと確信している。日本語版の刊行に尽力された霞山会の皆様に敬意を表したい。

　さて本書の成り立ちは、近現代東亜研究会の設立と密接な関係をもっている。つぎに2023年 9 月に設立した近現代東亜研究会について、説明することにする。

2．研究の裾野の拡大、領域を超えた対話と 国際学術交流の深化

　台北大学歴史学系が設立した「近現代東亜研究会」は、これまでの研究基盤と学術ネットワーク、さらに霞山会との協力関係に基づいて、台北大学、中央研究院および日本・韓国・香港・中国の学者を招聘し、学術研究交流を実施することになった。国際セミナーは、台湾、日本、韓国で毎年開催され、そこでの研究成果は、中国語と日本語の刊行物として出版され、台北大学歴史学系『近現代東亜研究論叢』となっている。また日本語版は、霞山会が刊行することになった。

　本研究会の設立の目的と趣旨は、次の通りである。

1．歴史研究を踏まえ、近現代東アジアに関わる課題の共同研究と学術分野を越えた交流の推進
2．国境、地域を越えた共同研究の実施、国際セミナーの開催と、台北大学歴史学系の『近現代東亜研究論叢』の刊行
3．学生フォーラムや東アジアを代表する大学との交流と、東アジアをマクロに見据えた新世代の人材の育成
4．オンライン方法を併用し、国境、地域を越えた協力、「近現代東アジアのテーマ研究」、「近現代東アジア研究の古文書を読む」講座／読書会を通じて、若い世代の研究者、大学院生、大学生のための研究、学

術基盤のネットワークの確立

5．近現代東アジアの研究と交流のプラットフォームを確立し、各国、地域の研究者による実証的研究と合理的な議論を通じての多角的な理解と尊重、イデオロギーや思想を超えた東アジアの歴史と共通の価値観についての地域を越えた視点の形成を目指す。

　要するに、本研究会の運営方向は、時代背景は「近代」から「現代」へ、研究対象は「台湾史研究」、「日本帝国研究」から「東アジア」研究へと拡大発展し、分野は「歴史研究」の「分野、学科を超えた」対話へと広がる。本研究会の主な発展方向の鍵は、「近現代東アジア」、「地域交流」、「秩序再編」であり、ここには「対立」、「変化」、「統合」のプロセスへのアプローチが含まれ、台湾・日本・韓国・中国・香港・欧米の研究者による「教育と文化」、「産業と経済」、「政治と外交」などの分野での白熱した議論が期待される。

　当初は４年周期で、１．「教育と文化」２．「産業と経済」３．「政治と外交」４．その他（研究会メンバーや研究会顧問から提案された、観光史、女性史、企業史、技術史、香港史、満州史など）をテーマとして設定し、研究成果は順次公開していく。

3．本書の特徴と内容の紹介

　中村哲氏は、著書『東アジア近現代史論の再検討』のなかで次のように述べている。

　　欧米の研究動向に常に注目し、その後の動向を追い……海外の研究成果から学ぶことも必要であるが、独立自主の姿勢を持つことが大切である。したがって、今後「東アジア研究」を深化させ、「東アジア研究に根ざした東アジア論」を構築していくためには、東アジア諸国の研究者がこの問題を自覚し、引き続き精力的に実証研究の蓄積に取り組むことが必要である。[6]

　台北大学歴史学系『近現代東亜研究論叢（1）』として刊行した『植民地台湾的経済與産業発展再考』は、この理念に基づいた実証研究であり、台湾、日本、韓国の学者が書き下ろした８篇の論文から構成され、植民地台湾の経

済、産業的側面を研究するうえで極めて啓発的である。またこれらの研究は、日本の自由主義植民政策学者矢内原忠雄が残した議論と対話することも可能である。

　ここで各論説を紹介することにする。

文明基著「なぜ『帝国主義下の朝鮮』がなかったのか
——矢内原忠雄の植民政策研究と台湾・朝鮮」

　この論説は、台湾と朝鮮の植民政策に関する矢内原忠雄の見解に焦点を当てた革新的、刺激的な内容を持っている。著者は先行研究を前提として、矢内原が朝鮮に多大な関心と思いを持っているにもかかわらず、朝鮮関連の論文が3篇しか存在していないことの意味を問う。ここでは、台湾と朝鮮の比較から、研究の外的環境と内的問題を提起し、植民政策論の構造的特徴に基づいて台湾理論と朝鮮理論を分析し、矢内原の理論と植民地の「現実」との関連が推論される。

　矢内原は、朝鮮に関係する研究が突然中断された場合には、外部からの「圧力」や、言論や学問の「不自由」の影響があるはずであると指摘していた。しかし、より重要なのは、矢内原の植民政策論の構造と特徴にある。矢内原の植民政策論は、「文明の過程としての植民地化の観点」と同系列に位置し、新渡戸稲造の「植民地化は文明の広がりである」論を継承している。矢内原の植民経済論（資本主義化）と植民政治理論（自治主義）、植民地本国と植民地の「相互利益」という思考の枠組みは、アダム・スミスの自由主義植民理論に近い考えである。

　「帝国主義下の台湾」は、資本主義化と自治主義を結合したものである。朝鮮の農業経済はコメ中心であり、台湾のコメと砂糖の経済構造とは異なる。台湾の資本主義化については明確な口調で語るが、矢内原の朝鮮の資本主義化についての語り口は、慎重であり躊躇さえ感じられる。また、彼の朝鮮自治論は、資本主義化の結果として正当化された政治問題である台湾自治論とは異なり、経済的な「絶望」と「不安」を解消するための解決策として提案されている。つまり台湾の状況とは異なり、植民地時代の朝鮮経済を「帝国主義下の朝鮮」と呼ぶほどには、包括的な分析が存在していないと言える。

これらのことは、矢内原が植民政策学者として立てた「理論」が植民地朝鮮経済の「現実」から乖離していることを強く示しており、矢内原が植民地朝鮮経済に対して「沈黙」を貫く理由でもある。

矢内原は台湾の資本主義化について論じた際、土地調査、度量衡、通貨制度の改革、林野調査を資本主義の基本事業であると考えていた。台湾の急速な経済発展は、1904年の通貨改革、1905年の土地調査の完了、1908年の縦貫鉄道の開通と基隆と高雄の築港事業の成功によるものであった。[7]台湾総督府は、統治の根幹となる土地調査、林野調査などのほか、各種産業政策を推進する際に、必要な各分野の専門的な基礎調査を実施し、それらが様々な産業政策の形成と展開に影響を及ぼし、様々な分野に影響を与えていた。

陳徳智著「帝国／植民地の海洋——日本統治期における台湾総督府の　　沿海から遠洋漁業調査試験に関する考察（1909—1922）」

海洋調査と漁業試験について論じ、台湾の南洋の遠洋漁業の重要な基礎産業を調査し、遠洋漁業の発展過程を明らかにしている。1909年から1916年は、台湾の沿岸および沖合漁業の調査と試験が行われた時期である。日本が行なった調査、試験は当初からカツオ漁業を中心に、タイ漁業、サワラ漁業、フライ漁業などの魚種、タイ延縄漁、トロール漁業などの漁法に至っていた。台湾の海洋漁業調査・試験プロジェクトは、時間の経過とともに、漁場の海洋状況と魚の回遊状況、魚の生活史、移動、生態との関係をより明確にした。この調査は、台湾の水産海洋学を深化させ、そこで構築された「漁海況論」は、徐々に海洋調査、試験のモデルになっていく。1920年代までに、台湾総督府は南洋の遠洋漁業を運営する性格を帯びてきていたのである。

植民地産業、特に地域特有の産業が、新しい時代に新たな技術を取り入れて更なる革新を遂げ、植民地時代の母国日本に大きな影響を与えた点も植民地時代において探究すべき重要な研究である。一部の学者は「拡大の逆流」論をもって、植民地「紛争」の拡大と、台湾高等法院総長高野孟矩の罷免事件などの日本国内の政治情勢に重大な影響を与えた「逆流」を検証している。[8]「拡大への逆流」の観点から産業経済を分析する研究は、相対的に不足している。このことは、すでに業績をあげている農業研究や農産物改良研究

に比べて、酒造改良研究の余地があることを意味している。

林佩欣著「台湾の酒から帝国の酒へ： 日本統治時代における樹林酒工場の紅酒改良とマーケティング」

台湾で地元の人々に愛されていた紅酒が、どのように進化したのかを調査し、その運営と生産を通じて、紅酒が日本国内で人気のワインになった経緯を、専売局の運営と包装を通じて考察している。この論説は、生産量の増加と品質の安定化を図るため、専売局が樹林酒工場を接収した後に、紅麹の生産工場の建設に着手し、樹林酒工場を紅酵母の独占生産工場にした経緯を指摘し、技術改善の面では技師の神谷俊一が中心となり、樹林酒工場でアミロ法の実験を実施し、米酒の生産量の安定化と生産コストの削減を図ったプロセスを明らかにしている。工場長の野本只勝は、紅酒を生産するためのリゾプスの利用を開発し、低温で生産することしかできなかった紅酒の醸造を、季節を問わず可能とした。1935年以降、専売局は「蘭英」と「玉友」をブランド名として、販売代理店の明治屋のもとで、熟成した紅酒を日本国内に販売することに成功した。日中戦争勃発後、専売局は樹林酒工場長であった野本只勝を退任後に中国に派遣し、彼は中国で紅酒製造の指導を行い、専売局での経験を運用し販路も拡大した。

矢内原が台湾の資本主義化を語る際、土地調査などの基礎的事業の重要性を強調したものの、近代化に関わる通信、鉄道、港湾、上下水道などのインフラの役割についてはほとんど無視するか、理解していなかったことは注目に値する。特に交通は、植民地支配者にとって経済発展の重要な原動力であるだけでなく、支配を実施、強化する重要な手段でもあった。

曾立維著「台湾における対外無線電信系統の確立と発展（1928－1949）」

台湾は、1917年から1945年まで新たに海底電信線を敷設せず、無線電信局を設立し、台湾と日本の間の拡大する通信量に対処した。1928年に台北無線通信局が完成し、日本にある各局との固定業務が正式に開始され、これが通信手段における重要な分岐点となった。1931年、台北市電信局は短波送受信装置を改装し、優れた性能を備えた指向性航空回線を構築したことで、

台湾の昼間電報システムの能力を大幅に向上させ、これまでの通信途絶、電報送受信の遅延、ブロッキング、滞留など、台日間に存在した電報通信問題を解決した。台湾の日常的な電信通信は、無線システムに転換されたのである。台日間の電信通信の数が増加し、1935年に台湾と日本間の定期航空便が開始されると、航空通信および気象通信設備の需要が増大した。1937年、日中戦争による戦時中の需要と南進政策拡大の政策のもとでの、台湾の航空産業の振興が相まって航空路の安全確保を目的として、専用の航空無線局の設立が加速された。さらに台湾と中国が同じ統治圏内に復帰した戦後初期には、電信接続設備が重視され、無線電信システムが中国との連絡役を担っていた。植民地における技術革新は、主に政府の需要、つまり政府の政策によって支えられた公的需要に依存していた。台湾と日本を結ぶ3本の海底電信線はしばしば故障し、このことが技術革新をもたらした。しかし、予算や設置・普及の速度から判断するならば、決して前向きなものではなかった。積極的に導入されたのは、戦時中の需要であり、植民地母国の需要に合致したものであった。

　産業経済の大動脈である台湾総督府鉄道部の国有鉄道に比べ、林業生産に関わる林業鉄道や輸送に特化した施設・軽便軌道に関する関連研究は少ない。しかし、それらは日本帝国統治政策のさまざまな側面から日本の重要な問題を検討することができる。矢内原が資本主義の基本事業のひとつと呼んだ総督による林野調査完了後、山岳森林資源をいかに開発し「理蕃」政策を組み込むかが重要な課題となった。

拙著「森林鉄道から観光鉄道へ
**　　日本統治時代、阿里山鉄道の経営戦略の転変（1896年－1945年）」**

　本論説は、阿里山鉄道建設の主な目的が「森林資源の管理」と「理蕃地域の管理、開発」であると指摘している。開発と運営を請け負った藤田組は総督府が森林開発の困難さを過少評価、森林蓄積量を過大評価し、鉄道の実際の建設費が見積りをはるかに上回っていると考え、1908年1月に阿里山の運営から手を引いた。1910年2月、阿里山は総督府による官営の管理となった。業績から判断すれば、伐採事業が利益を上げるのは1935年以降であり、

その利益にしてもわずかであった。営林所は伐採面積を拡大し、鉄道を延伸して木材の伐採量を増やしたが、効果を上げることはできなかった。その結果、阿里山は経営業績の悪さや大きすぎる施設に対する批判に晒されていた。

　1920年代後半から1930年代にかけて、阿里山は林業地帯であるだけでなく、台湾の有名な観光地として「国立公園候補地」にも選ばれるようになり、観光地としての役割がますます強まり、事業経営の困難を解決する手段となった。営林所は阿里山鉄道を新高山まで延伸し、機関車や客車の改良、ガソリンカーの運行、列車のダイヤ調整、客車連結の増設、花見列車の運行などを実施した。台南州では、新たな高地登山道と自動車道路の建設が大事業となり、阿里山と祝山間の登山道はすでに完成していた。さまざまな補助施設の発展により、阿里山鉄道の乗客数は大幅に増加し、1931年から1941年までの11年間の７年目で旅客収入が貨物収入を上回った。これは産業鉄道としては非常に特異なことであり、営林所の「観光鉄道」や「旅客輸送の強化」などの事業政策が成果を上げた結果といえる。仮に戦争が起こらなければ「観光鉄道」としての役割はより早く、より強化されていたことだろう。

　矢内原は、台湾総督が1905年に財政的独立を獲得してから1916年までは、公債を発行せず、代わりに通常の年収入と台湾銀行からの短期借入を当初の公的債務の財源として利用していたと考えている。このことは、当時の台湾の年収が潤沢であったことを示し、また林野調査の実施や阿里山林業の官営を可能にしていた。矢内原が述べたように、林野調査は森林地を企業家に割り当てる法的、および経済的根拠になり、日本の資本家の台湾における発展を助けた。[9] しかし阿里山の官営は民間資本の逃避による、やむを得ない転換で、また、民営でも官営でも結果的には失敗に終わる運命にあった。つまり独占的な経営だとしても、必ずしも成功するとは限らないのである。

　地方交通機関としての軽便鉄道の重要性は、日本統治時代の50年間にそれぞれの段階を経て変化してきたが、この時代の台湾資本の存続と発展、中小企業で活躍する台湾人の実態も映し出している。[10] 台中軽便鉄道は、台湾にいる日本人と台湾の資本家が鉄道会社を合併して設立し、葫蘆墩軽便鉄道合資会社、牛罵頭軽便鉄道株式会社、員林軽便鉄道株式会社の路線を引き継いだ会社であった。その後株式交換を通じて中嘉軽鉄道組合の路線も取得し

ている。

林采成著「台中軽鉄（株）の経営分析——軌道・鉄道・自動車」

この論説は、主要株主と経営幹部を分析し、台中軽便鉄道は台湾の日系企業であり、これまでの民族資本であるとする見解を訂正している。会社の軌道経営、鉄道経営とも、植民地の雇用構造にあることが強調され、国籍による賃金格差や、職割のみならず、景気の変動に応じて台湾人を中心に雇用調整が行われていることを指摘している。1920年代末には自動車運送との市場競争によって、同社は自動車運送を兼業せざるを得なくなり、さらに1940年代に自動車運送業に事業を移管した。しかし利潤は微々たるものであった。そのため、株式会社の正常な利益配分を保証するために、台湾総督府は「台湾私設鉄道補助法」に基づき補助金を支給した。

この事例は、台湾総督府が重要な製糖産業に対する包括的な保護、奨励政策に加え、私鉄の普及と奨励を目的として1922年3月に「台湾私設鉄道補助法」を公布したことを示している。しかし、この法律に基づいて補助金を受けたのは、台北鉄道株式会社と台中軽鉄株式会社の2社だけであった。[11] 本論説は、同社の軽鉄、私鉄、自動車の運営と収益の推移を分析し、民族の差別の実態や台湾資本と日本資本の競争と協力についても考察し、植民地政策の実相を検証している。

植民地時代に築かれた、複雑かつ巨大な基盤や遺産を前にして、台湾社会が戦後、それらをどのように継承し、捉えているのかは、段階的に変化が見られる。政治、経済、社会、文化などの各分野の類似点と相違点は、探求する価値があるテーマである。

三澤真美恵著「戦後台湾映画における『二重の連続性』に関する試論——白克と林搏秋の足跡から」

台湾史研究は日本統治時代と戦後の中華民国を分ける傾向があるが、戦後台湾は植民地時代からの連続性と抗日戦争で中国大陸からもたらされた連続性、すなわち「二重の連続性」を持っている、と著者は指摘する。著者は、中国大陸生まれの白克（福建省厦門市）と台湾生まれの林搏秋（現在の新北

市鶯歌）を例に挙げ、戦後の台湾映画には外来政権（統治権と地理の点での二重の断裂）と新しい住民との交錯という二重の連続性があり、二人の出会いは二重の連続性の交差点を意味すると指摘する。「桃花扇」の演出顧問20人のリストにも当時の台湾の「二重の連続性」が存在していたことを伝えている。この視点は、台湾の戦後史を研究する上で無視できない。[(12)]

　二重の連続性のなかにある植民地時代の遺物は、相手側の強力な政治力によって抑圧され、明らかにされないことがあり、文化財の分野は、まさにその一例である。戦後の政治環境の影響下、漢民族の文化のみが尊重され、台湾の多文化性が考慮されず、「文化財保護法」施行から10数年間で指定対象の大半は、漢民族の遺産が占めていた。そのため「史蹟」とは、漢民族の廟や大邸宅のことであると人々は誤認するようになった。日本統治時代の遺物を文化財に指定するようになった背景には、1987年の戒厳令解除後に活発化した本土化運動や台湾史研究の隆盛、歴史観の変化などが関係している。1991年に旧勧業銀行の建造物（現在の「台湾博物館土銀展示館」）が第3級の史蹟に指定され、これが日本統治時代の建物が史蹟に指定される嚆矢となった。[(13)]

　文化財の指定登録は、法的地位を与えるだけである。その後の管理、維持が必要となり、特に本来の機能を継続的に利用できない場合には、再生・再利用が不可欠となる。2000年には文化財の再利用の考え方が徐々に浸透し、植民地時代の遺物を積極的に保存、再生、再利用する試みは高まっていった。この点で台湾は、東アジア諸国のなかでも比較的進んでおり、賛美されるだけの成果を上げている。

王淳熙著「台湾における日本統治時代の建築文化財の再生と再利用に関する考察——日本式宿舎を対象として」

　建築文化財全体の10.1％を占める日本家屋（「日本式宿舎」）を調査し、日本家屋にはさまざまな様式、等級があり、修復と再利用については、調査・研究から修復に至るまで比較的充実したシステムが形成されている。これまで多くの市民社会団体が文化財の商業利用を批判してきたが、現実には展示、地域福祉等の利用がかなりの割合を占めている。個々の郡や都市における事

例でも、同様の再利用方式が見られ、特定の委員会メンバーが再利用の意思決定プロセスにおいて独自の好みを持っていることが浮き彫りになっている。

おわりに——台湾史研究から東アジア史研究へ

台湾の歴史は、オランダ時代、清朝、日本統治時代から戦後に至るまで、多民族、多文化の特色に満ちた国際的要素を持っている。それゆえ台湾の歴史の特徴と要素をうまく活用すれば、自ずと研究の触手を伸ばし、研究の視野を広げ、豊かで深い国際対話ができるはずである。台湾、日本、韓国、中国はいずれも東アジアの重要な一員であり、多くの共通の課題に直面しており、共に議論し協力して課題に対しての解決策を見つける必要が求められている。この観点からも本書の出版は、大きな意味を有している。また、先に近現代東亜研究会の目的と趣旨を述べたが、本書は、それらの課題を実践する場となっていることを重ねて指摘しておく。

[注]
(1) 中村哲編（林満紅・王玉茹監訳）『東亜近代経済的形成與発展』（台北：中央研究院人文社会科学研究中心、2005年）。
(2) 中村哲編『1930年代の東アジア経済』（東京：日本評論社、2006年）。
(3) 中村哲主編（林満紅監訳）『近代東亜経済的歴史的結構』（台北：中央研究院人文社会科学研究中心、2007年）。
(4) 堀和生、中村哲編『日本資本主義と韓国・台湾』（京都：京都大学学術出版会、2004年）。
(5) この間に蔣経国国際学術交流基金会から２度に渡る助成金を受けた。2011年度「近代東アジアの地域交流と秩序再編」、2013年度「近代東アジア経済学研究の新たな試み－経済・政治・外交史の観点の対話」国際学術シンポジウムである。国境、地域を越えた研究プロジェクトに多大な恩恵をもたらした。感謝の意を表したい。
(6) 中村哲『東亜近代史理論的再探討』（北京：商務印書館、2002年）。
(7) 矢内原忠雄（周憲文訳）『日本帝国主義下之台湾』（台北：帕米爾書店、1987年），1－13頁。
(8) 小林道彦（鄭天凱訳）「1897年台湾高等法院院長高野孟矩罷職事件——明治国家與植民地領有」『台湾風物』第47巻第２号（1997年６月），129－157頁。
(9) 前掲『日本帝国主義下之台湾』，71－72、19頁。
(10) 蔡龍保「日本植民地的台湾人企業－以桃崁軽便鉄道会社的発展為例」『国史館

学術集刊』第11期（2007年３月），１−46頁。

(11)　藤崎英之助「台湾私設鉄道補助法に就いて」『台湾鉄道』第294号（1936年12月），30−33頁。

(12)　例えば林佩欣は、統計制度史の観点から見ると、戦後の台湾の統計制度は２つの制度が合流して形成された「Ｙ」字型だったと指摘し、中華民国政府は、大陸時代に設定した統計制度を台湾に持ち込み、戦前の台湾の統計制度と統合して新たな統計制度を作り上げたと指摘している。林佩欣『支配と統計：台湾の統計システム（1945−1967）総督府から国民党へ』（東京：ゆまに書房、2022年）、１−272頁参照。

(13)　蔡龍保「台日本文化資産指定制度之比較研究−以台南林百貨和高島屋東京店為例」陳俊強編『文化・聚落・共有財：環境変遷下之永続発展』（新北市：国立台北大学、2020年），38−46頁。

付記：編集・出版の過程において厳重な管理のもと、匿名の査読者の方々、歴史学科の何淑宜主任の多大な協力と王超然先生、山口智哉先生、林佩欣先生、王美淑助教の尽力に心より感謝を申し上げます。周俊宇先生とプロの翻訳者曾健洲博士の正確な翻訳により、この本はより完璧なものになりました。本書の出版、研究会の第一次試験、本学科の今後の学術発展、さらに霞山会との学術交流が今宵の中秋節の名月のようであることを信じています。

於中秋節・高雄2023.9.29

目　次

第一章　経済政策の形成とその展開

第一章

経済政策の形成とその展開

なぜ『帝国主義下の朝鮮』が
なかったのか
──矢内原忠雄の植民政策研究と台湾・朝鮮

文　明基
韓国国民大学韓国歴史学科教授

はじめに

　戦前の日本を代表する自由主義植民政策研究者として、広く知られている矢内原忠雄（1893-1961）の植民政策学については、それに関する著作の数とその多元的視点からわかるように、多くの研究成果が蓄積されてきており[1]、今日に至るまで、矢内原に関する研究は広く注目を集めている[2]。たとえば、戦前のリベラルな植民政策学の限界（暴力を伴う植民地独立に反対し、平和的独立を支持するなど）を認めるが、同時にそれは、矢内原の戦前の非暴力の姿勢であり、戦後の再軍備に反対する主張と結びつけ、肯定的側面を強調する研究もあれば[3]、より急進的な立場に立ち彼の自由主義植民政策論の限界を指摘する研究もある[4]。また植民地の立場に立ち、矢内原の植民論を批判する研究もある[5]。さらに矢内原の植民地研究を、1945年以降の日本の地域研究の先駆と位置づける研究もあれば[6]、矢内原に代表される近代日本の自由主義に基づいた「科学的植民政策」に内在する社会進化論と認識する研究もある[7]。

　しかし、別の観点、つまり各国別の植民地研究という観点から見ると、台湾、満洲、南洋群島、インドなどの研究数に比べて、矢内原の朝鮮研究は相対的に少ない。彼が朝鮮の現況と宗教に関心をもっていることを考えると、驚くべきものと言える。すなわち、矢内原のさまざまな植民地に関する研究には、『帝国主義下の台湾』（1929年）、『満洲問題』（1934年）、『南洋群島の研究』（1935年）などがあり、日本の植民地ではないインドも『帝国主義下

の印度』（1937年）がある。朝鮮と台湾はいずれも日本を代表する植民地と見なされ、矢内原自身も朝鮮に対して多大な関心と愛情を持っているが、朝鮮に関する研究論文はわずか3篇しかなく、専著はない[8]。この現象は、多くの研究者によって指摘されている。

例えば、村上勝彦は、「日本植民地のケルンともいうべき朝鮮に関して、彼の著書がなく論文も少ないというのは奇妙な事実であり今後検討すべき問題点でもある」と指摘する[9]。韓相一も「確かに、学術的な観点から見ると、朝鮮は日本の最も典型的な植民地であるのに、彼の朝鮮統治に関する論文が数少ないのは不思議だ」と述べている[10]。多くの学者も同様の疑問を提起している[11]。

このテーマに関する詳細な研究は、1960年代に幼方直吉[12]によって行われた。なぜ矢内原は『帝国主義下の朝鮮』のような著作を残さなかったのか。矢内原の研究履歴に注目する人なら必ずこのような疑問を抱く。本論は、主にこの疑問に答えることにある。目的は、矢内原研究の空白を埋めることであり、さらに重要なことは、この問いに答える過程を通じて、矢内原の植民政策研究の特徴を明らかにし、植民地台湾と朝鮮の「違い」と意義を明らかにすることにある。

これらの疑問を明らかにするために、まず矢内原の著作を時代的文脈に沿って整理し、関心領域に応じて分類したところ、まず朝鮮研究が比較的弱いことが確認された。次に、外部環境と内部問題の2つの側面から分析した。具体的には、台湾と朝鮮の比較を通じて、矢内原が研究を進める時の外部環境の問題を分析し、内部問題については矢内原自身が構築した植民（政策）論の構造的特徴を踏まえて確立した台湾論及び朝鮮論から、植民「理論」と植民地の「現実」の関連を推論する。

1．矢内原の植民政策研究及び研究をめぐる外部環境

矢内原忠雄個人の学問的履歴についての研究成果は、多数ある。ここでは本論に関連する内容のみを紹介する[13]。矢内原忠雄は、1917年3月に東京帝国大学法学部を卒業し、その後住友本店に勤務し、1920年まで別子鉱業所

に勤務した。同年３月、東京帝国大学経済学部助教授に就任するととも
に、文部省からの助成を受けて、ヨーロッパに２年間留学し、その間イギ
リスで10カ月、ベルリンで１年、アメリカで１カ月を過ごした。帰国後、
1923年に新渡戸稲造の後を継いで植民政策学講座の教授を務めて以来、植
民地と植民政策に関する総合的な研究を行うようになり、関連する論説も数
多く書かれた。本論末尾の「付表」からわかるように、矢内原の植民地に関
する地域別論文数は**表１**の通りである。

相対的に朝鮮関連の論説は、すべての日本の植民地のなかで最も少なく、
特に1922年に委任統治領となった南洋群島や、9.18事件により1932年に「満
洲国」となった満洲と比較すると、より長い植民地時代の歴史をカバーする
朝鮮研究に関する論文の数は、不釣り合いなほど少ない。

年代順に見ると、1926年に朝鮮に関する論文が２篇発表されたが、その
後は1938年まで発表されていない。1928年に台湾に関する６篇の論文が発
表され、1929年から1931年にはインドに関する６篇の論文が、1932年から
1933年初頭にかけて満洲に関する６篇の論文が、1933年から1936年には南
洋群島に関する９篇の論文が発表されていた。そして1937年に日中戦争が
勃発すると、集中して中国関連の論文を発表している。年代的に見ると、矢
内原の植民研究は、朝鮮、台湾、インド、満洲、南洋群島、中国の順で行な
われている。特定の時期に特定の地域に焦点を当てるのは、研究効率を高め
るための矢内原の戦略だったのかもしれない（例えば、台湾、インド、南洋
群島）。また常に状況を敏感に感じとっていた矢内原は、このことで現在の
状況（満洲や中国など）への関心を表明したかったのかもしれない。

表１　矢内原の植民地に関する論説対象地域数（1923年－1945年）

地　　域	回　　数	地　　域	回　　数
台　　　　湾	7	イ　ギ　リ　ス	9
朝　　　　鮮	4 (3)	アメリカ合衆国	1
満　　　　洲	9	仏　　　　日	2
中　　　　国	5	アイルランド	1
南　洋　群　島	10	パレスチナ	1
イ　ン　ド	8	その他の植民地	22
エ　ジ　プ　ト	1	合　　　計	80 (79)

発表されたこれらの論文は、短期間で一冊にまとめられ、台湾については『帝国主義下の台湾』（1929年）、インドについては『帝国主義下の印度』（1937年）、満洲については『満洲問題』（1934年）、南洋群島は『南洋群島の研究』（1935年）というタイトルで出版された。朝鮮関連の本を除いて、である。最大の理由は、一冊の書籍にまとめるには研究成果が少なすぎることにあろうが、いずれにせよ、矢内原の本来の研究の道筋に反していることは、紛れもない事実である。朝鮮研究は「突然」中断されたようでもあり、彼の普段の研究習慣と矛盾していた。その理由は、何か。

　これに関連する研究が指摘しているように、外部からの「圧力」の影響があるに違いない。矢内原は1923年に植民政策学の教育を担当して以来、最初の研究対象として朝鮮を選び、1924年9月30日から10月29日まで朝鮮を訪問している。[16] この約1カ月間の訪問では、朝鮮総督府に頼らず、朝鮮の産業の現状視察に費やしていたが、当時の「警察政治」下の朝鮮では調査旅行も朝鮮総督府からの多くの制約が伴っていた。[17] さらに、矢内原は1926年6月に「朝鮮統治の方針」を『中央公論』に発表し、特に朝鮮人の間で多くの反響を呼んだ。[18] だがこのことは、同時に「朝鮮総督府も刺戟して、警務局長丸山鶴吉はある夜矢内原を（東京）帝国ホテルに呼んで懐柔的態度で圧迫を加えた」。[19] この弾圧によるものかどうかは明確ではない。その後彼は朝鮮を訪問することがなく1940年に至り、友人で朝鮮総督府財務局税務課長の村山道雄の協力を得て、26年ぶりに朝鮮を訪問している。[20]

　この政治的圧迫は、矢内原だけにとどまるものではなかった。1928年に『京城法学会論集』に「朝鮮と内地との経済的関係」を発表した京城帝国大学文学部助教授の三宅鹿之助も次のように指摘している。「私の最も遺憾とするところは種種の事情により問題を正当に立てそしてこれが解決に進むことをえない点である。特に政治関係の分析に至つては全然之を抛棄しなければならない立場にある。かくて現在私が為し得るところは単に朝鮮と内地との経済的関係―その極めて表面的な現象形態の分析―しかも甚しく歪められた方法による分析にすぎない」。[21] 矢内原自身はこう言う。「植民地に於ては研究及び言論に就ての自由が特に欠乏して居ること。（中略）政治上の理由からその研究及び発表が特に不自由であることが、植民地問題研究の特別の困難

であるのだ。」この発言からも、矢内原も言論や学問の「不自由」を経験していたことが分かる。この観点から矢内原のような朝鮮総督府や政府に対して批判的な態度をとる研究者は、さまざまな圧力を受ける可能性が非常に高かったのである。

　しかし、こうした制限や圧迫は朝鮮研究に限ったものではない。矢内原は1927年３月18日から５月６日まで台湾を初めて訪問したが、その際にも台湾総督府や日本の中央省庁を通じて連絡や関係者との面会を行っていた。矢内原が残した名刺から当時の台湾での人間関係を紐解いてみると、その多くは台湾総督府の事務官、地方庁の幹部、専売局職員、技師及び警察幹部などであった。矢内原はこれらの人々を通じて研究に必要な情報や知識を得たが、同時に監視下に置かれることも避けられず、事実、『帝国主義下の台湾』は出版後、台湾内での販売・流通が禁止された。「批判的な」植民研究者の制限と弾圧に関しては、台湾と朝鮮の二つの総督府の間に大きな違いはないと言える。したがって、研究の外部環境が矢内原の朝鮮研究に影響を与えたことは明らかであるが、なぜ矢内原の朝鮮研究が相対的に弱いのかを説明するのには十分ではなく、矢内原の植民政策論の構造と特徴を分析することによってのみ、この問題をよりよく理解することができるのである。

２．矢内原植民政策論の構造と特徴

　矢内原の植民政策論の最大の特徴の一つは、植民問題を「社会現象」として捉え、その意義を見出すことにある。すなわち、彼は植民を形式的植民と実質的植民に分け、後者を強調した。植民地領域における法律及び形式上の統治と比較すると、後者が指すのはそのような関係に拘束されない社会及び経済活動による「社会群」の移動を指す。すなわち、植民とは「社会群が新しい地域へ移住して社会的、経済的活動を行ふこと」であり、植民を人口の移動及び政治権力と同一視する通説とは異なるものである。矢内原の定義によれば、植民は国家の制約から「解放される」ものであり、これがまさに、大内兵衛らの同時代の学者の影響を受けており、政治的・軍事的支配の現実に基づいて植民現象を観察していないとして、彼が批判された理由でも

ある。⁽²⁹⁾

　実質的植民のさまざまな現象を論じた後、矢内原は「実質的植民の利益は文明社会においては一般的」といいながら、植民の結果（少なくとも部分的には）⁽³⁰⁾を肯定的な立場から論じた。つまり、実質的植民に随伴する植民地化を、基本的には、「文明化の過程」であるとする見方は、矢内原の植民政策論のひとつの支柱だった。⁽³¹⁾彼は植民地を単なる搾取される存在とは考えず、植民地母国が発展させた植民地経済は、最終的には植民地の発展と結びついていた。⁽³²⁾資本主義化の結果である文明化は、植民地社会における資本家階級と労働者階級を出現させ、特に資産家階級の間にナショナリズムや国民主義を必然的に出現させる。つまり、植民支配下の経済発展が植民地独立の源泉となるのである。彼は植民地の経済発展が独立（南洋群島を除く）に連結することが普遍的であるとみなした。⁽³³⁾

　矢内原忠雄の植民政策論の構造は、彼が植民政策を従属主義、同化主義及び自主主義に分け、自主主義を最も理想的な植民政策と考えた理由を説明している。従属主義とは、植民地を自国の利益に完全に従属することであり（16世紀から18世紀にかけての南米やアジアにおけるスペインやポルトガルの植民政策など）、同化主義とは植民地を本国の一部とみなし、法制度、慣習、言語を普及し、植民地社会と人を本国化し（フランスの植民地同化政策など）国の利益を普遍化することにある。これに対し、自主主義は、植民地と母国の異なる歴史的特殊性と自主的発展を認めることである。矢内原は植民地政策を通じて植民地の独立を促進する自主主義を最も合理的な植民地政策とみなす。一歩進んで矢内原は、文明化の作用をともなう実質的植民、植民地統治における自主主義そして両者の結合を前提にする各社会群の必要が完全に調和する帝国を設定した。⁽³⁴⁾

　20世紀前半に展開された実際の植民地の状況と若干の差異があることは否めないし、⁽³⁵⁾概念の上でもあいまいなところがあるこのような理念型的植民政策論は、⁽³⁶⁾同時代の他の植民政策論の見解とは全く異なる特徴を有していた。そして、矢内原の植民政策の分類は、「客観的な分類基準を明確にした上で全面的かつ体系的に行われたものでなく、日本の植民統治政策への批判を強烈に念頭において、よりベターな政策を提示するためというきわめて

実践的かつ政策的な」性格をもっている。また、日本帝国主義が帝国主義段階で植民政策を行ったことに対してリベラルな立場から批判することが全く無意味ではないということも考慮すべきである。

　矢内原忠雄の自由主義植民政策論の上記の特徴は、基本的に師である元東京帝国大学植民政策学教授新渡戸稲造の「植民地化は文明の普及である（Colonization is the spread of civilization）」論を継承しているが、その思想的ルーツはアダム・スミスに由来する。矢内原は、アダム・スミスの植民地論を次のように概括している。

（A）現在植民地領有より得る所は損失のみである。その理由－（1）貿易及び産業の独占は却て本国の絶対的的利益を害する。（2）植民地統治及び軍備に巨額の経費を要す。

（B）自発的植民地領有放棄。その利益－（1）自由貿易に基く通商条約の締結。（2）植民地統治の年年の費用を免る。

（C）此提案は恐らく採用されぬであろう。その理由－（1）国民の自負心に反す。（2）「且つ恐らく更に重要なることには」支配階級の個人的利益に反する。

（D）然らば現在の植民地領有関係の継続を認めるとして、それを有利ならしむる為には、植民地議員の本国議会への代表制定を設定するを要す。この帝国的結合による利益－（1）本国植民地間における貿易の自由は拡張せらる。（2）植民地に対する課税の延長。

（E）右の提案に対しては「打ち克つことの困難なる或は全然不可能なる障害」がある。その理由－（1）国民の僻見、（2）有力者の個人的利害。

（F）右の提案にして実行せられずとせば、植民地は放棄すべし。その利益－行政上及び軍事上の費用を免る。

　以上の見解は、植民地を所有すると自由貿易が阻害され、統治費用や軍事費などで経済的損失が発生するが、国民の誇りや支配層の利益のため、植民地を手放すことは容易ではないとまとめることができる。矢内原は代案として、植民地が本国の議会に代表を派遣すべきだと提案した。この植民地理解は、上述した最良の植民地政策としての自主主義という矢内原の概念と何ら変わらない。

矢内原の植民地経済論（資本主義化）と植民地政治論（自主主義）の結合、そしてその結合による植民地母国と植民地の「相互利益」を組み合わせた思考枠組みは、基本的にアダム・スミスの自由主義植民地論と一致している。矢内原の植民政策論の理論的淵源として、マルクスの原始資本蓄積概念やレーニンの帝国主義理論などのマルクス主義経済学も重要な役割を果たしているが[(41)]、植民政策の思想的源泉は、アダム・スミスの自由主義的植民政策論に基づいている[(42)]ことがわかる。

　上述の矢内原植民政策論を分析してみると、自主主義を確立するには、理論的にはまず自主主義の実行主体なる資本家（あるいはブルジョワ）集団の形成であることが明らかである。この主体の形成は基本的に植民地資本主義化の進展が前提となる[(43)]。では、上記のような構造を持つ矢内原忠雄の植民政策論は、台湾や朝鮮などの植民地における「現実」的な状況とどのように、またどの程度、対応していたのか。つぎに台湾の事例を通してこの問題を検討してみることにしよう。

3．資本主義と自治主義の結合──『帝国主義下の台湾』

　『帝国主義下の台湾』は、教育問題（第3章）、政治問題（第4章）、民族運動（第5章）などの領域を取り上げており、1929年以前の日本統治時代の台湾史の書籍として位置づけられている[(44)]。しかし基本的には植民地支配下の経済発展に焦点が当てられている。それゆえ矢内原は「私の最も力を注げる点は経済的発展であって、他の方面は簡略に記述せるのみ。（中略）日本の台湾に対する経済的要求が台湾統治の諸政策を決定したる最有力の原因たるが故に、台湾統治の意味を探らんとせば研究の主力を経済的関係の分析に置くべきは当然である[(45)]」と語っている。

　「我国は台湾領有に当りて経営の実力たる資本が充溢して居たるにあらず、その政治的準備に至つても事実上白紙であった[(46)]」が、「難治の称ありし台湾が児玉後藤政治の下に十年にして治安整ひ衛生状態改善せられ、経済発達し財政独立するに至りしは我植民政策の成功として、内外の驚歎を博したる処である」。経済的な観点からみると、これは「台湾の資本主義化の進展[(47)]」に

等しい。

　具体的に分析すると、まず台湾資本主義化の「基礎事業」として、人口（戸籍調査）と地籍（土地調査）が精査され、度量衡の統一と通貨制度改革が効果的に終了した。土地調査事業は、大租小租の「封建的遺制」を廃止し、小租戸を所有者として定め、土地の所有関係を明確化・単一化するものである。⁽⁴⁸⁾1910年からは、林業における私有財産制度の確立、資本の導入、資本主義企業の参入ルートの準備、つまり「林業の資本主義化」⁽⁴⁹⁾を目的として、林野調査と整理に着手し、その結果、土地と森林の所有権が確立され、先住民の土地が合法的に移転され、資本家の手に集中される道が開かれた。政府の強力な保護がなければ、台湾における資本蓄積は成果を上げることが難しく、そのため「権力は本原的資本蓄積の助産婦である」⁽⁵⁰⁾と言えるであろう。

　一方、資本主義化では商品の商品化が前提となるため、商品の物理的な規格や価値を規定する必要がある。前者は度量衡であり、後者は貨幣である。1900年に公布され、翌年施行された「台湾度量衡条例」により、台湾総督府が度量衡を改変して日本式に統一し、1900年4月に度量衡器の製造・販売が官営となった。これが台湾における度量衡の統一であり、度量衡器の供給は官営が独占した。⁽⁵¹⁾貨幣制度も同様の過程を経て完成した。⁽⁵²⁾つまり、台湾の土地調査、度量衡、貨幣制度の改革はすべて、投資の安全を確保し、内地の資本家が始めたさまざまな事業の「台湾資本主義化の基本工程」であった。⁽⁵³⁾

　この基本工程に基づき、日本資本と台湾総督府は協力し、台湾の三大輸出品目である砂糖、樟脳、茶の輸出を（主に三井物産を通じて）外国商人によるこれまでの独占に代わって開始した。アヘンも、台湾総督府と三井物産が独占的に所有する専売制度の創設に依っていた。海上輸送は当初英国商船ダグラス汽船会社（ダグラス社）が独占していたが、補助金政策により徐々に大阪商船会社がこれに代わり、1905年ダグラス汽船は競争から完全に撤退した。すなわち、台湾の貿易・海運においては、1907年（明治40年）頃から外資はほぼ完全に排除され、商権は日本の資本家によって掌握されていた。⁽⁵⁴⁾

　また、商業資本の産業資本への転換が成功し、植民地内に企業が設立され、

生産関係の資本主義化が実施された。例えば、台湾で最初の新式製糖会社である台湾製糖株式会社の最大株主は三井物産であり、東洋精糖は鈴木商店が設立していた。商業資本と産業資本を結合するだけでなく、内地や台湾の銀行資本が自ら資本家的企業として設立・発展することも可能となった。同時に既存の商業および産業資本の結合現象も起こり、（台湾銀行を含む）金融資本が資本家的企業に集中し、強力な援助を行った。その結果、1899年に資本金1,017万円、3社に過ぎなかった台湾の企業が1926年には、818社、資本金5億8,764万円にまで成長し「隔世の感あり」の発展と繁栄を遂げた。[55]

　台湾で設立・発展した資本家的企業による急速な市場独占は、内地における資本独占の動きを反映しており、総督府の支援のもと、極めて「温室的」環境下で行なわれていた。特に、最も重要な新式製糖会社は独占状態を形成し、なかでも三井、三菱、藤山の三大資本が鼎立し、製糖業界全体の4分の3、全台湾企業の資本の半分を占めた。台湾の耕作地の半分とほぼすべての農家は、これら3つの製糖会社の資本で独占的に支配されていた。特に1910年10月以降は、すべての製糖会社が利潤率を高めるために台湾製糖連合会を組織した。[56]

　独占化を成し遂げた台湾の日本資本は、製糖会社や台湾銀行などの事例のように、台湾を拠点に台湾外への事業をさらに拡大している。帝国製糖、明治製糖、大日本製糖などの台湾製糖会社は、日本内地の製糖産業、沖縄の粗糖産業、北海道や朝鮮の甜菜産業を含む日本帝国の製糖産業全体を独占的に支配しただけでなく、満洲、上海、東南アジアへも事業を拡大した。台湾銀行は日本内地に支店を増設する一方、1900年に厦門支店、1903年に香港支店を設立した。それ以降、華中、華南、東南アジア、さらにはロンドン、ニューヨーク、ボンベイに支店を開設し、日本人の対外貿易と企業の発展を支援していた。[58]

　矢内原忠雄は、これを次のように要約している。「我資本は我が国旗に随伴して台湾に来り、外国資本を駆逐して自己の勢力を据え、内地よりの投資と本島人資本の動員とによりて資本家的企業を発展せしめ、帝国的及地方的独占を形成して台湾事業界のすべてを内地人大資本家の支配に掌握し、而し

て更に台湾を基礎として対外発展に進出した。内地資本は台湾の豊富なる天然と低廉なる労働と強固なる総督府の保護の下に蓄積せられた。かく蓄積せられたる資本は日本資本の蓄積の一部であり、その帝国主義的蓄積であり、且し更に自ら帝国主義の実行力となった」[59]。

　植民地台湾の資本主義化を促進するには、潤沢な財政が重要な要素であった。日本統治10年目の1905年、台湾は財政独立を達成した。矢内原はこれを「日本の植民地政策の成功」[60]と認めたが、その主な内容は土地調査事業、専売事業、公債、地方税の施行であり、その結果、「台湾財政は非常の好況を来し収入の洪水を現出し総督府当局を眩惑するの黄金時代を現出したり」[61]。これによって総督府は豊富な財源を自由に使えるようになり、土木、産業、理蕃への投資を拡大し、再び台湾の資本主義の発展を促進した。植民地時代の台湾では、財政と資本主義化が連帯して上昇作用を引き起こしていた[62]。

　豊富な財政により、台湾総督府は、（1）糖業補助金の交付、（2）官営の土木建築工事の拡大、（3）電力産業（1909年）と阿里山林業の官営化（1910年）および投資、（4）林野調査（1910年－1914年）と理蕃事業の展開が可能となった[63]。資本家への補助金により製糖会社などの民間企業が瞬く間に立ち上がり、発展を続ける官営企業と共同で土木資材その他の内地の製品を導入した。その結果、日露戦争後に内地の産業界・経済界が不況に陥った1908年から1911年にかけて、台湾の産業界は「異常な」活況を呈し、投資や輸入品の格好の市場となった。「島内各種産業の発達殊に製糖業の殷盛と製茶業の好況に加ふるに公私土木工事の興隆は住民生活程度の向上と相俟って対に市況を引立たしめ内地の不況に対し殆んど別世界の観ありであった」[64]。明治40年代の「台湾特別会計の黄金時代」が終わった後も台湾の税収規模は変わらず、一般会計補助金（中央政府からの補助金）に依存することがなかっただけでなく、土木費と勧業費を積極的に支出し、これらの事業が「その人口及民度に比して過大の施設ならざるやを疑ふべき余地は尠くない」[65]。1920年代後半の時点で「帝国主義下の台湾」は「日本の植民地の中で最も高度な資本主義を完成させた」[66]。

　後に、矢内原忠雄の台湾資本主義化論、特に『帝国主義下の台湾』の核心を貫く資本主義化論は批判を浴びている。例えば、彼はマルクスの原始的蓄

積の概念とレーニンの帝国主義論のみを使用し、内地資本が植民地の既存の生産様式の競争に打ち勝ち、商品経済を拡大する過程のみを一方的に強調したと指摘された[67]。また「外国資本の移動の法則が植民地でどのように自我を表現するかにのみ焦点を当て、地元と外国の生産方法が植民地でどのように妥協し、共存するかについてはあまり注意を払っていない[68]」と批判された。言い換えれば、過度に外部要因を強調する日本本位論であるという批判である[69]。

このような批判的な声があるが、台湾の経済成長は他の植民地に比べて顕著であったのは事実であった。しかし、台湾の経済的変化がどれほど大きくてもそれに対応する政治的権利の発展はなく、総督の専制統治体制が続いていた。すなわち「本島人の生産力、富裕及文化の程度も亦我領台前に比較して著しく向上したるものと見ざるを得ない」。しかし「政治的関係に於ては住民の参政権は尚未だ零にして総督専制の極端なる点に於て台湾は又世界植民地中稀有の例に属する[70]」。つまり「今日に至る迄の所謂台湾統治の成功の結果それ自身―資本家的大企業、交通の発達、教育、協議会等―が経済的社会的及び政治的に、台湾統治政策変革を不可避たらしむる物的及人的条件を備えつつあるものである」。適切な時期に台湾人に参政権を許容するという、「文明化された植民地支配」段階に達していた[71]。矢内原にとっては、この段階での適切な植民政策は、自治の実現、すなわち植民地議会の設立であった。

武装抗日運動の失敗による抗日運動の方向転換を模索し、「新世代」知識人集団の出現を背景として、植民地議会の設立を目ざして台湾議会設置請願運動（以下：請願運動）が展開されていたことは、まさに矢内原の指摘する（1）「実質的植民」には文明化（資本主義化）が伴なう、（2）植民統治における自主主義（議会の成立を通じての自治権の拡大）は必要であるという矢内原の植民政策論と一致している[73]。実際に、矢内原は請願運動の推進者たちと密接な関係を持っていた。

例えば、請願運動の指導者である林献堂（1881－1956）とは1927年、1929年、1934年、1937年、1951年に接している。また、台湾文化協会の啓蒙活動及び請願運動で活躍し、総統府の同化政策に抵抗し、台湾語ローマ字普及運動を推進した著名な文化活動家である蔡培火（1889－1983）と緊密

な交流を持っていた。さらに林献堂の個人秘書である台湾地方自治連盟書記及び『台湾新民報』通信部長の葉栄鐘（1900年−1978年）とも交流があった。このことから、矢内原は請願運動の推進者（主に民族運動右派）と深い関係にあったことが分かる。矢内原は1927年に調査旅行で台湾に滞在していた際、蔡培火らの推薦で屏東、台南、嘉義、彰化、台中で演説し、間接的に請願運動を支援した。

民族運動陣営と矢内原忠雄の結びつきは、1927年3月から4月頃にかけて台湾文化協会内で分裂を招き布施辰治を押し立てる台湾文化協会の左翼活動と重なり微妙な対立を引き起こしたが、いずれにせよこの結びつきは、『帝国主義下の台湾』で矢内原自身が構築した植民政策論の具体的な実践課程を示すものである。矢内原の請願運動への関心と支持が請願運動にどの程度貢献したかは不明であるが、矢内原がこれまで実際の政治活動にほとんど姿を現さなかったのは、この観点からすると極めて異例なことである。

それでは、朝鮮に関する論説において、植民地時代の朝鮮に対する矢内原の認識は、台湾とどのように比較されるのであろうか。

4．資本主義化のない自治主義——矢内原の朝鮮関係論説

冒頭でも述べたように、矢内原忠雄は植民地朝鮮の経済を体系的に論じてはおらず、これまでの矢内原の朝鮮論に関する研究は経済とは関係のない政治（主に自治論）やキリスト教の信仰に焦点を当てていたが、まったく経済問題に関与していないわけではない。経済問題は、相対的に弱いが、以下で筆者は、矢内原が残した植民地朝鮮経済論のいくつかに基づいて、彼の朝鮮経済観を再構成し、それを彼の朝鮮政治論と組み合わせて説明することにする。

矢内原の朝鮮経済に関する著作の中で、まず注目すべきは、四方博著『市場を通じて見たる朝鮮の経済』についての書評である。矢内原は、資本家的企業の発展が見えると同時に「半封建的な物々交換」に基づく伝統的な市場が未だに朝鮮経済に支配的であるという「逆説的現象」を紹介した後、「吾人がこの書面より印刻せらる朝鮮人経済の姿は貧窮！ 疲弊！」と指摘して

いた。注目に値するのは、矢内原が「内地人の資本主義的勢力と朝鮮人の半中世紀的経済との竝行的存在の事実と共に、両者の社会的関係即ち内地人の資本主義が朝鮮人の経済に接触しこれを変革せしむる内面的過程が如何なる風に又如何なる程度に行はれつつあるやの事実の研究は、朝鮮人の経済状態把握上の必要なる事項である」ことを四方に求めていた点である。矢内原は、内地の資本がもたらす改変という、つまり『帝国主義下の台湾』の分析手法を用いて、朝鮮の経済発展を観察することを四方博に要求していたのである。それでは、植民地朝鮮の経済特に「朝鮮の資本主義化」について、矢内原自身はどのような見解を持っていたのか。

1938年1月、矢内原は「朝鮮統治の二三の問題点」という論説を発表している。この論説は、主に朝鮮総督府の相対的な財政貧困の原因を探り、これを踏まえて日本政府に対し「高額な費用」を要する、官による「内地延長主義」の統治方針を修正するように求めている。文中では朝鮮の財政についても論究している。矢内原は、朝鮮総督府の財政自立計画が失敗に終わったことを指摘し、その理由を産業構造の観点から分析し、朝鮮の主産業は農業であり、その生産物は奨励政策の対象となる米であると考え、台湾や南洋群島の産物である砂糖に比べると財源調達の側面からは相対的に落ちていると指摘した。

生産の観点から見ると、製糖産業の発展には農業と工業という二大部門の技術と資本が関与しているが、それに反して米穀産業は純粋に農業部門である。米穀の商品化に伴い「精米」工場も存在するが、その製造工程は単純であり、その性質上大資本の集中には適さない。実際、精米業のほとんどは資本が分散している中小企業で構成されており、全体として朝鮮米の生産は依然として古い封建的な生産関係と生産方式を残している。流通の観点から見ると、台湾や南洋群島の砂糖は高い関税障壁で守られているため、外国産の砂糖は競争が難しく、日本には競合相手がいないため内地市場で独占を享受している。逆に朝鮮米は、内地米の供給が不足する場合にのみ日本市場に参入を許され、独占的な市場地位を獲得することはできず、利益を独占することはできなかった。

産業の観点から見ると、朝鮮の大資本家が繁栄した時期は、第一次世界大

戦後の「好景気の時代」と1931年の9.18事件後の「大企業の勃興時代」が含まれる。しかし前者の場合、資源の量や品質の点で価格競争の条件が整わないため、産業の発展速度が明らかに鈍化している。後者の場合、朝鮮窒素肥料株式会社や小野田セメント株式会社のような大資本家的企業の設立は、朝鮮産業史上「画期的な出来事」であり、「商品経済の普及浸透、賃銀労働者階級の増大、農村地帯より新工業中心地への人口移動等、資本主義化の範囲及び程度を進陟せしめるに違ひない」と矢内原は予想していた。[85]しかし彼は、朝鮮の工業は満洲と競合する位置にあったため、満洲市場への参入は難しく、朝鮮と海外市場に頼るしかなく、台湾の砂糖産業のような独占的地位を獲得することは困難であり、資本蓄積と財政の貢献度は比較的低いと考えていた。[86]

　台湾の資本主義化をはっきりとした口調で語るのに比べ、矢内原は朝鮮の資本主義化についてより慎重で躊躇しているように感じられる。『帝国主義下の台湾』における台湾に関する論説と朝鮮に関する論説を比較すると、資料の引用や分析の精緻さには大きな差がある。矢内原にとって、朝鮮の資本主義化はまだ完成ではなく、少なくとも台湾よりもゆっくりと進んでいるという。それにもかかわらず、矢内原はまた、台湾研究と同じ論点で、植民地議会の設立を核心とした自治論を朝鮮に用いた。

　矢内原忠雄は、1926年６月に『中央公論』に「朝鮮統治の方針」[87]を発表し、植民地支配の一般論[88]を、従属、同化及び自主の政策に分類して紹介した後、三一運動以来進められてきた「共存共栄を目的とする文化政治が口頭語として終らざるが為には、客観的保障を要する。それは朝鮮人の参政である」[89]と断言する。「要するに朝鮮に社会上及び政治上自主的発展を遂げしめ、自主的地位を容認することは、正義の要求する処である。而して之は朝鮮と日本との帝国的結合を鞏固たらしむる唯一の途」であり、したがって「朝鮮議会の開設は朝鮮統治の根本方針、その目標たるべきもの」[90]であると明確に主張した。

　しかし、植民地議会の開設は、台湾のように資本主義化の達成や資本主義の進歩によって正当化されたわけではなく、むしろ朝鮮社会の「経済不安」や経済発展の停滞が文化政治の推進の原因となった。例えば、土地調査事業の結果、「彼等は無産者化した。（中略）之等の無産者が悉く朝鮮内に於て職

業を求むることは不可能である。何となれば朝鮮の主たる産業は農業であって、工業は尚甚だ幼稚であり到底多数の労働者を収容するの能力に乏しい。（中略）欲望が刺戟せられて、欲望充足の手段が得られて居ない。その結果は不安、絶望、無光明。朝鮮社会の底流にこの絶望的不安が鬱積せる如くに感ぜられる。[91]」つまり、矢内原の朝鮮自治論（資本主義化の結果によって正当化された政治問題である台湾の自治論とは異なる）は、経済的な「絶望」と「不安」から脱け出すために提出した方案であった。

この論点は、12年後の1938年に発表された「朝鮮統治の二三の問題」にも見られる。朝鮮が日本政府の中央会計（一般会計）から軍事費や行政補助金などの財政支援を受け続けているのは、日本の「父権的保護政策」や「官治的内地延張主義」による同化主義の表明の結果である。この状況を打破するために、矢内原は朝鮮が同化主義政策を放棄する方向に進むべきだと主張した。[92]

つまり、前述したように、矢内原の植民政策論は、植民地経済論（資本主義化）と植民地政治論（自治主義）を組み合わせたものであり、「植民地母国と植民地との相互利益」を核心とし、植民地台湾は資本主義化と自治主義がスムーズに組み合った例であるが、植民地朝鮮の例は逆に「資本主義を伴わない」あるいは「資本主義を達成するため」の自治主義でしかあり得ない。矢内原は、台湾とは異なり、「帝国主義下の朝鮮」の名で植民地朝鮮経済の包括的な分析を行っていない。これは単に朝鮮経済の研究が外部からの政治的圧力を受けたというよりは、矢内原が植民政策学者として、自らの立てた「理論」が植民地朝鮮経済の「実態」と著しく乖離していることを強く意識した結果であると言える。[93]

おわりに

矢内原忠雄が植民地朝鮮経済に関する研究を進めることをためらったのは、なぜか。矢内原の観点からすれば、日本の台湾統治は少なくとも部分的には「成功」したと言えるだろう。矢内原は「難治の称ありし台湾が児玉後藤政治の下に十年にして治安整ひ衛生状態改善せられ、経済発達し財政独立する

に至りしは我植民政策の成功として、内外の驚歎を博したる処である[(94)]」、「台湾財政独立のかくも早く到達せられしは我植民政策上の成功であると言はねばならない[(95)]」、「台湾総督府は衛生施設によりてペスト、マラリヤ等の悪疾を減じ、内地人の到来居住を容易にしたると共に本島人の衛生状態を著しく改善した。其成功は最も賞讃の値する[(96)]」と指摘している。

　言い換えれば「我台湾統治三十余年、その治績は植民地経営の成功せる稀有の模範として推賞せらる。その割譲に際し清国全権李鴻章が台湾の難治なる所以として、気候風土の不健全なること、住民阿片の習慣に染みて脱却すべきからざること、匪乱の根絶し難きこと、及び剽悍不治の蕃人居住すること、を挙げ以て我が台湾要求の気勢を殺がんとせし点は我統治によりて悉く面目を改め、（中略）領台当時内外人の等しく疑問としたりし我国民の植民地統治能力は実証せられたのである[(97)]」。文明化（資本主義化）を伴う「実質的植民」の実体は、目に見える形が存在するので、矢内原の植民論の次の段階は、理論上自治主義の実現であった。

　しかし、本論が考察してきたように矢内原は、朝鮮植民地統治の現状について「部分的には成功している」と言うのはこじつけに過ぎない。彼が構築した植民政策に関する理論の妥当性に対して、疑問が生まれるのである。したがって、朝鮮を研究するには、経済論（資本主義化）を飛ばして、政治論（自治主義）へ進むしかない。つまり、矢内原の立場に関する限り、少なくとも朝鮮に関しては、日本の植民統治を正当化するための最も基本的な条件が満たされておらず、それが彼が植民地朝鮮経済に対して「沈黙」を貫く理由と考えられよう[(98)]。

別表：矢内原忠雄の植民地関連論説の目録と地域（1923年－1945年）

	題　目	収録雑誌／書籍	発行日	地　域
1	シオン運動に就て	経済学論集	1923年10月号	パレスチナ
2	米国の日本人移民排斥に就て	経済学論集	1924年6月号	アメリカ（米国）
3	アダム・スミスの植民地論	経済学論集	1925年3月号	一般
4	スミスの植民地論に関し山本博士に答う	経済学論集	1925年11月号	一般
5	人口過剰に関する若干の考察	経済学論集	1925年11月号	一般
6	朝鮮産米増殖計画に就て	農業経済研究	1926年2月号	朝（朝鮮）
7	朝鮮統治の方針	中央公論	1926年6月号	朝
8	第一回英帝労働会議	経済学論集	1926年9月号	英（英国）
9	帝国主義の現勢	中央公論	1927年1月号	一般
10	時論としての人口問題	中央公論	1927年7月号	一般
11	人口問題と移民	移植民問題講習会講演集	1927年8月	一般
12	アイルランド問題の発展	経済学論集	1927年12月号	アイルランド
13	人口問題	日本評論社編『社会経済体系』（第141巻）	1928年3月	一般
14	帝国主義下の台湾（一）	国家学会雑誌	1928年5月号	台（台湾）
15	帝国主義下の台湾（二）	国家学会雑誌	1928年6月号	台
16	帝国主義下の台湾（三）	国家学会雑誌	1928年7月号	台
17	台湾糖業帝国主義	経済学論集	1928年7月号	台
18	帝国主義下の台湾（四）	国家学会雑誌	1928年8月号	台
19	帝国主義下の台湾（五）	国家学会雑誌	1928年9月号	台
20	戦後のイギリスの資本輸出	我等	1929年2月号	英
21	世界経済発展過程としての植民史	『経済学研究』（山崎教授還暦記念）第1巻	1929年4月	一般
22	印度の民族運動	改造	1929年5月号	印（印度）
23	印度幣制の植民政策的意義（一）	国家学会雑誌	1929年10月号	印
24	（二）	国家学会雑誌	1929年11月号	印
25	植民地国民運動と英帝国の将来	改造	1930年4月号	英

26	資本蓄積と植民地	社会科学	1930年6月号	一般
27	超帝国主義論について	経済学論集	1930年9月号	一般
28	英国対支政策の経済的根拠	東亜	1930年9月号	英
29	印度工業と植民政策	国家学会雑誌	1930年10月号	印
30	英帝国会議の悩み	帝国大学新聞	1930年	英
31	最近の英帝国会議に就て	外交時報	1931年1月号	英
32	資本主義帝国の対立と植民地市場	経済往来	1931年2月号	満（満洲）
33	満蒙新国家論	改造	1932年4月号	満
34	満洲植民計画の物質的及び精神的要素	社会政策時報	1932年5月号	満
35	満洲経済論	中央公論	1932年7月号	満
36	国民主義と国際主義	理想	1932年7/8月号	一般
37	満洲国承認	帝国大学新聞	1932年10月	満
38	満洲見聞録 －昭和7年8月－9月	改造	1932年11月号	満
39	植民なる文字の使用に就て －長田三郎氏に答う	経済学論集	1932年11月号	一般
40	移民の必然性と効果	国家学会雑誌	1932年11月号	一般
41	満洲国・1933年	帝国大学新聞	1933年1月	満
42	リットン経済文書を読む	エコノミスト	1933年3月	満
43	未開土人の人口衰退傾向について（一）	国家学会雑誌	1933年5月号	一般
44	（二）	国家学会雑誌	1933年5月号	一般
45	南洋委任統治論	中央公論	1933年6月号	南（南洋群島）
46	南洋群島の研究	帝国大学新聞	1933年10月	南
47	南洋群島視察談	講演	1933年11月	南
48	満洲国の展望（上・下）	大阪・東京朝日新聞	1934年1月	満
49	民族と平和	中央公論	1934年4月号	一般
50	軍国主義・帝国主義・資本主義の相互的関連	国家学会雑誌	1934年5月号	一般
51	南洋群島の経済	経済	1934年7月号	南

52	台湾白話字問題に就いて	『台湾白話字普及の趣旨及び台湾島内賛成者氏名』付録	1934年8月	台
53	ヤップ島紀行	帝国大学新聞	1934年9月	南
54	マルサスと現代	改造	1935年1月号	一般
55	南洋群島パラオ及びヤップの貨幣	『経済学の諸問題』	1935年5月	南
56	南洋群島民の教育に就いて	『倫理講演集』（丁酉倫理会）391輯	1935年5月	南
57	南洋群島の土地制度	経済学論集	1935年6月号	南
58	伊エ戦争と世界の平和	改造	1935年11月号	エジプト
59	植民地再分割論	東京朝日新聞	1936年2月	一般
60	南洋政策を論ず	改造	1936年6月号	南
61	植民地再分割問題	婦人之友	1936年6月号	一般
62	印度農業と植民政策（一）	国家学会雑誌	1936年8月号	印
63	（二）	国家学会雑誌	1936年9月号	印
64	民族精神と日支交渉	帝国大学新聞	1936年12月	中（中国）
65	大陸政策の再検討	報知新聞	1937年1月	中
66	支那問題の所在	中央公論	1937年2月号	中
67	軍事的と同化的・仏日植民政策比較の一論	国家学会雑誌	1937年2月号	仏日
68	植民政策より見たる日仏	国際知識	1937年2月号	仏日
69	太平洋の平和と英国	改造	1937年7月号	英
70	植民政策より見たる委任統治制度—故新渡戸博士にささぐ	国家学論集	1937年7月	南
71	国家の理想	中央公論	1937年9月号	一般
72	大陸経営と移植民教育	教育	1938年1月号	中
73	朝鮮統治上の二三の問題	国家学会雑誌	1938年1月号	朝
(74)	Problems of Administration in Korea	*Pacific Affairs* 11-2	1938年6月	（朝鮮）
75	植民政策に於ける文化	教育	1939年4月号	一般
76	大陸と民族	大陸	1941年12月号	中
77	大東亜戦争と英国植民政策	帝国大学新聞	1942年1月	英

| 78 | 英国の印度征服史論 | 改造 | 1942年5月号 | 英印 |
| 79 | 印度統治批判 | 帝国大学新聞 | 1943年6月 | 印 |

出典：楊井克己他編「著作目録」、『帝国主義研究：矢内原忠雄先生還暦記念論文集』（東京：岩波書店、1959年）所収。ここでは「論文」のみとし、植民地以外の論説（宗教など）は含まない。

[注]

(1) 近年の矢内原研究を総合的にまとめた論文としては、岡崎滋樹「矢内原忠雄研究の系譜—戦後日本における言説—」『社会システム研究』第24巻（京都：立命館大学社会システム研究所、2012）などがある。

(2) 鴨下重彦他編『矢内原忠雄』（東京：東京大学出版会、2011）は、矢内原忠雄の50周忌を記念して開催された2009年の学術会議の成果を収めている。

(3) 竹中佳彦「帝国主義下の矢内原忠雄—1931—1937」『北九州大学法政論集』（第20巻第4期、1993、176頁）。竹中は「はじめに」で「矢内原の戦前・戦中の生涯を全否定してしまうと、私たちには、その当時の日本人は、一部のマルクス主義者以外はすべて同じ思想に塗り潰され、敗戦に至る道程は"宿命"であったかのごとき極論しか残されないように思われる」と述べながら、さまざまな限界にもかかわらず「現在から彼を単に外在的に批判するのではなく、当時の歴史的文脈の中に彼を置いて見てみたいと思う」と主張している。台湾の代表的な研究としては、何義麟『矢内原忠雄及其『帝国主義下の台湾』（台北：台湾書房、2011）がある。

(4) この立場をとる研究は、日本では浅田喬二『日本知識人の植民地認識』（東京：校倉書房、1985）や戴国輝「細川嘉六と矢内原忠雄」（戴国輝『日本人とアジア』、東京：新人物往来社、1973）などがある。韓国では、李圭洙「矢内原忠雄의植民政策論과朝鮮認識」（『大同文化研究』46輯、2004）などがある。このような批判的立場をとった同時代の人物宋斐如は、「評『帝国主義的台湾』」（宋斐如著、深圳台盟主編『宋斐如文集』第5巻、北京：台海出版社、2005）で、社会主義の立場から、矢内原の『帝国主義下の台湾』よりも山川均の『植民政策下の台湾—弱小民族の悲哀』（1926）を高く評価した。

(5) 李承機「植民期台湾人の『知』的体系—日本語に『横領』された『知』の回路」（古川ちかし等編『台湾・韓国・沖縄で日本語は何をしたのか—言語支配のもたらすもの』（東京：三元社、2007）は、台湾の抗日運動の指導者簡吉の主張が事実上矢内原と同じ立場のものであったにもかかわらず、矢内原の主張だけが一方的に流通されてきた点に注目しながら、それを「帝国」の知的権威による「知的横領」と表現している。

(6) 矢内原勝「矢内原忠雄の植民政策の理論と実証」（『三田学会雑誌』第80巻第4期、1987、309頁）は、矢内原を「発展途上国における学際的研究および地域研究の先駆者」と評している。若林正丈編『矢内原忠雄『帝国主義下の台湾』精読』

（東京：岩波書店、2001、352－353頁）も、矢内原の植民研究を東京大学経済学部の戦後国際経済学や東京大学教養学部の地域研究と結び付け、矢内原の植民研究は「社会学的地域研究」の萌芽とも言えると指摘した。

(7) 李錫遠「近代日本의自由主義植民政策学研究——야나이하라 타다오（矢内原忠雄）의植民政策学을中心으로」（ソウル：延世大学校修士論文、2003）。

(8) 1916年、東京帝国大学の学生だった矢内原は、将来、朝鮮総督になりたい、財政を通じて朝鮮を救いたい、朝鮮人のために身を投げたいなどと考えたことがあった。このことから、若い頃の矢内原にとって朝鮮は特別な意味を持っていたことが分かる。李圭洙前掲論文、183－184頁。

(9) 村上勝彦「矢内原忠雄における植民論と植民政策」（大江志乃夫他編『近代日本と植民地4：統合と支配の論理』、東京：岩波書店、1993、225頁）。

(10) 韓相一「植民地自治論——矢内原忠雄의自治論을中心으로」（『社会科学研究』15集、2002、608頁）。

(11) 「矢内原が強い関心を寄せていた朝鮮問題についての研究は著書としてはまとめられていない」と木畑洋一は指摘している。木畑洋一「植民政策論・国際関係論」（前掲、『矢内原忠雄』、93－94頁）。飯田鼎「矢内原忠雄と日本帝国主義研究」（『三田学会雑誌』第75巻第2期、1982、43頁）は、「彼の日本帝国主義研究においてもっとも克明であるものは、『帝国主義下の台湾』によって代表され、つぎに満洲問題があり、直接、朝鮮を日本帝国主義との関連でふれているものは比較的少ないことが注目される」と指摘した。幼方直吉「矢内原忠雄と朝鮮」（『思想』495号、1965、1177頁）は、「矢内原はいうまでもなく日本の市民的植民政策学者としては最初にして最後の人であった。したがって彼がその学問的立場から日本の植民地として最も典型的であった朝鮮に無関心であるはずはなかった。さらに彼の信仰の立場からいっても最も関心をもったのは朝鮮であった。それにもかかわらず、彼は名著『帝国主義下の台湾』とならぶ「帝国主義下の朝鮮」を完成することができず、朝鮮については以下のべるように若干の論稿をのこすにとどまった」と語っている。

(12) 「なぜ『帝国主義下の朝鮮』は完成できなかったのか」の問いに対して、幼方直吉は主に朝鮮総督府からの「圧迫」という外部環境に答えを求めた。幼方直吉前掲論文、1182－1183頁。しかし、後述するが、矢内原に加えられたような「圧迫」は朝鮮研究に限定されたものではなかった。韓相一前掲論文（608頁）では次のように指摘している。「矢内原が『帝国主義下の台湾』のような著作を書くことができなかった理由は、三・一運動、六十万歳事件からわかるように、朝鮮問題が台湾よりも複雑で、問題の解決策を見つけるのが非常に難しいことを示している」と指摘している。しかし韓相一は、この議論をそれ以上に分析しなかった。

(13) 矢内原の履歴については、楊井克己他編『帝国主義研究——矢内原忠雄先生還暦記念論文』（東京：岩波書店、1959）所収の「矢内原忠雄氏略年譜」、矢内原忠雄「年譜」（『全集』第29巻）参照。

(14) 東京帝国大学経済学部助教授任用時点で一篇の論文も発表していなかった矢内

原が助教授として採用されたことは、当時大きな反響を呼んだという。同僚の大内兵衛は、これについて「この人事は東大として最もすぐれた人事であったことは、30年後において立証された」と評している。(大内兵衛『経済学五十年(上)』(東京：東京大学出版会、1959、98－99頁)。

(15) この表は巻末の「別表：矢内原忠雄の植民地関連論説の目録と地域(1923－1945)」に基づいて分類した。総数は原表の79篇とは異なり、80篇となっているが、78番の「英国の印度征服史論」がイギリスとインドでそれぞれ記されているためである。朝鮮について議論された回数を4(3)と表記するのは、74番の"Problems of Administration in Korea"が73番の「朝鮮統治上の二三の問題」の英訳本であるためである。

(16) 「年譜」『全集』第29巻、826頁。

(17) 幼方直吉前掲論文、1179頁。

(18) 矢内原は次のように語る。「朝鮮人は政治的経済的不安のうちに絶望せんとして居る。それ故にこの貧しい私の論文でも、『中央公論』に掲げられた時、少なからず朝鮮の人人より感激と感謝とを以て報ひられた。『かくの如き立場より朝鮮問題を論ぜられた文は始めてであろう』と或人人は言はれた。彼等は自己の社会状態を如実に観察してくる眼、彼等の貧窮を貧窮、不安を不安、絶望を絶望として認めてくれる声に餓えて居るやうである。」(『全集』第1巻、538－539頁)。

(19) 盧平久「矢内原先生と韓国」(『矢内原忠雄全集月報』第6巻)及び幼方直吉前掲論文、1182頁、ただし、この回想には事実と異なる部分もある。丸山鶴吉は、1922年6月から1924年9月まで朝鮮総督府警務局長を務めていたが、矢内原の発言は、1926年6月に『中央公論』でのことである。したがって「懐柔的圧迫」があったとすれば、それは1926年6月以降のはずである。この時、丸山は朝鮮総督府警務局長を辞任して、その後東京市の助役として活動していた。もし丸山が矢内原に「圧迫」を行なっていたのなら、朝鮮総督府警務局長の立場で行使しているとはみなされない。しかし丸山は、朝鮮総督府時代に総督を務めていた斉藤実の首相就任以来、警務総監も務めた閣僚(1929－1931年)および貴族院勅選議員であった。矢内原が丸山に圧迫されていたのが事実であれば、その後の丸山の東京での活動を考えると、当時の矢内原は相当な圧力を受けていたことになる。また矢内原が第一高校に修学した時代、丸山は朝鮮の活動についての回想を主題として講演したこともある。(李圭洙前掲論文、180－181頁)。丸山の朝鮮の経験と人脈については、김종식「근대일본내무관료의 조선체험－丸山鶴吉을中心으로」『韓日関係史研究』(33号、2009)及び松田利彦「朝鮮総督府警察官僚丸山鶴吉の抗日運動の認識」(松田利彦『日本の朝鮮植民地支配と警察、1905－1945』、東京：校倉書房、2009年、398－447頁)。

(20) 幼方直吉前掲論文、1183－1186頁。

(21) 矢内原忠雄「書評：植民・人口に関する著書論文若干」(『全集』第5巻、404頁)。

(22) 矢内原忠雄「書評：京城帝国大学法文学会編『朝鮮社会経済史研究』」(『全集』第5巻、424－425頁)。原載誌は台北帝国大学農業経済学教室「農林経済論考」

『レツエンゾ』（第3巻第5号、1934年5月）。

(23) 辻雄二「矢内原忠雄『台湾調査ノート』の分析（1）」（『琉球大学教育学部紀要』74、2009、141頁）。

(24) 同上、142－144頁。前述したように、矢内原は1926年6月に朝鮮総督府の専制支配を批判する「朝鮮統治の方針」を発表し、同年7月には『帝国大学新聞』に「200万市民と400万島民」を発表した。『帝国大学新聞』で、台湾総督時代に強権政治を実行した井沢多喜男の東京市長への転任の試みを批判したが、このことは台湾総督府の注目を集めるのは確実だと述べている。実際、矢内原が台湾滞在中に講演していた内容は、台湾総督府の不満を招いていた。当時、矢内原の東京帝大の同僚で総督府の部長級のある官僚は、「台湾の経営は総督府官吏にまかせて、矢内原は早くかえってほしい」と書信で警告していた。（若林正丈編前掲書、366頁）。

(25) 1929年12月14日『台湾日日新報』に『帝国主義下の台湾』の新刊広告が掲載されたが、1カ月も経たないうちに台湾総督府警務局は同書の「輸入と販売の禁止処分」を下達した。何義麟前掲書（1－2頁）。この処分の全文は、『台湾出版警察報』（第7号、1930年2月号）、若林正丈前掲書（370－372頁）に収録。一方『東亜日報』（1930年3月6日）は「新刊紹介」欄で「これは大学教授であり自由主義者である矢井氏（矢内原氏の誤記）による帝国主義（資本主義）統治下の台湾の政治、経済及び社会諸般の現象を分析した本である」と述べている。台湾と同じ境遇にある朝鮮人にとって極めて貴重な読書価値があるといわれたことにより、この本は台湾での販売が禁止されていると言う。

(26) 台湾の著名な経済史研究者張漢裕は、官方による厳しい「監視の目」があったと指摘している。張漢裕「『帝国主義下の台湾』刊行にちなんで」（『全集』第3巻、1963年5月）及び飯田鼎「矢内原忠雄と日本帝国主義研究」（『三田学会雑誌』第75巻第2期、1982、49頁）。

(27) 木畑洋一「植民政策論・国際関係論」（鴨下重彦他編、前掲『矢内原忠雄』、94頁）。

(28) 『全集』第1巻、18－23頁。

(29) 矢内原勝前掲論文、292頁。

(30) 『全集』第1巻、202頁。

(31) この点について、米谷匡史「矢内原忠雄の『植民・社会政策』論－植民地帝国日本における『社会』統治の問題」（『思想』945号、2003年1月、139－140頁）参照。

(32) 竹中佳彦前掲論文、174頁。矢内原はこの点を「植民により人類の居住区域は拡張せられ、文明は伝播せられ、社会群は接触し、『世界歴史』はその真実の意味において成立するに至つた」と表現した。矢内原忠雄『世界経済発展過程としての植民史』（『全集』第4巻、141頁）。

(33) 竹中佳彦前掲論文、175－176頁。

(34) 木畑洋一前掲論文、96頁。米谷匡史前掲論文、139頁。

(35) この点について深川博史は、「『植民及植民政策』において、植民現象の本質究明を試みながら、超歴史的な植民現象把握という方法をとったために誤った植

民政策論を生み出した」と指摘している。深川博史「1920年代朝鮮・台湾における日本帝国主義——矢内原忠雄の植民政策論」（『経済論究』62号、1985、88頁）。

(36) 矢内原の植民政策の区別について、浅田喬二は、同化主義は自主性を踏みにじるという点で従属主義と変わらない、従属主義と同化主義を区別する必要はないと批判した。植民地政策を区別するには、それを従属主義と自主主義の2つのタイプに分類するだけで十分である（浅田喬二前掲書、19頁）。村上勝彦も、従属主義と同化主義の区別は十分に厳密ではないと指摘した（村上勝彦前掲論文、220−221頁）；駒込武は、同化概念にはかなり曖昧な点があると指摘している（駒込武『植民地帝国日本の文化統合』、東京：岩波書店、1996、19−20頁）。

(37) 村上勝彦前掲論文、224−225頁。

(38) 飯田鼎前掲論文、44−45頁。

(39) 矢内原は、東京帝国大学在学中に最も深い影響を受けた科目は、新渡戸稲造の植民政策と吉野作造の政治史であったと明かしている（矢内原忠雄『私の歩んできた道』『全集』第26巻、18頁）。当時のドイツの社会政策学者による、リベラルな性格をもつアダム・スミス批判に反論するため、新渡戸稲造は「大学時代に一度はアダム・スミスを読まなければならない」と語ったことがある（矢内原勝前掲論文、287頁）。矢内原はまた、アダム・スミスの著作を読む過程で新渡戸稲造の思想の根源を発見したと認識していた。大内兵衛『経済学五十年（上）』（東京：東京大学出版会、1959、22頁）。

(40) 「スミスの植民論に関し山本博士に答ふ〉」（『全集』第5巻、248—249頁）。

(41) 飯田鼎前掲論文、42頁。矢内原が東大生であった1910年代の日本では、河上肇によってマルクス主義経済学が普及しはじめて、それを矢内原は吸収していた。矢内原忠雄、「マルクス主義とキリスト教」（『全集』第16巻、7頁）。「帝国主義はなぜ植民地、すなわち非資本主義的環境を要するか」についての理論的説明はローザ・ルクセンブルクの『資本蓄積論』を参考にしていた。」（『全集』第1巻、71−73頁）。矢内原の演習講座を受講した美濃部亮吉は、かつてこう指摘した。「矢内原氏は留学から帰国後、ローザ・ルクセンブルクの植民政策論に夢中になった。」（矢内原勝前掲論文、293頁）。1930年に発表された「資本蓄積と植民地」（『全集』第4巻、63−69頁）では、資本が非資本主義社会へ進出する歴史的必然性をブハーリンの平均利潤率低下傾向と恐慌の発生に求めている。ホブソン著、矢内原忠雄訳「訳者序」、「帝国主義論」（『全集』第5巻、471−472頁）参照。矢内原が植民活動の経済的動機をマルクス・レーニン主義の帝国主義理論に求めたことは明らかであるが、それでも彼はアダム・スミス、ホブソン、ローザ・ルクセンブルクの議論に大きく依存していた。この点から、かれの理論や思想は複数の源から来ていると見なされる。矢内原勝前掲論文、295頁。

(42) この点は、飯田鼎前掲論文（41−42頁）で「矢内原の帝国主義は結局、理論としてはマルクス主義から多くのものをうけ、レーニンの帝国主義論の強い影響下にあることは疑いないが、思想としてはスミスの自由主義的植民政策に、ほぼ全面的に依拠している」と表現されている。

(43) 矢内原はこの点を「植民国による植民地の統治開発、その資本主義化は、植民地自身の闘争反抗の実力を養成したるに外ならない」と表現した。(「世界経済発展過程としての植民史」『全集』第4巻、162－163頁)。

(44) 矢内原は、また『帝国主義下の台湾』を「日本統治下の台湾」と位置づけ「清国治下台湾」を語った伊能喜矩の『台湾文化志』の後継とする研究であると位置づけた。矢内原忠雄「序」『帝国主義下の台湾』、iii頁。

(45) 同上、iv頁。

(46) 同上、12頁。

(47) 同上、13頁。

(48) 「土地調査は台湾資本主義化、わが資本による台湾征服の必要なる前提であり基礎工事であった。」(同上、17－18頁)。

(49) 同上、20頁。

(50) 同上、25頁。

(51) 同上、30頁。

(52) 同上、30－33頁。

(53) 同上、33頁。

(54) 同上、34－38、39頁。矢内原は、外国人実業家の追放が成功した理由を次のように説明した。「(一)我が商人が外商島商に比して競争上有力なる資本力を有したること。たとえば赤糖買付戦における三井、増田屋等。(二)我資本は産業資本として台湾に企業を設立したること。従って我商業資本は之と結合せるが故に、単純なる商業資本として活動せる外商に比して資本的に有力であった。(三)我資本は銀行資本として台湾内に樹立せられしたこと。(四)国家の専売制度実施が日本商人に輸出入商権を移転せしめたこと。樟脳、阿片、煙草など。(五)国家が直接に且つ差別的に日本資本を保護したること。たとえば航路補助金。(六)関税制度の内地への統一により内地台湾間の関税は消滅し、台湾と支那香港間の関税は明治三十二年以来引上げられしにより、主たる貿易路は対岸より転じて内地に向ひしこと。」

(55) 同上、40－43頁。

(56) 同上、50－54頁。

(57) 同上、64－65頁。

(58) 同上、65－66頁。

(59) 同上、69－70頁。

(60) 同上、71頁。

(61) 同上、75頁。

(62) 当時の台湾の財政が潤沢だったことを端的に語ったのは、総督府の行き過ぎた「事業熱」を懸念した「有識者」たちからの批評であった。台湾総督府に長く勤めた持地六三郎は、次のように指摘した。「若し夫れ今日の財政の表面上の盛況に楽観して経費の経済的使用を顧念せず過大不急の事業を計画する如くんば或は恐る将来台湾植民政策の弱点は却て其財政に在りて不測の禍患に陥り遂に過去の財政上の成功を没却するに至らんことを」。同じく総督府勤務の東郷も「明

56

治四十年以後に於ける歳出予算に観るに台湾財政は収入の過大なるに促がされ
たる傾向なきにあらず。即ち黄金時代に眩惑して前後軽重を顧念する余裕なく
目前の問題を解決し行きて十年の中計をも念頭に措かざりし傾向あるを遺憾とす」
と率直に語っている（同上、77頁）。

(63) 同上、77－78頁。

(64) 同上、79頁。

(65) 同上、81頁。

(66) 同上、152頁。

(67) 柯志明（文明基訳）『植民地時代의台湾은発展했는가』（ソウル：一潮閣、2008）、29頁。

(68) 同上、33頁。

(69) 涂照彦『日本帝国主義下の台湾』（東京：東京大学出版会、1975）、4－6頁。戦前・戦後の台湾植民地経済史に関する矢内原と涂照彦の研究を含む広範かつ体系的な評論については、柯志明（文明基訳）前掲書、「序文」（27－57頁）を参照。

(70) 『帝国主義下の台湾』、199頁。

(71) 同上、201－202頁。

(72) 周婉窈『日據時代的台湾議会設置請願運動』（台北：自力晩報社、1989、9－18頁）。

(73) 「帝国主義に抵抗する植民地の自立や脱植民地化も『植民』現象が招来した開発と発展の成果と見做す」矢内原の立場と一致する。当然、ここには植民地主義を内包した文明化論あるいは近代化論の枠組が見て取れる。米谷前掲論文、140頁。

(74) 蔡培火は林獻堂の経済援助により東京高等師範に在学中にキリスト教の洗礼を受け、植村正久の紹介で1924年に矢内原と出会い、その後も親交があった。1927年に矢内原が台湾に調査旅行を実施したとき、彼は蔡培火の協力を得て基隆と台湾で講演を行なっていた。二人は共通の信仰を共有する教会信者としてだけでなく、植民統治の自由主義的批判の方面でも密接な関係にあった。矢内原は『帝国主義下の台湾』のなかで、蔡培火の「日本国国民に与ふ──植民地問題解決の基調講演」を何度か引用している。若林正丈「台湾との関わり──花瓶の思い出」（鴨下重彦他編、前掲『矢内原忠雄』、110－111頁）。

(75) 若林正丈編前掲書、368－369頁。

(76) 同上、367頁。

(77) 若林正丈は、両者の関係を「言説同盟」と譬え、請願運動勢力との関係は非政治同盟で、矢内原と請願運動勢力の繋がりのなかの「政治」要素は比較的少なく、両者の関係を「政治的同盟」ではなく「声の同盟」に例えている。

(78) 韓相一前掲論文；이규수前掲論文；幼方直吉前掲論文。

(79) 박은영「矢内原忠雄의朝鮮認識研究──그의基督教思想을中心으로」『신앙과학문』16巻2号（2011）；崔吉城「植民地朝鮮におけるキリスト教──矢内原忠雄を中心に」（崔吉城、原田環編『植民地の朝鮮と台湾──歴史・文化人類学的研究』、東京：第一書房、2007）。

(80) 矢内原忠雄「書評：京城帝国大学法文学会編『朝鮮経済の研究』」（『全集』第

5巻、413－415頁）。

(81) 同上、416頁。

(82) 矢内原忠雄「朝鮮統治上の二三の問題」（『全集』第4巻、312頁）。

(83) 同上、313頁。

(84) 同上、314頁。

(85) 同上、316－319頁。

(86) 同上、320頁。

(87) この論説は『東亜日報』でも「朝鮮統治観－日本人学者의所論」と題され、1926年5月29日から6月5日まで7回に渡って翻訳掲載された。

(88) 「朝鮮統治の方針」（『全集』第1巻、731－735頁）。

(89) 同上、737頁。

(90) 同上、743頁。

(91) 同上、729頁。

(92) 「同化主義の植民統治は軍隊的及び警察的監視の下においてのみ行はれる。従って植民地統治に関する軍事費及び行政費補充金を本国が負担することは、同化主義政策の費用であると考へられねばならず、当該植民地の生産条件が有利にして財源豊富なるざる限り植民地の財政独立は期待し得ない。」（「朝鮮統治上の二三の問題」、325頁）。

(93) 「朝鮮統治の方針」が、他の植民地問題を論じる際に表していた、一貫して見られる冷静な態度とは異なり総督府の統治を「痛烈」に批判している議論は、極めて特異である。幼方直吉前掲論文、1180頁。それは、朝鮮への強い愛情から生じているとも言えよう。彼は植民地時代の朝鮮の事例が自分が設定した植民理論とあまり一致していないことを強く意識している。「朝鮮統治の方針」の中で現われた「熱烈」で「感性的」な批判は、彼自身の植民論と朝鮮の「現実」の格差についての強い意識の反映かもしれない。

(94) 『帝国主義下の台湾』、13頁。

(95) 同上、72頁。

(96) 同上、166頁。

(97) 同上、199頁。

(98) 幼方直吉前掲論文、1177頁。矢内原の自伝に相当する『私の歩んできた道』は、矢内原の学問と信仰を、内面生活を通して理解する貴重な資料であるが、青年期に学問と信仰に深い影響を受けた朝鮮については「なにも語っていない」。この観点から見ると、矢内原は朝鮮に対して殆ど語らなかったが、これを単なる「欠落」とみなすことはできず、かなり意識的な行動の結果と見るべきである。「私の歩んできた道」（『全集』第26巻）。

帝国／植民地の海洋

——日本統治期における台湾総督府の沿海から遠洋漁業調査試験に関する考察（1909—1922）

陳　徳智

国立台北科技大学通識教育中心兼任助理教授

はじめに

　日本統治時代における台湾の殖産事業の発展は、台湾総督府によるさまざまな学術試験の展開と密接に関係していた。台湾の農業、製糖業、林業などの学術史を調べると、日本人が学術や教育を通じて殖産政策をどのように実行してきたのかが分かり、台湾は日本の高等教育卒業生が力を発揮する場所となっただけでなく、台湾研究が帝国大学の新しい研究分野となったと指摘する研究者もいる。[1] 実際に植民地支配は政策や法制の影響を受け、学術的な調査や試験の成果が法律制定の基礎となった。このことから、学術研究は、植民地政治を粉飾する付属品ではなく、実際にはそれ自体の重要性があることがわかる。殖産事業に関する学術史のなかで、漁業はどちらかと言えば注目されているとは言えないが、海洋の豊かな生物の多様性と国境を越える性質を鑑みれば、漁業は特殊性をもっている。

　先行研究は多くないが、水産技師の第一人者樫谷政鶴の漁業権に関する見解の形成過程を解説した小岩信竹著『近代における台湾漁業の展開と樫谷政鶴の漁業権論』[2] は、樫谷の見解が台湾の漁業規則の策定に影響を与えたことを語っている。また台湾の漁業法制度は樫谷正鶴の考えを反映しているだけでなく、台湾が遠洋漁業の発展を重視している特質も映し出し、漁業の近代化政策をすすめる色合いの強さがあったことを指摘している。藤井賢二著『支那東海黄海漁業協議会と台湾』[3] では、著者は1926年と1929年の協議会の議事録を調べ、そのなかに底引き網漁業の規制に関して台湾と日本は相反す

る意見を持っており、日本政府は資源枯渇と日中間の漁業紛争により、東シ
ナ海と黄海に対する協議会を開催することに応じたと語る。この時期は台湾
の底引き網漁業の第三次復興期となり、機械船の底引き網漁の始まりであっ
た。同時に台湾の南支南洋へ向かう胎動期であった。このために、台湾は日
本の農林省の規制に反対を表明し、台湾総督府が底引き網漁業と南支南洋の
漁場へ進出する意志を示していた。

漁業の近代化と環境との相互作用を検討したのは、吉尾寛著『台湾の黒潮
流域における鰹漁業の近代化と環境』⁽⁴⁾である。近代化政策と環境との相互
作用を分析するために、著者は台湾総督府のカツオ漁業、漁場調査や関連試
験から、日本は台湾で漁業近代化政策を実施したものの、黒潮の強大な影響、
つまり餌の供給量が安定せず進めることができなかったことを指摘した。

以上から、日本統治時代の台湾における漁業調査と試験は、漁業の近代化
と南進、並びに沿岸から沖合への漁業の発展を意図していたことがわかる。
ただし、その開発背景の全体像、プロセス、形式、影響要因はまだ詳しい調
査がなされてはいない。

本論の対象は、海洋漁業調査試験事業にあるが、先に水産業と漁業の関係
を明らかにする必要がある。水産業とは、人類が日常生活のために水産物を
利用して営む事業のことであり、水産物は陸産物と比較すれば、水の中で生
産される天然産物であり、動物、植物、鉱物に分けられる⁽⁵⁾。したがって、
捕獲した魚貝類、採取した海藻、抽出した塩はすべて水産物と言える。水産
業は、その事業形態により漁業、水産加工業、水産増殖業の３つに分類でき
る。漁業とは、水生生物を採集・捕獲する事業⁽⁶⁾であり、また、水産動植物
を養殖する事業を指す。漁業には広義の養殖も含まれ、繁殖の目的は、水産
動植物を孵化、育成、増殖、収穫することにある。当初は、海藻や貝類を採
取する事業を採捕業、魚類（イカ、エビ、カニなどを含む）を獲る事業を漁
業または漁撈、海の動物を捕獲する事業を猟業と呼ぶことが多かった。今で
はこれらすべてを漁業と呼んでいる。古くから漁業は水産業の主体であった
ため、水産業は漁業と同じ意味を持つと考えられている⁽⁷⁾。したがって、今日、
水産養殖と漁業が同じ意味で使われることが多いのも納得できよう。これら
のことから、水産または水産業という用語は漁業と同じものと考えられるが、

水産生産や養殖も含まれると誤解されやすいため、本論では狭義の定義を使用し、漁業を指すことにする。つまり、魚類を捕獲する事業が漁業である。しかし水産物や水産業に関しては例外があり、例えば日本統治時代には「水産物試験場」、「水産調査」、「水産試験」などの名称が使用されていたことは注意すべきである。これによって「水産物」という言葉には実際には漁業も含まれるため、この例外は違いや対立を意味していない。

　海洋漁業の定義は、漁業を分類することで理解できる。水質による分類では、海洋漁業は海水漁業、すなわち海で行われる漁業であり、重要な漁業がこれに該当する。沿岸漁業、沖合漁業、遠洋漁業など水域ごとに分類される。沿岸漁業とは、海岸から船で約１日の航程以内の地域を指す。沖合漁業は沿岸漁業と遠洋漁業の中間に位置し、外海での操業には往復に２〜３日を要し、遠洋漁業は、海岸や基地から遠く離れた場所で行われる大規模な漁業であり、漁場に数日から場合によっては数か月も滞在する必要がある。⁽⁸⁾本論でいう海洋漁業調査試験とは、沿岸漁業、沖合漁業、遠洋漁業を含む海洋漁業に関して行われる調査試験活動を指す。

　1909年に日本は漁業基礎調査を実施し、カツオ漁業連絡試験の海洋調査のため台湾もそれに加わり、1910年には動力試験船凌海丸を使い、専門・技術者が調査試験に従事するようになった。1919年に凌海丸は遠洋漁業の調査と試験用に特別に改修され、それによる調査と試験プロジェクトは1922年に完了した。したがって、本論は、1909年に台湾が水産海洋学に参入したことを出発点とし、1922年に凌海丸が再建造され、その後の遠洋漁業の調査と実験の終点までを取り上げ、台湾総督府による沿岸から遠洋に至る漁業調査と試験事業を探る。さらに台湾の調査試験プロジェクトの背景、過程、発展の変遷、特に台湾の調査試験政策、人材、学術研究が日本からの影響を受け、どのような成果を生み出したのか、台湾と日本の関係を学術史の観点から究明することを目的とする。

1．水産海洋学及び漁業基本調査の実施

（1）日本の漁業基礎調査

　1909年に水産局長の道家齊は、漁業の発展には海洋の状況や水生生態を正確に把握することが必要であるとして、各府県の水産関係部門に漁業基礎調査の実施を通達した。これが日本における正式な水産海洋研究の始まりである。当時の調査部門は北原多作技官が中心となり、岡村金太郎の強力な協力を得ていた。[9]かつて日本は水産調査所を設置して緊急事業に多額の費用を投じていたが、調査船が未完成で力を及ぼすことはできかった。やがてそれらの事業は、予算削減により廃止せざるを得なくなった。その結果、漁業の行政基盤を強化し、漁業を保護・発展させるための資料を欠いてしまった。道家齊は、ヨーロッパとアメリカ諸国が漁業政策を確立するために、特別機関を設立し、複数の汽船を使って研究に従事していることについて議論した。北欧沿岸9カ国（イギリス、ドイツ、ベルギー、オランダ、デンマーク、ノルウェー、スウェーデン、ロシア、フィンランド）は北海の共同調査を開始し、その事業は大きく前進していた。この共同調査は、1902年のコペンハーゲン会議の決定に基づいて実施されたもので、わずか8年間の実施であったが、北海の水質変化やプランクトンの移動・増殖などを調査し、ニシンと海水の関係、海水温度と塩分を調べ、生息域を把握し、カレイの発育と移動を研究し、稚魚の保護の課題に進歩をもたらし、サバとプランクトンの関係の研究への扉を開いた。また、寒流と暖流の接触によって生じる混合海水がプランクトンを生成し、魚群を呼び寄せることが判明し、漁業の保護と発展に大きく貢献した。[10]

　日本の水産基本調査は、北欧の海洋漁業調査プロジェクトに触発され、海洋学が漁業に及ぼす影響、つまり水産海洋学を重視した。実際には、1901年には岸上鎌吉と北原多作が北欧国際漁業基礎調査会議に出席し、[11]国際的な漁業海洋学の研究に直接参与し、日本でも実践しようとした。水産局は漁業の基礎調査を行うため、地方自治体から技術者を招集し、2回の講習を実施した。1910年（明治43年）農商務省技官の北原多作と水産講習所教授理学博士の岡村金太郎は、『水理生物学要稿』（以下「要稿」という）を出版し

ており、そこからその学術的背景や漁業基礎調査の方針を知ることができる。

　「要稿」によれば、その学術的文脈が水理生物学と海洋調査を非常に重視していることがわかる。水理生物学（Hydrobiology）はやや遅れて確立された学問であり、主に海洋学（Oceanography）、生物学（Biology）、水理学（Hydrography）から構成され、水族に対する物理的および化学的要因の影響を専門としている。もともと、海洋学と生物学は独立して発展しており、両者の間にはなんら関連性がなかった。水産学研究の進展に伴い、水生生物に関するさまざまな問題は、水温、比重、水深などの要素を明らかにし、両者を徐々に近づけていく必要があった。特に漁業におけるさまざまな現象は、気象学、海洋学、水理学、生物学など単独では把握することが困難である。その結果、学際的な研究が増加し、水理生物学は独自のジャンルになったのである。海洋調査で得られた事実をもとに、水生動物との関わりを調べる、つまり、一つは水産生物の増加と減少の原因を解明すること、もう一つは漁業の方向性を示し、その改善を促進することである[12]。

　第二に、海洋調査の発展は重要な役割を果たしている。かつて、海洋学は航海産業に特化して発展しており、航海産業の発展は海洋学の進歩に大きく貢献した。漁業や気象学などの海洋研究に取り組むのはその後のことで、航海業界にとって、天気、海流、潮汐、風向きなどは重要な項目となる。気象学の観点からは、水温の研究が鍵となる。漁業を学ぶときは、潮流、海流、水温、塩分、水深、底質などを加えて、プランクトンの研究に重点を置く必要がある。したがって、海洋研究は漁業の観点から見ると最も広い範囲を有している[13]。

　1880年代には大日本水産会が早くも漁獲予測に関する学術研究に注目し始めたが、日本の海洋学研究は成果が乏しく、初期の沿岸や深海の調査はイギリスやアメリカの軍艦によって行われていた。日本の水路部は測定に取り組んだが、海流、水温、塩分などについての研究は多くなく、さまざまな書籍に散在する海流データのほとんどは、外国の軍艦や商船からの報告に基づいていた[14]。以上から、水理生物学の確立と海洋調査事業の発展により、1910年の漁業基本調査は、日本の漁業学術研究の発展の分水嶺となったといえよう。

漁業調査指針について、「要稿」は、漁業問題を解決し、正確に漁業収益を得るためには、漁業を学術的基盤に置き、プランクトン生物学や理化学研究に頼らなければならないと指摘している。さらに日本では散発的な研究成果しかなく、他国と共同で調査する必要があり、ヨーロッパ各国の海洋調査結果を踏まえると、日本も数年以内に成功するだろう、つまり日本は海洋調査で欧州諸国に追いつく必要があると述べている。

　つぎに、調査方針は生物学と海洋学に分かれ、生物学では、浮遊性かどうかに関係なく、動植物の種類を研究し、同時に、プランクトンの種類や量、量と水温、塩分濃度などとの関係を詳しく調査し、潮の性質、つまりその源流や方向、速度を理解する。海洋学では、まず黒潮と親潮の流域、水温、塩分濃度など、季節変化とその理由、二つの海流の合流状況や合流場所、相互の関係などを確認する。これらのことは漁業方面の発展に大いに役立つ。また、ベーリング海やオホーツク海の暖流、漁業の底質、沿岸水域の性質とその移動方向、プランクトンの状態、重要な魚種、産卵場、生息地、移動時期、その理由など⁽¹⁵⁾を調査する。本来、漁業調査方針は、その学術的特性に応じたものであると同時に、調査の目的や方法にも反映される。

　『漁業基本調査準備報』によると漁業の基本調査の目的は、３点ある。第一は重要水産物の性質を知ること、第二に、重要水産生物の漁場の把握、第三に、漁業の保護と開発のための方針を決定することである。調査には３つの区別があり、まず、生物学的調査で、これには、重要な水産生物の調査やプランクトンの調査も含まれている。第二は、理化学的調査である。その内容は海洋や湖沼の理化学上の調査である。第三は、漁業調査で、漁場、漁船、漁具、漁獲物の変遷や漁場地図の作成などである。

　調査レベルは、水産局、水産講修所、地方水産試験場、地方水産講修所、水路部、帝国大学、水産学校、中央気象台、気象観測所、測候所に分かれ、相互の連絡を保ち、その結果が総合される。

　上記関係省庁及び学校は、その他の調査についても、以下の順序に従って相互に連絡をおこなう。

　一、調査の範囲と方法、調査機器とその使用方法は、それに対応する規定がある。

二、前項は、水産局、水産講修所、水路部、帝国大学及び中央気象台の関係者の協議によって定める。

　三、前項で定めた事項に従い、地方水産試験場、地方水産講修所、水産学校その他の調査責任者を集めて研修を実施する。

　四、観測や調査の結果は、水産局で取りまとめる。

　五、プランクトン調査は、調査連絡の維持のために密接に関係する場所で実施する。

　六、地方の水産試験場、水産講修所、水産学校などから採取されたプランクトンは水産局で収集し、指定された担当者に引き渡され、速やかに調査を完了し、水産局に報告する。

　七、調査結果は、毎年水産局が報告する。

　調査の範囲と方法は、重要な水生生物調査、プランクトン調査、海や湖沼の理化学的調査のほか、漁場、漁船、漁具、漁法や漁獲物の推移、漁場地図の作成などに分かれている。

　まず重要な水生生物の調査について：

　一、必要な調査の種類を決定する。

　二、各種の収穫時、つぎの事項を記録する。（1）収穫日時、天候（風向き、晴雨の区別）、水温、比重、色、海流または潮流（方向、緩急）（2）採取用の器具（3）採捕場所、水面からの距離、同地点の水深（4）種類、性別、体長、体重、生殖器の成熟度、消化器内の内容物（5）その他参考事項（6）検査員の氏名

　三、各種生物の捕獲時には、上記項目に加えて、プランクトンや海洋理化学による分類に関する調査を実施。

　四、回遊魚については、プランクトン及び海洋理化学的分類の調査結果と照らし合わせた回遊状況の調査。

　五、底魚や貝類、藻類については、底質の関係を調査し、プランクトンや海洋の理化学分類に属する調査結果と照らし合わせて繁殖状況を確認する。

　次に、プランクトン調査の範囲と方法は、以下のとおりである。

　一、プランクトンを採取する時は、（1）採取日時、天候（風向き、晴雨の

別）、水温、比重、色、潮流又は潮流（方向、速度）（2）採取場所の水面からの距離（3）おおよその分量その他参考となる事項（4）海洋の理化学的分類に属する事項（5）採取者の氏名

二、プランクトンを調査する場合、まず各海に固有の種を特定し、次に各海で一般的に発生する種または希少種を特定する必要がある。

三、種や属の査定とその性質の大要。

四、重要な水産生物と海洋理化学的分類の調査から、各時期の浮揚域とその変化、変動、重要な水産生物との関係を明らかにする。

第三に、海洋及び湖沼の理化学的調査の範囲及び方法は、次のとおりである。

一、水温と比重は、表面、25尋（1尋は6尺で約1.8メートル）、50尋、100尋の4カ所で観測するが、それ以外の深さでの観測については、関係者の判断に委ねる。

二、前項の観測を行ったときは、次の事項を記載する：（1）観測の日時及び場所（2）月の満ち欠け及び潮の満ち引き（3）海水の色及び透明度（4）観測時および直前の気候（5）観測者の氏名

三、海流と潮流、その領域（範囲および深さ）の方向と速度

四、適切な官庁や学校で水の定量分析を実施

第四に、漁場、漁船、漁具、漁法及び漁獲物の変遷調査の範囲及び方法について

一、さまざまな漁業の沿革と現状を調査

二、前項の調査は、地方官庁、地方水産試験場等との協議後に実施

三、主な調査項目は、（1）現在の漁場、漁船、漁具、漁法、漁獲物及びその利用状況（2）漁業組織及び経済状況（3）放棄した漁場、漁船、漁具、漁業法、漁獲利用法とその放棄に至った理由（4）新たな漁場の発見、または新らたな漁船、漁具、漁法、漁獲物の創設並びに沿革（5）漁場、漁船、漁具、漁法と漁獲物利用法の変更と沿革。

四、前項の調査は、次に掲げる事項について詳細な調査を行う。

五、漁場、漁船、漁具、漁法の新設・変更・廃止と漁獲物及び漁獲量への影響

六、漁場、漁船、漁具、漁法について、重要な水産生物、プランクトンは、海洋理化学に分類した調査結果に基づいて、その保護発展又は改善の手法を検討。

第五に、漁場地図の作成範囲及び作成方法は、次の通りである。

一、生物や漁具の種類に応じて個別に作成するが、時期が変わる場合はその時期に合わせて作成する。

二、底魚漁場図には、水深、底質や生物の種類、生息量、分布域、発育状況、水温、比重などの参考事項を記載する。

三、回遊魚漁場図には、重要な水産生物、プランクトン、海洋の理化学分類の調査結果と水深、底質等の参考事項を記載する。

四、漁場図には、漁業法に基づき免除（すなわち許可）された漁場を記載する。

最初のステップとして調査する必要のある重要な水生種は次の通り。重要な水生種には、ニシン、イワシ（カタクチイワシ）、カツオ、イカなどである。調査票は調査者の都合に応じて、区分調査紙は、甲乙丙の３つに分類され、甲は主に重要水生種、乙は主に重要水生種の餌となるプランクトン、丙は主に水温や比重の調査とする。ただし、調査員が乙と丙に基づいて報告する場合、重要な水生種の移動とその漁業に特別な注意を払い、それらを参考欄に記録する必要がある。海洋の変化と漁業の関係を組み合わせることは非常に重要である。[16]

以上を要約すれば、1909年に開始された漁業基本調査にはいくつかの特徴があった。第一に、北原多作や岡村金太郎の見解からもわかるように、日本の漁業の基礎調査はヨーロッパの漁業海洋学のモデルの直接的影響を受けていた。第二に、「漁業基本調査準備報」によれば、日本は重要な水生生物の調査、プランクトンの調査、海洋や湖沼の物理化学上の調査、漁場、漁船、漁具、漁法、及び漁獲物の変遷などに重点を置いている。さらに、海況と漁況との関係にも特に注意を払っている。第三に、ヨーロッパが1908年に研究機器の改良、海洋知識の習得方法、歴史的文書の蓄積などの研究モデルを徐々に確立した後、日本はこの研究モデルを直接採用し、改良し、選択し、漁業実態調査研究に焦点を当てた。第四に、最初に調査すべき重要水産種と

しては、ニシン、イワシ（カタクチイワシ）、カツオ、イカが挙げられており、水産基本調査を実施する府県には植民地台湾は含まれていないが、カツオの調査によって台湾総督府水産調査試験事業のプロセスが予想外に進んだ。

北原多作は、『漁業基本調査報報告』第1巻から第3巻において、北欧国際漁業基本調査、ノルウェーおよび英国の漁業基本調査をそれぞれ紹介しており、ここから日本が自力で国境を越えた漁業海洋研究チームを構築する野望を有していることが見て取れる。この目標を達成するための戦略は、共同調査を実施することである。注目に値するのは、漁業基本調査の初期段階では、台湾には水産試験場がなかったにもかかわらず、各地の水産試験報告とカツオを通じた連絡試験の重要性から、幸運にも水産物試験に参加できたことである。

北原多作と水産局員の島村満彦の報告によると、1911年に地方の各水産試験場でカツオ漁業の共同試験が実施され、海洋観察結果や漁獲状況を総合的に検討したところ、漁業の海洋状況が判明した。実施した自治体は、青森県、岩手県、宮城県、福島県、三重県、和歌山県、鹿児島県、台湾、および小笠原各水産試験場などである。また、漁業基礎調査として、静岡、徳島、宮崎の各水産試験場から、カツオ漁場の観測も行われていた。以上の報告から、カツオが釣れたとき、またはカツオの群れが確認されたときの海水温と比重を月ごとに比較し、カツオが獲れる時の水温は、台湾では8月で最高29度5分、宮崎では4月の最低18度で、その差は11度5分であることが分かった。最も高い割合は福島の6月と7月の1.0282で、最も低いのは4月の和歌山の1.0231で、実際の差は0.0051である。[17]このことから、台湾のカツオ漁の試験結果は、海水温・比重・月別比較表と、水温・比重・平均値比較表にまとめられ、日本帝国の海洋全体の一部として分析され、漁況と海況の関係が掌握されていたことがわかる。台湾のカツオ漁業試験の詳細については後述するが、この時点で台湾と日本は同時に水生・海洋研究の新たな段階に入ったといえる。

(2)「台湾水産業視察復命書」

台湾の澎湖試験場では長年試験経費が投入されており、柴魚（カツオ節）

の生産は多い。台湾東岸の海流は、日本のカツオの名産地である土佐、鹿児島、沖縄の沿岸と同じで、カツオが豊富にとれることは想像に難くなく、大きな展望が見込まれる。このため、日本政府農商務省は専門技術者を台湾に派遣して調査するとともに、他の水産物についても精密な調査を実施した。[18] 1909年8月10日に東京から二人の技師が台湾に派遣された。[19] 農商務省水産局の技師下啓助と水産講習所の技師妹尾秀実である。[20]

　両氏は8月15日に基隆に到着し、9月中旬に帰国する予定で、時間が短いため要所のみの現地視察の方針をとった。同じ場所を長時間調査することは不可能であり、完全を期すことは不可能であったが、全体として、視察が不完全であったわけではなかった。調査の過程と場所は、順に基隆庁の基隆、宜蘭庁の蘇澳、台東庁の花蓮港から卑南、恆春庁の大板埒、媽宮、白沙島、漁翁島、八罩島、将軍澳島、台南庁の台南、鳳山庁の打狗、阿猴庁の阿猴、東港、烏樹塩、鹽水港庁の布袋嘴、彰化庁の彰化、鹿港、港尾寮、苗栗庁の公司寮、新竹庁の新竹、旧港、香山、桃園庁の桃園、台北庁の淡水、貴仔坑庄である。調査の過程で海水の温度と比重を測定し、プランクトンを収集した。調査の後にプランクトンを他の南海地区と比較するためである。日本水産局、農商務省技師、水産講修所の技師は、当然のことながら台湾総督府殖産局や各現地機関の支援を得ることになった。同時に商船会社の須磨丸に乗って東海岸から澎湖までの巡回を終えた。船長早見悌次郎ら乗組員は、航海に同行しただけでなく、紅頭嶼などでプランクトンの採取や水温の調査などにも協力した。[21] 両者は台湾全土の水産条件を詳細に調査した後、殖産局は台湾の漁業政策を決定し、さまざまな改善を実施に移した。[22]

２．沿岸調査試験

（1）凌海丸の沿岸における漁業調査試験

　農商務省水産局の下啓助技師と水産講修所の妹尾秀実技師が台湾全土の漁業状況を詳細に調査した後、殖産局はそれに基づいて漁業政策を決定し、さまざまな改善策を実施した。[23] 1902年から1909年にかけて、台湾総督府殖産局は漁業改善を奨励し続けたが、経費の制約により成果が上がらず、1910

年にさらに大規模な漁業改善計画をだした。下啓助と妹尾秀実の調査による
と、台湾の沿海の魚種は少なくなく、漁獲量が少ないのは台湾の漁師の漁場
が極めて近海地域に限られているためであることが原因だという。そこで総
督府は専門の技師を雇用し、全海岸に沿って魚の通り道の調査を実施し、魚
種を明らかにした。(24) 言い換えれば、台湾総督府が台湾水産調査試験を求め
たことが、日本の農商務省の技師樫谷政鶴の台湾来訪への道を切り開いたの
である。

　樫谷政鶴は1905年から農商務省の技師を務め、北海道庁尋常師範学校の
水産教務嘱託（嘱託職員）、富山県水産講修所技手、富山県水産講修所長、
富山県水産事務嘱託、富山県技師、富山県師範学校教授、富山県内務部水産
講修所技師、農商務技師を歴任し、漁業の改善発展に尽力する十分な資格を
備えていた。(25) 同時に樫谷政鶴は、台湾に長く滞在し水産講修所製造科を卒
業した伊藤祐雄を助手として、養殖科を卒業した須田義次郎と魚撈科を卒業
した安達誠三を嘱託として起用した。また伊藤を東京に派遣し、調査試験に
必要な漁具を購入した。(26) こうした立場から、樫谷政鶴は台湾に到着して以来、
台湾の製造、飼育、漁業に携わる人材を選抜するために専門知識を活用した。

　樫谷正鶴は1910年 5 月12日に就任すると、(27) すぐに政策策定のため台湾の
各庁に出向き漁業を調査することを命じられた。(28) 凌海丸が到着する前、樫
谷は台湾の地勢と潮流の関係から、第一海域（淡水から東海岸を経て安平海
面まで）、第二海域（淡水から安平西海岸）、そして第三海域（澎湖諸島周辺
の海面）に分け、「台湾の水産業」の一文を発表した。この論文は技術の伝
承と水産業に関する講演、漁業、製造、養殖等の調査試験を内容としている。(29)
筆者は、台湾漁業低迷の原因として、官方からの奨励、漁業者の知識、漁業
日数、漁港、避難港、気温、魚の取り扱いの問題などを挙げているが、特に
漁業資金の不足の問題を指摘している。漁船、漁具、漁法の改善に加えて、
漁業界への投資も奨励されるべきである(30) と述べている。

　その後、調査に基づいて台湾の水産調査試験計画が実施されたが、この時
期の調査試験は主に漁業事業であり、養殖は台湾海峡の澎湖と西海岸に集中
していたことが分かる。漁業試験の観点から見ると、第一海区と第三海区つ
まり淡水から東海岸を経て安平海面、澎湖諸島周辺の海面、つまり東シナ海、

台湾の東の太平洋と台湾海峡に集中している。西海岸の漁業試験は、漁船改良調査試験や海洋調査を差し引くと、小規模の流し網・釣延縄試験と底引き網試験のみであり、いまだ重視されていない[(31)]。

　1910年、凌海丸が台湾に到着した直後、11月11日から翌年3月31日まで調査と試験が実施された。調査の主要事項は、北部の冬季漁業の調査試験、淡水での「ビームトロール」漁業試験、澎湖島付近の漁業調査、打狗付近の漁業調査、小琉球嶼付近のはえ縄試験、大板埒近辺、七星岩付近の漁場調査、紅頭嶼、火焼島付近の漁場調査である。

　総督府が、1910年台湾周航の調査と試験を評価したとき、短期間に島の全海岸にわたって実施した調査試験は十分なものではないと指摘し、次年度の調査試験の方針を策定することになった[(32)]。報告書の内容からは、漁撈試験、魚類調査、潮汐観測等が、この時の調査試験の重要な内容であることが分かる。このことは他の試験報告からも確認できる。

　上記の調査と指導によると、台湾北部の彭佳嶼と綿花嶼付近の引き縄漁業は増加を続けているものの、沖合の島々の海岸の浅瀬に戻ってくるマグロしか漁獲されていないのである。マグロ流し網漁業調査試験は、海面がマグロ漁業に適しているかどうかの調査を目的として、1911年9月1日から30日まで実施された。

図1　凌海丸の周航ルート図

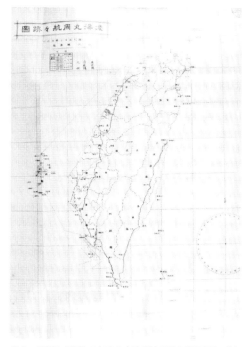

出典：凌海丸「明治43年度本島沿岸航行調査試験報告」『台湾之水産』第1号（台北：台湾総督府民政部殖産局、1914年9月）、頁番号なし。

「漁業表」によれば、凌海丸は9月1日から5日まで船内の整備を行ない、6日から11日までは出航と捕獲の準備をし、漁業試験は12日に始まり30日まで続いていた。漁業試験中、漁業表には、気象及び風力、漁場符号、漁具の使用時間、表層海水温、比重、潮流の方向と速度、餌の種類、捕獲漁種、漁獲時の水深、漁獲数、一尾の平均重量、価格、概要などを記録している。12日の記録を例にとると、天候・風力はF.1、漁場符号はイ、漁具使用時間はPM6.30〜PM12、表層海水温は25.5度、比重は1.0212、潮流方向、速度はWSW、流し網はなし、使用餌は記録なし、漁種はマグロ、カジキ、サメなど、水深は記録なし、漁獲数はマグロ1尾、カジキ1尾、サメ1尾、1尾の平均重量は記録されていない。価格は26.750円。

　漁業表によると、試験が成功したのは12日と19日の2日間のみで、25日と26日は漁具を使用し、水温、比重、潮流などを記録し漁獲はなかった。網を干すための停泊や、悪天候で引き返し漁に出られない日もあり、漁船の動力化の後にも漁業試験が容易でないことは明らかであった。逆に、たとえ漁獲が成り立たなくとも、潮流が強く方向が定まらないことや、混流による網の配列の混乱などにより、その漁法が適していないと判断できたのは、漁業試験による潮流の解明[33]に貢献することになった。このことから、凌海丸の調査と試験の結果は、指導船舶の役割を果たし、民間漁業の試行錯誤による資源の無駄を削減させたことがわかる。

（2）鳳丸による沿岸漁場調査・試験

　鳳丸は、1911年に澎湖島で曳き縄によるサワラの漁業試験を行い、日誌によれば4月8日から5月2日まで計9回の漁業試験が行われた。漁業試験では、天候、風力、風向、気温、漁業時間、漁場（項目：地点、比重、水温）、漁獲物（種類、量、価格）及び概要を記録している。4月8日を例にとると、天候は半ば晴れ、風力3、風向北、気温24度、漁業時間は午前9時5分から午後2時、漁場比重1.039、漁場水温25.4度、捕獲物は在来種で、重量503斤で、価格は25.740円であった。

　成績表には、出漁の回数、月日、餌（種類、数量）、漁獲物（種類、数量、価格）、エンジン使用時間、石油消費量が記録されている。4月8日の第一

回出漁を例にとると、午前8時に媽宮港を出港し、同日午後4時に帰港、餌の種類はカマス、数量は9斤、捕獲した魚の種類はサワラ、捕獲量は503斤、価格25.740円、エンジン使用時間8時間、石油消費量は2.32斗升合と記録されている。⁽³⁴⁾

漁業試験日誌と成績表を比較すると、試験日の記録は漁場の状況と漁業試験と漁獲結果の関係に焦点を当て、成績表は滞在時間と餌、エンジン、燃料と漁獲結果の関係を示していることがわかる。

1911年2月の凌海丸台湾周航漁業調査では、冬季台湾南部台南でカジキ、サメ、マグロなどが大量に回遊していることが確認されたため、1913年までに鳳丸は再び南部でマグロとサメの流し網試験を実施した。1913年からはその海域で準備を始め、2月4日から4月11日まで打狗港を拠点に魚類の回遊状況や海流などを調査するための漁業試験が行われた。しかし、2月23日に台風が発生し、漁具が紛失し、漁具の捜索と修理に20日間を要し、残念ながら期待に反して成果は得られなかった。

なお、注意に値することは、カツオ流し網の使用時、カツオ流し網を接続し、カツオの回遊の有無を調査していることである。カツオの回遊状況について、海面上のカツオは、9月以降海中中層まで下がることが流し網での漁獲で知ることができる。3月中旬以降は再度上層まで上がり北東季節風が強く吹く12月にかけては表層の海水が冷えて水温が低く、魚類の上層回遊には適さなくなる。

この漁業試験は計67日間続き、そのうちの漁獲は23日、3日は漁獲量が少なく、20日は漁具の紛失による休業、21日は暴風や月明かりによる中断であった。漁獲量と種類：サメ（147尾、10,654斤）、カツオ（172尾、563斤）、カジキ（12尾、1,179斤）、マグロ（8尾、354斤）、サワラ（1尾、71斤）。台湾南部で冬の流し網で鮨魚、メカジキ、サメが今年初めて漁獲され、サメの漁獲量が非常に多く、一般の台湾人を驚かせた。サメ肉は台湾人の好物であり、その価値は漁獲される量に影響されるため、サメ漁業の利益がさらに期待できることがわかった。⁽³⁵⁾

前後の漁業日誌を比較すると、1913年の漁業試験日誌は詳細に記載されている。注意事項のほか、漁船、漁場、漁獲物の3項目に分かれている。漁

船の項目では、停泊地（地名、時刻、注意事項）、出港時刻、帰港時刻、作業（開始時刻、終了時刻、回数、漁具数量、餌の種類・数量、金額）に分けられる。漁場の項目は位置と観測に分かれ、観測記録には時刻、位置、水深、底質、天気、風向と風力、気温、水温（上層、中層、下層）、気圧、比重（上層、中層、下層）、潮流（方向、速度、潮の満ち引き、海水の色、波の高さ）。漁獲の項目には、種類、数量、単価、金額に分かれている。⁽³⁶⁾海洋観測では、形式と内容の要件がより詳細であることが求められており、このことは、この時期の日本の漁業基本調査の精神に合致している。

3．近海漁業調査試験

（1）カツオ漁場調査

惣田カツオ漁は古くから台湾の漁師にとって主要な漁業の一つであり、北部海岸では煙仔と呼ばれる待ち網を使用し、海岸沿いの特定の場所において半定置方式で魚を捕獲する。澎湖島付近では流し網、台湾南部では巻き網が使われている。ただし、処理方法は生または調理済みをそのまま販売する。1904年から1905年頃までに、澎湖島、宜蘭庁の大里簡、台北庁の卯澳近辺で日本人から製造方法を学び、当初、まだ熟成していないカツオ節を生産して、最終的には日本に輸出した。

台湾の漁師がカツオ漁に従事したことがないのは、漁師の漁法がすべて沿岸に限定されており、沖合に出てカツオの群れに触れる機会がないためと考えられる。しかし、宮崎県南那珂郡目井津の漁師、坂元は1908年頃、台湾北部にカツオの回遊が多いと聞き、八重山や与那国島に漁に行った際に台湾に渡り漁を行ない、結果が有望であることを確認した。1910年、沖縄県籍の発動機船2隻が八重山から台湾へ海を渡った。また、基隆漁師の吉井治藤太らが基彭興産合資会社を組織し、総督府の補助金を得て西洋型発動機漁船「基興丸」（19トン）を建造し、カツオ漁を行なった。基興丸とその他の漁船も同様の漁獲実績を上げ、北部のカツオ漁に光が当てられ始め、翌年にはカツオ漁の目的の一つである台湾水産株式会社が基隆で設立され、基彭興産合資会社を併合し、石油発動機を搭載した日本モデルの漁船飛龍丸を基隆港

の八尺門建築製造所で建造した。並びに渡台した数艘の発動機漁船を客船とし、客船に漁獲物を引き受けさせ、カツオ節製品は３万貫を越えた。

　1910年11月に回港して以来、総督府水産試験船凌海丸は漁場の状況の調査を続け、1911年度にはカツオ漁業試験が実施され、漁場が拡大し、餌のイワシの供給が開始され、カツオ漁業の将来性は大資本家の注目を集めた。同年末、阿猴庁に台湾海陸産業株式会社が設立し、翌年３月から５月まで発動機漁船４隻で南部の大板埒地を拠点とし、６月からは北部に至り基隆に隣接する八斗子庄を拠点とし、カツオ漁のために特に客船２隻を増備した。同年、宜蘭庁蘇澳出身で長崎県人の小野原がカツオ漁業を創設し、こちらも大きな成果を上げた。つまり、カツオ漁業の経営方針は徐々に確実なものになってきており、政府がカツオ製造業に補助金を出す一方で、カツオ漁業も間接的に恩恵を受け、その基盤を強化したのである。[37]

　台湾総督府はカツオ漁場を基隆・蘇澳を中心とした北部漁場、火焼島を中心とした東部漁場、大板埒を中心とした南部漁場、打狗安平を中心とした西部漁場に分けている。しかし、漁業開発の初期段階からみると、すでに営利操業の状態に入っているのは北部漁場だけで、その他の漁場はまだ試験段階にあった。[38] したがって、以下の議論では、すべての漁業の状況について言及するが、主に北方漁業の分析に焦点を当てることにする。

　1910年の時点まで、北部漁場は基隆を中心としたものだけでなく、北の彭佳嶼、東の鼻頭角の狭い範囲に広がっていた。翌年には出漁漁船が大幅に増加し漁場が拡大され、鼻頭角を中心とする30涅（１涅は1,852メートル）の範囲と、蘇澳東方20涅以北の地域まで拡大された。1912年になると、基隆は海流が常に悪く、カツオの回遊が少なく、餌のイワシの漁獲量も減り、主に鼻頭角以東の海での漁が主となり、前年度の漁場に漁船はほとんど現れなくなった。1913年、漁師たちはこれまでの漁場に満足できなくなり、沖縄県の尖閣諸島と与那国島の近くの海に出て漁をした。1914年の近海漁況は前年より悪化し、すべての漁船は尖閣諸島や与那国島付近に出漁し、遠くまで航行できない小型漁船のみが近海漁場に留まった。このため凌海丸では、漁場の拡大や漁期の延長に応じ漁業者を指導するために必要な調査や実験を定期的に実施した。[39]

凌海丸の調査により、詳細な漁場や潮流、魚の回遊状況が分かる。北部漁場は近海漁場、与那国島漁場、尖閣諸島漁場に区分できる。近海漁場とは、鼻頭角を中心とした周囲30浬の範囲の総称を指す。カツオの回遊期間は長く、沿岸には餌用のイワシも多いため、北部のイワシの漁獲量は、その年のカツオの水揚げの良し悪しを占う目安となる。与那国島漁場である与那国島は沖縄県に属しており、漁場はいずれも漁礁が主で、４カ所ある。八重山島漁場は台湾からは少し離れているが、漁況等の関係で台湾北部漁場に含まれる。尖閣諸島の漁場には、釣魚台、黄尾嶼、赤尾嶼、南小島、北小島などの岩島が含まれる。釣魚台は、カツオ漁船にとって最も重要な漁場の一つである。[40]

　凌海丸カツオ漁業調査報告書では、台湾における重要なカツオ漁場は北部漁場のみであり、他の漁場は餌などの理由で利用できないと結論づけている。北部漁場については、餌の備蓄や供給、漁師の活用、カツオ節の生産方法の改善など、改善すべき点が残されており、総督府は漁期の延長や漁場の拡張を求めている。一方で、台湾の漁師の育成方法にも注目する必要がある。北部漁場のカツオ漁期は６月から８月が夏の最盛期で、直接販売が不便なため、すべてがカツオ節に仕立てられる。総督府は職工の育成と品質の向上に努め、北部漁業のカツオ漁業は徐々に発展していった。南西部と東部の漁場で餌の問題が解決し、漁具や網漁法を使えばカツオ漁業が成立するチャンスはあると思われた。[41]

　凌海丸は基隆を拠点とする北部漁場のカツオ漁の状況を記録していたことが、現在ある資料から分かる。1911年５月から８月までのカツオ漁獲表でわかることは、凌海丸の漁業実験の経緯である。凌海丸カツオ漁業表の記録には、日時、天候と風力、漁場符号、漁具の使用時間表、海面水温、比重、潮の向きと速度、餌の種類、捕魚の種類、漁獲時の水深、漁獲量、一尾の平均重量、価格、摘要が含まれている。この摘要の内容から、凌海丸のカツオ漁獲に影響を与える三大要因は、餌のイワシの供給不足、潮色の不良、エンジンの故障であることがわかる。

　記録状況から判断すると、５月に準備を進めていた凌海丸は、日時、天気、風力、概要のみが記録されていた。６月４日、凌海丸は初めて完全な漁業情報を記録したが、厳密に言えばこの漁獲表の記録は不完全なものであった。

第一に、漁具を使用した時間が記録されていない、第二に、潮の流れの方向が記録されておらず、速力だけが記録されていることによる。この「不完全」な状態は、漁業リスト全体を占めている。6月分の漁獲表を例にとると、漁獲量の記録は6件あるが、漁獲水深の記録は4件のみで、登録漁場符号はイロハニホで、漁具の使用時間を記録しているのは12日の漁場のみである。12日には漁獲量が「不明」と記載される事態も起きている。[42]漁業表の不完全な登記は、日本が1910年に漁業基本調査に着手し、それが台湾にも影響を与えたことを反映しているが、実際は実施にギャップがあった。

　北部カツオ漁場拡張図を見ると、カツオ漁業試験の結果、漁場が拡大していることがわかる。台湾総督府凌海丸の監督官安達清三の1915年の報告書によると、次のことがわかる。台湾北部でカツオ漁が始まって以来、業者の経験と、1913年以降尖閣諸島と与那国島の漁場への出漁によって、カツオ

図2　北方カツオ漁場拡張図

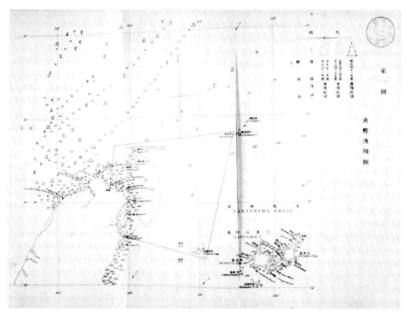

出典：凌海丸「台湾の鰹漁業（1）」『台湾之漁業』第2号（台北：台湾総督府民政部殖産局、1915年1月）、頁番号なし。

漁がますます盛んになっている。まず凌海丸の調査後、総督府は同時に民間漁師からの漁獲報告にも頼って漁況の分析を試みたが、民間船は海洋調査を行なうことができず、気象状況を分析するだけであり、引き続き気象が海洋や漁業に与える影響を考察しようと試みている。つぎに、漁況や漁獲量の記録と分析は、漁場の作業状況を把握し、今後の操業への提案に役立っていた。三点目として、カツオ節の製造と餌の供給がカツオ漁業に影響を与える大きな要因である。カツオ節生産がカツオ漁業に与える影響は、漁船がカツオ製造工場に直接専属していることからもわかり、カツオの漁獲が安定して販売できるようにしている。最後に安達誠三は、カツオの漁獲量がカツオ工場の能力を上回っており、不経済な結果をもたらしていると推察した。[43]

　1911年から1925年にかけて、試験船緑丸と凌海丸が八重山諸島沖合から台湾南部沿岸海域でカツオ漁獲試験を行ったところ、台湾北部の八重島諸島と釣魚台島付近の海域がカツオの好漁場であることが判明した。このことは、基隆がカツオ漁業の発展の拠点であることを示していた。[44]

（2）タイ延縄漁業試験とタイ漁業調査

　1913年以来、試験船鳳丸が台湾浅堆（Formosa bank）付近でタイ延縄漁業の試験を実施し、北部がタイの好漁場であることを明らかにし、タイ延縄漁業は澎湖島と高雄を拠点に徐々に発展した。[45]澎湖諸島のタイ延縄漁業の起源は、1902年頃に澎湖庁の水産試験員によって伝えられ、内地の漁法を改良したものである。しかし、澎湖諸島は交通が不便で販路も狭いため、漁期は9月から翌年4月までであるが、東北季節風が強いため、漁翁島や虎井嶼付近では天候が安定しているときにしか漁ができなかった。4月以降、天候や風力も徐々に落ち着き、海上も徐々に穏やかになり、花嶼と大嶼の2島に拠点をおくために各地の島から漁船が集まり、沖合で漁をすることが多くなった。特に八罩列島の中国式漁船は大量の塩を積んで一群を成し、浅堆漁業を経営し半年操業し、漁獲して本国に帰るのである。

　台湾では石油発動機船が出現して以来、南部海上にも発動機漁船が操業したが、漁期の関係で南方漁業は一年中操業できるわけではなかった。1913年5月上旬、発動機船「漁運丸」（出力12馬力、速力6.5ノット）が台湾の浅

堆でタイ延縄漁業をおこない、これが有望であると考え、打狗安平を基地に操業し、良好な結果を得た。台湾漁業会社は発動機船「日之出丸」（20馬力、速力7ノット）を母船とし、2隻のサンゴ船でサンゴ採取を試みたが成績が芳しくなく、「漁運丸」の成績を見て浅堆でのタイ延縄漁に切り替えた。8月に西南モンスーンが強まるまで、かなりの成果を上げた。これが台湾の浅堆タイ延縄漁業の単独式と母船式の起源である。翌年には新たな経営者が加わり、4月中旬から石油発動船2隻と日本船4隻を母船として操業し、さらに8馬力と12馬力の2隻の石油発動漁船が単独で操業を開始した。

試験船鳳丸の気候データは、気圧、風、気温、湿度、日照時間、雨、天気などを含め、すべて澎湖諸島気候測候所の調査から取得したものである。海洋状況データの観点では、鳳丸は潮流、潮の時刻、朔望による高低両潮の緩急と休止時間による満潮と干潮、漁場、基地と避難港、餌、漁具、作業方法、使用された発動機船の成績を記録した。鳳丸の調査は充実した内容であったが、タイ延縄漁業の経済的価値はいまだ不明であり、その解決にはまだ十分な調査と試験が必要であると結論された。[46]

1916年、鳳丸は再び澎湖諸島のタイ漁場に関する調査報告書を提出した。報告書は、11月から翌年2月中旬まで澎湖島ではタイの襲来が多く、澎湖の漁船が大量に捕獲しており、タイの回遊は産卵のためであると指摘している。この時期、タイの体はふっくらとしており、有精卵を持ち、3カ月後には有精卵がなくなり、体重も30〜40%減る。2月以降は漁獲量が減るが、年間を通して漁獲量はある。産卵後のタイは島内に残存するのもおり、島内に生息地が存在する。冬になるとタイの頭の形や色が少し変わる。台湾南部の発動機船は、春から夏にかけて適した漁場がないため、冬場に適した漁業となっており、近年、この時期に澎湖島のタイ漁を行なう際には、漁場調査や漁具の試験が必要となる。鳳丸の漁業試験で使用した釣具は、海深や海底を調べるのに便利な一本釣り竿であった。

澎湖諸島の漁場調査は、澎湖水産会の試験船により実施された。鳳丸は諸列島の近海を専門に実施し、そこを7つの試験海域に分けている。台湾の浅堆海底の環境を例に挙げれば、海底魚類は黒い底の水深の深いところに生息しており、クロアラはわずかしか生息していないため、1本釣りの使用は難

しい。春から夏にかけて列島の魚種は大幅に減少するだけでなく、漁場面積も狭く、発動機漁船の能力を十分に発揮できない。列島の外にある唯一の漁場は、大嶼の南西の海から20浬以内で、この海区は昔から台湾の漁船が漁に出ている場所である。かつては発動機船の唯一の漁場は大嶼沖だったが、今では徐々に放棄されつつある。

　一方、冬に澎湖島にやってくるタイはどこから来るのか。そのルートを調べてみると、台湾の浅堆が続く30尋線内で、漁業の最盛期以外でも生息し、北側では少なくなり、北島近海の白砂の海区は、魚類はほとんどいない。北側の台湾海峡は海溝がなく、最も深い海底で粗砂と細砂からなり、チダイが生息している。凌海丸の調査試験では、淡水の海面までマダイがいないことがわかる。このことから、澎湖諸島に襲来するタイの根拠地は南方海域にあることが分かる。

　トロール船栄丸は当初、打狗を拠点に沖で漁をしており、重要な獲物はマダイであった。この漁場は、台湾の浅堆の南西、50尋から70尋の間の傾斜面である。水深が百尋線に達すると緩いフックが装備され、百尋線を超えるときついフックが使用され、最も深い水深は300尋乃至400尋になる。底質は粗い砂、または細かい砂と泥で、70尋以上100尋線内に咾咕が繁殖している。この漁場の底はタイの生息に最適で、漁具を損失する心配もなく、海区の流れは打狗の海面と似ている。また、このあたりでは冬の季節風が弱まり、打狗からは直行で約75浬の距離にあり、大嶼海域への航行と同様である。したがって、この海区は南部発動機船が新たな方向性を開拓するのに適した海域である。[47] 以上をまとめると、鳳丸の調査は、漁場の海況とタイの生活史との相関関係を把握し、良好な漁場であるかどうかを判断できるまで進んでいたことがわかる。

（3）キダイ延縄漁業に関する調査

　凌海丸は1920年から1923年にかけて、キダイ延縄漁業の調査を実施した。台湾北部のキダイ漁業は著しく発展し、日本人と台湾人が計60余隻の漁船を操業し、1920年の漁獲高は60余万円に達した。すでに述べたが3月から6月にかけて産卵期にキダイは北部近海付近で獲れたが、その後、魚は分散

するので漁を中止し、船を繋ぎ止めた。凌海丸の調査は、魚の動きや季節ごとの魚の分布を把握することにあり、漁場を広げて、荒天時の避難港として最寄りの華南南部の沖合の島を探して、そこで漁を継続し、キダイ漁業の発展を促進することにあった。1920年8月15日から23日まで、華南に向け凌海丸は海洋観測のため出航し、福建省の東犬島から北方の浙江省の黒山諸島まで東に10浬の海域を調査する計画をたてた。便宜上、この海域を2つの区域とし、最初の調査では南岐諸島線以東の概況を調査した。

　調査方法は、調査用漁具を用いてその場所周辺の魚の生息状況や生息量を推定するもので、凌海丸の立延縄漁具を直接使用する極めて迅速な方法をとっていた。試験地点で凌海丸を係留し、風上または上げ潮上から漁具を落とし、10分〜20分ほど経ってからロープを引き上げ、釣れた魚の数と種類を推定するとともに、海底の下層、水温、比重、季節ごとの魚の動きの参考情報を入手し、調査を繰り返した。

　調査表には、地点、位置、水深、底質、海水の色、気温、水温（上層と下層）、比重（上層と下層）及び摘要が記録されている。餌はイカの塩辛とイワシの塩辛を使用している。漁船の避難・停泊地となる華南近海の東犬島、東引島、台山列島、南岐山列島の地形や状況を紹介している。

　調査結果によると、西南モンスーンの最盛期の季節は、特に暖流が北上する勢力の強くなる時期は水温が最も高くなることが判明した。基隆東犬島間の毎月の海洋観測結果を比較すると、台湾北部沿岸の一般的な底魚は、下層の水温が上昇するにつれて北へ離散しつつ移動することがわかる。この調査の結果によると、キダイは、主に4月、5月、6月頃に、彭佳嶼島の北70浬から90浬の周囲に豊富に生息している。

　同時に、華南の近海の15尋、40尋の泥底の海域に、特に本土に近い東引島付近にマダイが生息していることも調査された。一般に底魚は深海のなかに点在している。凌海丸停泊地付近では、春と秋に豊漁であった。上記の調査は、9日間、500浬内の短期航行海域での調査資料のみであるが、今シーズンもキダイ漁業が行われ、北部海面（彭佳嶼基点から北へ110浬以上）ではかなりの漁獲があったことが確認されている。その後の季節ごとの魚の分布状況を逐次、調査して明らかにする必要がある。(48)

10月24日、凌海丸は第2回目のキダイ漁業調査のため基隆港を出港した。翌日、基隆と東犬島の間の観測を終え、華南近海の南岐山諸島と黒山諸島の境界より東の海区を直接調査し北上した。しかし、東北からの強風が続き、自由に航行できず、十分な調査は行なえなかった。調査方法は、これまでの例に倣い、立延縄と横引きトロールを用いて、下層水温と重力を同時に観測し、生息する魚類の数量と種類を推定するとともに、季節ごとの海況変化や魚の動きに関する参考資料を入手した。しかし、トロール網を使用する場合、長年陸上で乾燥させたままにしていたため、トロール網の重量が軽すぎて、曳航すると網全体が水面に浮いてしまい、残念ながら効果が得られなかった。

　調査結果によると、今シーズンは東北モンスーンの初期段階に入り、気温や水温が全般的に低く、海域の暖流は徐々に弱まる傾向にある。前回の調査に比べ、この期間の下層の水温は低下しており、キダイが生息していた彭佳嶼の北60〜90浬の地域では、さらにキダイが群生しており、水深60尋以上の水深から黒っぽい砂の底で群れが確認された。この海域の水温が上昇する夏場は、水温変化の少ない深場や比較的水温の低い北方へ離散し、水温が下がると同時に適度の水温を探し、浅い場所を回遊して餌を探す。[49]

　同時に、魚の移動習性を把握し、漁場の拡大を図るため、華南沿岸漁業試験を活用し、捕獲したキダイに標識を付けて放流するとともに、台湾と日本の事業者に事前に通知した。マークした魚を釣った場合はタグを提出し、報告する。上記の通知を受けた団体は、台北州、台湾水産協会基隆支部、日本トロール船経営者、九州各県、香川、山口、愛媛、徳島の各県、華南方面の日本総領事館が含まれる。

　放流期間は本年10月から来年3月まで、放流海域は華南沿岸および浙江省黒山列島から彭佳嶼まで、放流数は2,000尾を予定している。捕獲したキダイは活魚水槽に一時保管され、背びれにタグが取り付けられ、浮き袋を膨らませた処置後に放流される。放流後のキダイは延縄漁法や底引き網漁法で漁獲された後、タグを外して水産課に送り、漁獲した海面が報告される。[50]

　総督府の水産試験船凌海丸が彭佳嶼蓬北110浬の地点で新たなキダイ漁場を発見し、その漁場の発見報告は早くも日本の『水産界』や『水産新報』に掲載された。その結果、日本のトロール漁船はこの記事を見て、すぐに新漁

場に向かった。台湾の食品会社田村丸は漁場が発見されたと聞き、早々初漁に出て豊漁し帰港した。第２回から、日本からのトロール船５、６隻と台湾のタグボート３隻が同じ漁場で衝突した。当局は漁場発見後、多くのキダイ船が出漁すると予想していたが、実際はトロール船の漁場となっていた[51]。

　要するに、1920年から1923年にかけて試験船凌海丸が台湾北部海域のキダイ延縄漁場を調査し、移動状況を把握したことで、基隆を拠点とするキダイ延縄漁業が発展していたことがわかる[52]。この調査は、漁場の海洋状況や魚の移動を調査することに貢献していた。

（4）トビウオ流し網漁業試験

　宜蘭庁の蘇澳沖にはトビウオ流し網漁場があり、毎年40隻以上の漁船が北方澳、南方澳、蘇澳から漁を行っているが、使用される漁具の規模は非常に小さく、収穫はかなり少ない。そこで、1911年から1912年にかけて、特に1911年６月16日から７月11日まで伊豆七島で造られた鎌網を取り付けたトビウオ流し網の試験操業が行われた。

　関丸のトビウオ流し網漁業試験記録を分析すると、調査の焦点が明らかになる。試験日誌には、この間の経過が記録されている。記録内容は、時間、天気、風向と風力、気温、水温、潮流の方向と強さ、海水の色、投網回数、漁場の位置、漁獲量（魚名、尾数、斤量、価格及び概要）である。

　５月７日午前９時に基隆を出航し、午後10時半に亀山島に着岸した。翌日、午前３時30分に亀山島を出航し、午前10時40分に蘇澳に到着。９日、蘇澳を拠点にトビウオ流し網漁業実験を開始したが、この日は雨天、北風が吹き、気温24度、水温25.5度、潮流速度北東１浬、海水は澄んでいた。漁場は烏岩角の東半浬にあり、計３回網が投げられ、トビウオ138尾、80斤、価格は1.6円及び重さ３斤、価格0.06円のアジ６尾を捕獲した。10日は海に出ず漁網を乾燥させたが、時間、天気、風向き、風力、気温、水温、潮汐、海水の色が記録された。以来、６月14日まで、烏岩角半浬から１浬の範囲で試験が繰り返し行われたが、期間中は風雨が強く、天候が不安定だったため、９回港に戻らなければならず、休漁日は３日であった。14日には漁網の修繕のため基隆港に戻った。基隆港に停泊し、27日に再航行し、三貂角の北西１浬

の海面で試験を行い、28日には亀山島に停泊し、亀山島の北１浬の海面で試験を行った。その後大里簡を拠点として亀山島付近で、試験は７月６日まで行われ、７日、関丸は頭為河畔に錨を下ろした。８日は三貂角付近で10日まで試験を実施し、11日に基隆港に戻った。⁽⁵³⁾

　関丸の漁業試験日誌記録を見ると、各漁業試験の航路が完備されており、海上での漁が行われていない時の海況に関する記録も残っている。同時期の凌海丸の不完全なカツオ漁獲記録と比較すると、漁業試験記録には個人差があることがわかり、このことは漁業・海洋研究推進初期の困難を表していた。⁽⁵⁴⁾

（5）台湾海峡トロール漁業調査

　1911年、凌海丸は台湾海峡でトロール漁業の調査を実施した。台湾海峡は台湾西部と華南の福建省、広東省の間に位置し、東経180度から120度、北緯23度から26度に広がり、面積は約4,600余万平方浬に達している。海底は平坦で、澎湖水道と打狗以南の海を除いて、深さは50から60尋を越えない。底質は台湾の海面沖積層の影響を受けた砂泥であり、中国沿岸に近いほど地盤の柔らかさが増す。北から流れる暖流が主体で、東北季節風の影響を大きく受けるため、魚類は寒流と暖流の両方に支配されやすく、必然的に魚類の生息地が多くなる。近年、中国・アモイの地元漁船が台湾近海に漁場を拡大しているが、台湾の漁民はまだこの海域で操業しておらず、漁業利益はすべて中国漁船に制限されている。その主な理由としては、台湾沿岸の漁民の知識や資金力の不足が挙げられるが、同時に台湾西海岸の地形により漁船の出入りが困難であり、特に９月から翌年４月までは中国東部の高気圧の影響で、強い東北風が吹き続け、波が高く、小型漁船での漁は困難となっている。

　横引きトロール漁業は天候に比較的左右されず、蒸気や風力を利用するため、東北モンスーン期でも漁を行うことができるが、底生魚類は時期によって数が異なり、回遊魚とは異なるものの、一定の生息域を持っている。この海域は底魚種が多く、横引きトロール漁業が適した漁業となることが期待されるため、試験を実施し漁場の状況を調査する必要がある。試験期間は10月から12月までの３カ月間で、便宜的に３つの海域に分けた。第一海域は

北緯24度から25度20分、第二海域は北緯23度から24度、第三海域は厦門付近である。

　以下に一つの海域を紹介する。この海域は台中庁鹿港海面から富基角海面までで、天候等の要因により、北は福州牛山島海面60浬から始まり、南は台中庁大安海面まで、つまり東経120度より東、台湾の海岸から15浬離れ、その面積は約1,500平方浬の区域である。海底の異常な状況を鑑み、各所で投網調査が行われ、一概で論ずることはできないが、海域の状況を垣間見ることができる。

　この地域は、新竹庁中港と旧港約20浬の近くで、海中最下層は少量の土が混じった濃い黒色の細かい砂の地帯で、海岸線に沿って南に延び、終点は後壠海面15浬の地点である。東と西の距離は比較的狭く水深は40尋以内でイカが多く、次にタイ、カレイが続き、海岸近くには雑魚やエビが多く生息している。

　牛山島から約30浬の漁場の底は、少量の黒っぽい細かい砂が混じった泥で、非常に柔らかく、下げ鉛錘がよく沈んでしまう。深さは通常40尋で、その地盤は中国の沿岸に沿って北に非常に長く、南に短い。魚種も台湾沿岸とは異なり、アユ、アマダイ、シタビラメ、キグチなどに加え、アンコウ、ホシザメなどの低温水魚も生息している。

　大安港の海面の漁場は、太女港の西北西約30浬に位置し、幅約400平方浬で、底は黒く硬い泥で、水深は約35尋、地盤は東西に長く、南北に短い。特にタイやイカが豊富で、この海域では最も有望な漁場とされている。他にも少数の小魚が生息しているのが見られる。要するに、この海域は中国沿岸に近いため浅く、底は軟泥の傾向があり、台湾沿岸の海水より冷たく濁り、魚類が豊富である。これも寒流の影響である。台湾の海岸は白い砂が大半を占めるが、中港旧港岸から南に向かうにつれて徐々に黒っぽい砂泥に変わっていく。この地域の最も深い地点は、海峡の中央に位置する45尋線である。この海域で魚の生息に最も適しているのは、黒い泥砂で適度に硬い地盤である。海岸近くは浅く、小魚が多く生息しており、成魚は沖合から深場にかけて集団で生息しているが、これらの事実は今回の調査でも明らかであり、正確であるといえる。[55] 要約するならば、新しい漁法であるトロール網の出現は、

台湾海峡の海底漁業の海洋状況と魚の生態を理解するのに役立つことがわかる。

4．遠洋漁業の調査試験の発展

（1）凌海丸改造前の遠洋漁業調査試験事業

　大正時代以降、日本は南進へと蹶起し、台湾の水産の発展もその政策のなかにおかれた。1913年、樫谷政鶴は水産試験の調査のため華南と香港に向かった。[(56)] 1917年9月、総督府殖産局嘱託宮上亀七は奉命により、漁業調査のため華南（南支）に赴いた。[(57)] 調査範囲には中国の広東省、福建省、浙江省、江蘇省上海、英領香港が含まれる。[(58)]

　宮上亀七が執筆した復命書は、当局の参考資料として『南支那之水産業』として出版された。この本には、江蘇省立水産学校、厦門漁網、厦門滬漁業、馬窖打瀬網晾乾図、広東省肇慶草魚、連魚魚苗池、厦門養蠣場、厦門漁港、曳打瀬網船、広東省拓林漁港、マカオ港、甬江河畔冰廠、沈家門漁港、沈家門製塩工場などの写真が含まれている。同書は南部の地形と海、中国人の嗜好と水産物、水産行政と教育、漁業、養殖業、地方誌、販売、今後の中国の水産業など8章に分かれている。内容から見ると、第6章の地方誌を除いて、主に華南の水産物の概況を観察・記録しており、また、漁具や漁法についても図と説明で記録し、使用地点、漁期と方法も詳しく記されている。第6章の地方史では、福建省、広東省、舟山諸島の地理、漁船、漁具、漁法、魚体、販売などの内容が詳しく記載されている。ただし、この内容は『農商公報』を抄訳し、見聞をもとに編集したものであり、記載されている魚体等の内容は『農商公報』の記録に基づいている。[(59)] したがって、全体としては、調査内容は詳細であるが、華南各地については概要調査にすぎず、直接の調査結果ではなかった。

　それにもかかわらず、宮上亀七の華南水産調査の結果は、この地域に対する全体的な観察と建議を提供するのに十分であった。この調査では、華南沿海は暖流と寒流が合流し、川が海につながっているため、魚が非常に豊富であること。第二に、中国人の漁法は風力と人力に依存しており、まだ機械化

されておらず、漁獲量も多くないこと。第三に、交通の発達により、中国は
2,000万円近い外国の水産物の輸入に依存している。第四に、中国水産業の
低迷は販売制度や指導・報奨機関の未整備に関係している。第五に、華南南
部の水産養殖業で大きな可能性を秘めているものは、同地域の海岸沿いの黄
花魚、汕頭、廈門、興化、三沙湾の沖合でのサンマ、ライギョ、サワラ漁業、
福州以北のヒラ漁業、アモイ沖合のマダイ、浙江省沿岸のキダイ漁業、汕頭、
汕尾、マカオ沖のイトヨリ漁業、福建省沿岸のカキ養殖など。第六に、動力
漁船の使用、敷網・地引き網漁業、麻網の代わりに綿メッシュの使用、鮮魚
の保管・取扱い・輸送の改善などは、漁業と一体的に発展させるべき事業で
あること等が語られていた。⁽⁶⁰⁾

　宮上亀七は、華南の水産業において台湾が果たすべき役割について、まず
一国の海岸から３浬離れたところは公海であり、その海面はどこの国にも属
さず、その水産物は世界の共有物であると定義した。第二に、台湾海峡はそ
れほど広くなく、台湾は華南の漁場に非常に近く、西ヨーロッパ諸国の最良
の北海漁場の半分にも満たないこと。第三に、トロール船と発動機漁船の操
業者との間の衝突により、必然的に漁場の拡大が必要になる、台湾の西部と
北部の海域は漁業にとって最も有望な海域である。最後に、台湾と中国の人々
が共同で漁業を開発し、資金、技術、機械を導入することができれば、日本
と中国の双方に利益をもたらすことになる、ということであった。⁽⁶¹⁾明治維
新以来の日本の漁業近代化の経験が台湾に伝えられた後、台湾では技術、機
械力、資本の導入により養殖業が中興期を迎えた。宮上亀七の見解からは、
台湾も漁業近代化の経験を中国南部に導入する重要な媒体となり得ることが
分かる。

　前述したように、中興の時代に台湾の水産調査試験は、専門の水産技師と
水産試験船凌海丸を擁し、全島の沿岸および沖合水域に沿った水産調査の能
力を持ち始めた。その後、水産技師の樫谷政鶴と宮上亀七が華南に派遣され、
水産調査を実施し、その結果を出版した。しかし台湾はすでにすべての沿岸
および近海水産の調査試験を行う能力を持っているが、遠洋水産調査の経験
はなかった。そのため最初の課題は、東南アジア漁業の調査であった。総督
府は、華南と同様に重要な台湾周辺の南洋海域を調査するためにいまだ人を

派遣しておらず、参考資料もほとんどなかった。このため台湾の水産企業を指導することも、台湾の水産業を啓発することもできなかった。南洋調査は急を要する重要な事項であったのである。海洋の状態、生物種、適した漁業の選択などの項目を調査の主軸とすると、船舶、設備、機械など相応する設備を使用しなければ、それを追求することは困難である。そのため専門の技術者が乗船し、船員とともにさまざまな調査を行う必要がある。凌海丸は水産業界の先駆者として、東南アジアに赴き、南洋水産の調査試験任務を実施した。そこでは専門の技師たちを樫谷正鶴技師が率いていた。

1917年に結成された南洋調査団には、水産調査全般を担当する樫谷政鶴、船長兼漁業調査を担当する越智章、生物・海洋調査を担当する青木赳雄、養殖・製造調査を担当する小林彦四郎が含まれていた。乗組員としては、凌海丸監督樫谷政鶴、船長越智章、機関長田中與四郎、事務担当小林彦四郎、甲板長（水夫長）田村清蔵、水手（水夫）益村駒次郎、森村共正、森永安市、山實源。潜水士前泊福三、料理人張聖沐、漁師山口三吉、山本丈太郎、機械士（火夫）森永等、寺井保唯、荻野忠作、民間人は台湾海陸産業株式会社技術員後藤廣吉、台湾漁業株式会社技術者如月良蔵、なかでも越智章船長は漁撈調査に従事し、船長は実質田村清蔵が代行し、甲板長を船員益村駒次郎が代行している。

1917年12月17日、凌海丸は打狗に向けて基隆港を出港した。樫谷政鶴らは18日に台北駅を出発し、19日に打狗に到着した。20日、赤道海上への遠征を開始する準備がすべて整った。フィリピン諸島、英領ボルネオ島、蘭領東インド諸島などを巡り、マニラに到着し、ボルネオ島、東インド諸島を経由してルソン島に戻り、1918年4月22日、計120日、打狗に戻っている。

樫谷政鶴は南洋調査中も総督府と連絡を取り続け、調査終了後すぐに「南洋の水産開拓は所詮吾人の使命なり」という一文を『台湾水産雑誌』に掲載し、調査結果に基づいて、南洋の水産物のいくつかの特徴を指摘した。まず、気候の点では、ボルネオはフィリピンよりもよい。次に、魚の量が非常に豊富である。第三に、東南アジアの住民は魚を食す者が多い。第四に、魚の供給が不足している、つまり漁業が低迷している。第五に、漁業を営む手続きは他の陸地産業に比べて容易である。同時に、欧米人は起業の能力や資本を

持っているが、漁師の人材を見つけるのが難しい、中国人はビジネスを得意とするが漁業を苦手とする。代表的な漁業は地引き網などの中国式帆船による２艘のみだが、南洋一帯にはこうした漁船に適した漁場が少ない。このため、日本人以外に南洋の水産物の先駆者は存在していないと指摘した。⁽⁶⁵⁾

　1919年８月１日、樫谷政鶴、小林彦四郎、青木赳雄、越智章は、東南アジアの水産調査試験のプロセスに関する復命書を書いた。1920年、それは、当局への参考資料として『南洋之水産』として出版された。この本には巴旦島、漁船、マニラの魚菜市場、海流瓶、真珠採集船、竹筏四手網、海底調査の漁獲物などの写真が掲載されている。同書は凌海丸の航海、フィリピン諸島、ボルネオ島、セレベス島、海流調査などを含む５章に分かれ、内容から見ると、各地の地理、気候、漁業、養殖業、製造業、魚市場のほか、凌海丸の漁業試験、海流調査、水温や比重の観測などが詳細に記載されている。⁽⁶⁶⁾

　以上をまとめると、樫谷政鶴は台湾滞在中、水産調査試験を主宰し、台湾水産調査を企画しただけでなく、南洋水産調査にも参加し、台湾水産調査試験と水産業の発展に新たな方向性を切り開いたことがわかる。この航海の成功は、将来の凌海丸による遠洋漁業の調査の基礎を築いた。台湾水産調査事業は1910年の「中興期」に入り、その後台湾水産調査を基盤として華南や東南アジアの漁業調査も次々と開始された。

（2）凌海丸が遠洋漁業調査に従事した後

　凌海丸は、1919年に総トン数123トンに改造され、遠洋漁業試験調査に特化した。また、1921年には近海漁業試験調査のため、試験船緑丸（機関補助機関を備えた内外折衷型帆船、40トン、40馬力）が建造された。⁽⁶⁷⁾1919年８月に樫谷政鶴が朝鮮総督府に転任し、⁽⁶⁸⁾同年11月に宮上亀七が台湾総督府技師に昇進した。⁽⁶⁹⁾宮上亀七は、台湾総督府中学校卒業後、東京帝国大学農科大学水産学科を卒業し、1916年に台湾総督府の殖産局・商工課に勤務した。1918年に台湾総督府の技手、1919年５月に台北庁の技師に任命され、その後台湾総督府の技師に昇進した。かつて樫谷政鶴の時代は日本の経験が導入された時代、それ以降は、台湾の経験が生かされた時代であるといえる。続いて華南水産調査は、宮上亀七の指導のもので展開する。

1920年初頭の華南では２回にわたり水産調査が行われた。最初は1922年２月から４月にかけて華南と仏領インドシナで行われ、次は５月中国江蘇省、浙江省で始まった。いずれも安達誠三技師と水産試験船凌海丸によって実施された。

　1921年、安達誠三は、総督府の技師を務めた。[70]安達は、1904年に水産講習所漁撈科を終え、農商務省遠洋漁業科練習生、漁業実習生を経て、1909年に樫谷政鶴に付いて台湾総督府水産調査試験事業に加わった。

　1922年２月、安達誠三技師、児玉政治技手、後藤廣吉技手は、英領香港、中国海南島、仏領インドシナ半島の漁業を調査するよう命じられた。一行は、24名で漁業試験調査は安達誠三技師、養殖業・生物調査を担当する後藤廣吉技手、製造業試験、水産全般調査は児玉政治技手が担当し、吉田助作は写真撮影と庶務会計を、丹野金右ヱ門は漁業調査の補助として採用された。凌海丸には船員のほかに、台湾各州の水産技術員、そのなかに台北州技手有馬桂、台中州の技手落合幸夫、台南州の技手吉越義秀、高雄州の技手平林愛民らが乗船していた。[71]

　凌海丸は16日午前４時、東南アジアの水産調査を終えて再び遠征を開始した。17日に香港に到着、26日に海南島に行き、３月４日に東京湾に到着、10日に海防に到着、その後沂山やインドシナ半島沿いの島々や群島を巡り、４月上旬に海南島、香港を経由し、27日に高雄に帰港した。[72]

　1923年３月、安達誠三、児玉政治、後藤廣吉は調査試験報告書を復命書にまとめ、『南支那佛領印度支那之水産業』として出版した。この本には、水産試験船凌海丸、香港島漁港、イルカの群れ、広東禹山市場、海南島海口製塩業、瀾州島南湾、北海湾漁船、凌海丸調査隊、仏領東京河流中魚柵、海防魚菜市場、合内貝殻彫刻細工、塩魚の製造、仏領安南沂山の漁船、魚醤油の製造、漁獲物の船内加工試験などの写真が収められている。この本は、凌海丸の航海、英領香港、広東とその周辺、海南島、瀾州島、北海、ナイチンゲール島、仏領インドシナ半島、西沙群島（パラセル）、試験調査などを含む10の章に分かれている。内容的には、各地の漁業、養殖、製造業、海産物の取引、魚菜市場の情況などが主な内容となっており、仏領インドシナの第８章には地元の漁業法規、塩関連法規、勧業博覧会などの内容も含まれて

いる。第10章では、華南および仏領インドシナ半島の主な魚貝類、凌海丸横棒トロール試験、タイ延縄漁業試験、漁獲物船内加工試験などが取り上げられている。(73)

1922年5月、安達誠三技師、金村正己技手、小林彦四郎技手、青木趣雄技手は、水産調査のため凌海丸で中国の江蘇省と浙江省へ向かうよう命じられた。(74)凌海丸は27日に基隆を出港し、31日に上海に到着し、領事館や中国当局と調査日程などを交渉し、上海の魚市場、魚店、鮮魚の輸入状況、蘇州の養殖業などを調査した。6月5日、上海から舟山群島に出航し、沈家門、石浦、岱山、寧波、定海の水産業を調査し、舟山島と黒山諸島の間の海岸から50浬30余尋の範囲で横棒トロール網の投網試験をした。21日に定海から出航、25日に基隆に戻った。(75)

1922年7月、安達誠三、金村正己、小林彦四郎、青木趣雄らは調査結果についての復命書を書き、1923年に『江蘇省浙江省水産業調査報告』として出版した。この本には、沈家門、石浦、定海、浙江省立水産品模範製造工廠、舟山島北部大魚漁花場の船群集、石浦氷廠、石浦塩田蒸発池などの写真が添えられている。内容は12章に分かれており、概要、漁業、製造業、製塩、製氷所、養殖業、魚市場と鮮魚店、上海の水産物市場の状況、上海の水産物輸入業者、水産関連団体と学校、水産貿易概況、さらに基隆と上海間の水温比重分布図、漁業関連法規などが含まれている。

1920年代初頭と1910年代の華南水産調査を比較すると、内容がより深く詳細になっていることがわかる。同時に凌海丸水産調査試験、海水温、比重分布の内容が加わり、綿密な調査に基づく成果であることがわかる。注目に値するのは、1920年代半ばに中国と日本が漁業紛争により3浬の領海をめぐって国際法上の紛争を起こした際、(76)凌海丸が舟山群島から50浬の海域で調査と試験を行っていたことである。中日漁業紛争とは何の関係もなかった。一方、華南水産調査に参加した水産技術職員の台湾経験は注目に値する。安達誠三は台湾在住13年、小林彦四郎と青木趣雄は樫谷政鶴が主持する東南アジア水産調査の経験をもち、後藤廣吉は樫谷政鶴が主持する東南アジア漁業調査に台湾海陸産業株式会社技術員の身分で参加していた。

つまり、専門技術人材、水産調査試験船、調査結果の出版物は無論のこと、

技術と資金を利用して海洋資源を開拓するという考えなどは、すべて1920年代初期の台湾総督府華南水産調査の成果であり、台湾水産調査の発展の結果であることを反映していた。

おわりに

1909年、ヨーロッパの水産海洋学の発展の影響を受け、日本は生産力の増大と漁業の発展を目的として、それまでの地理学的水産調査事業を改め、水産海洋調査を基礎として漁業基礎調査を実施することを決定した。台湾は漁業基本調査の実施範囲には含まれていなかったが、その影響を受け、新たな人員と設備が追加され、初めて日本から専業の水産技師樫谷政鶴が来台し、動力式水産試験船「凌海丸」を建造した。

1909年から1916年は、台湾沿岸および近海漁業の調査試験が実施された時期であった。日本が当初注力していたカツオ漁業の発展から、タイ漁業、サワラ漁業、トビウオ漁業など、またタイ延縄漁業、トロール漁業などに至っていた。当初の調査試験事業では、日本の漁業基礎調査の考え方が十分に反映されていなかったが、台湾の海洋漁業調査試験事業は、時間の経過とともに、さまざまな漁業や漁法を通じて、漁場の海洋状況と魚群の回遊状況、魚類の生活史、移動、生態の関係を把握できるようになってきた。このことは台湾における水産海洋学の深化を意味すると同時に、魚海況論が徐々に海洋調査試験の主要典範となっていくことが予見された。

1917年、凌海丸は東南アジアへの初航海を行い、遠洋漁業の調査試験に成功し、台湾が南洋漁業を営む扉を開いた。1919年樫谷政鶴が朝鮮総督府に異動し、その後宮上亀七技手が台湾総督府技師に昇進し、凌海丸は遠洋漁業の試験調査を専門とするために大幅に改造され、以来、遠洋漁業の調査試験の段階に入った。1922年、宮上亀七の指揮のもと、華南、仏領インドシナ、中国江蘇省、浙江省の水産物調査を終える。

1909年から1922年にかけて、台湾の漁業調査試験は2段階に分けられ、まず1919年以前は樫谷政鶴が動力漁船凌海丸で近海漁業調査を主宰し、南洋の漁業に向け新たな方向を切り開いた。次に、宮上亀七は1919年以降、

凌海丸遠洋漁業調査事業でもって、台湾の遠洋漁業調査事業の方向性を確立した。前段階では日本の漁業基本調査政策、水産講習修所の人材、水産海洋学の影響が顕著であったが、1920年代以降、台湾総督府の発展の趨勢は、南洋遠洋漁業の特徴を徐々に表してきたのである。

［注］
(1) 呉文星、「近代日本における学術と植民地－開拓すべきもう一つの新たな研究分野」『北東アジア研究』第 6 号（濱田、2004）、5－9頁；呉文星、「札幌農学校與台湾近代農学的展開－以台湾総督府農事試験場為中心」『台湾社会経済史国際学術研討会－慶祝王世慶先生生75華誕」（台北：中央研究院台湾史研究所準備処、2003年）；呉文星、「札幌農学校と台湾近代農学の展開－台湾総督府農事試験場を中心として」『日本統治下台湾の支配と展開』（台湾史研究部会編、名古屋：中京大学社会科学研究所、2004年）。林業研究については、呉明勇、「日治時期台湾総督府中央研究所林業部之研究（1921－1939年）」（台北：国立台湾師範大学歴史研究所博士論文、2006年）を参照。
(2) 小岩信竹、「近代における台湾漁業の展開と樫谷政鶴の漁業権論」『神奈川大学国際常民文化研究機構年報』4（横浜、2012）、123－142頁。
(3) 藤井賢二、「『支那東海黄海漁業協議会』と台湾」『東洋史訪』11（兵庫、2005）、107－117頁。
(4) 吉尾寛、「台湾の黒潮流域圏における鰹漁業の近代化と環境」『海域世界の環境と文化』（東京：汲古書院、2011年）、253－309頁。
(5) 張宝樹、『水産学概論』（台北：台湾中華書局、1957年）、1頁。
(6) 同上。
(7) 同上、80頁。
(8) 同上、81頁。
(9) 片山房吉、『大日本水産史』（東京：有明書房、1983年）、267頁。
(10) 農商務省水産局、『漁業基本調査準備報』（東京：農商務省水産局、1910年）、i－ii頁。
(11) 下啓助、『明治大正水産回顧録』（東京：東京水産新聞社、1932年）、248頁。
(12) 北原多作、岡村金太郎、『水理生物学要稿』（東京：岡村金太郎、1910年）、1頁。
(13) 同上。
(14) 同上、4頁。
(15) 同上、52－53頁。
(16) 前掲『漁業基本調査準備報』、1－10頁。
(17) 同上、第 2 冊（1913年）、36－41頁。
(18) 「本島水産調査」『台湾日日新報』、明治42（1909）年 5 月13日、第3309号、3 版。

(19) 同上、8月11日、第3385号、3版。

(20) 「水産課長渡台」、同上、8月12日、第3386号、1版、「下啓介氏」、「妹尾秀實氏」、同上、8月17日、第3390号、2版。

(21) 下啓助、妹尾秀實、『台湾水産業視察復命書』（東京：台湾総督府殖産局、1910年）、1－2頁。

(22) 「本島漁業改善」『台湾日日新報』、明治42（1909）年9月24日、第3413号、3版。

(23) 同上。

(24) 「漁業改善方針」、同上、明治42（1909）年11月16日、第3466号、3版。

(25) 大園市蔵、『台湾人物誌』（台北：谷澤書店、1916年）、345頁。

(26) 「水産業の奨励」『台湾日日新報』、明治43（1910）年8月19日、第3695号、3版。

(27) 「樫谷政鶴氏」、同上、5月17日、第3615号、2版。

(28) 「樫谷政鶴氏」、同上、5月20日、第3618号、2版。

(29) 「台湾の水産業（一）」、同上、8月20日、第3696号、3版。

(30) 「台湾の水産業（二）」、同上、8月23日、第3698号、3版。

(31) 「本島の水産試験と水産業の奨励」『台湾之水産』第3号（台北：台湾総督府民政部殖産局、1915年3月）、1－2頁。

(32) 凌海丸、「明治43年度本島沿岸周航調査試験報告」『台湾之水産』第1号（台北：台湾総督府民生部殖産局）、1914年9月、21－25頁。

(33) 凌海丸、「明治44年度北部に於ける鮪流網試験報告」、同上、25－28頁。

(34) 鳳丸、「明治44年度澎湖島に於ける鱶曳網試験報告」、同上、29－30頁。

(35) 鳳丸、「大正元年度南部鮪鱶流網漁業試験報告」、同上、31－32頁。

(36) 同上、33－46頁。

(37) 凌海丸、「台湾の鰹漁業（一）」、同上、第2号（1915年1月）、5－6頁。

(38) 同上、6－7頁。

(39) 同上、5頁。

(40) 同上、13－15頁。

(41) 同上（二）、第3号（1915年1月）、4－17頁。

(42) 同上（一）、第2号、17－24頁。

(43) 本論で鰹漁業について述べる場合、主に海洋漁業を指すが、この産業と製造業は密接な関係にあるため、製造部門が鰹漁業に与える影響についても一部触れている。安達誠三、「大正4年度本島北部の鰹釣漁業」『台湾水産協会雑誌』第1号（台北：1916年1月）、15－44頁。

(44) 「台湾総督府公文類纂」、「勅令第一一七六号台湾総督府水産試験所官制中改正ノ件」、昭和16（1941）年1月1日、第5巻、原冊号第11894巻、第10457巻、第2件。

(45) 同上。

(46) 鳳丸、「『フォルモサバンク』の鯛延縄漁業」『台湾之水産』第3号（1915年3月）、41－50頁。

(47) 鳳丸、「澎湖列島鯛漁場調査報告」『台湾水産雑誌』第4号（1916年4月）、29－35頁。

(48)　凌海丸、「連子鯛漁場調査」、同上、第59号（1920年11月）、5－10頁。

(49)　同上、10－15頁。

(50)　「連子鯛の移動調査」、同上、第58号（1920年10月）、47－48頁。

(51)　「連子鯛漁場の混戦」、同上、第59号（1920年11月）、5－15頁。

(52)　前掲、『台湾総督府公文類纂』「勅令第一一七六号台湾総督府水産試験所官制中改正ノ件」。

(53)　凌海丸、「魚飛流網漁業試験報告」『台湾之水産』第3号（1915年3月）、20－23頁。

(54)　同上、17－20頁。

(55)　凌海丸、「台湾海峡に於ける『ビームトロール』漁業調査報告」『台湾水産雑誌』第7号（1916年7月）、19－23頁。

(56)　『台湾総督府公文類纂』、「樫谷正鶴清国南部及英領香港ヘ出張ヲ命ス」、大正2（1913）年1月1日、第1巻、第2174冊、第22件。岡秋介、「凌海丸を送る」『台湾水産雑誌』第24号（1917年12月）、1頁。

(57)　「南支水産調査」『台湾日日新報』大正6（1917）年11月13日、第6244号、2版。

(58)　宮上亀七、「復命書」『南支那之水産』、南支那及南洋調査第48輯（台湾総督府殖産局、1921年3月）、頁なし。

(59)　宮上亀七、同上、74頁。

(60)　宮上亀七、同上、127－129頁。

(61)　宮上亀七、同上、129－130頁。

(62)　「凌海丸の南洋行」『台湾水産雑誌』第23号（1917年11月）、28頁。

(63)　甫山漁史、「南洋見聞録（一）」、同上、第29号（1918年5月）、63－67頁。

(64)　「南洋の水産開拓は所詮吾人の使命なり」、同上、第29号、1－2頁。

(65)　同上、1－5頁。

(66)　台湾総督府殖産局商工課、『南洋ノ水産』南支那及南洋調査第43輯（1920年3月）。

(67)　台湾総督府水産試験場、『台湾総督府水産試験場要覧』（台北：台湾総督府水産試験場、1935年）、1頁。『台湾総督府公文類纂』、「［技官］樫谷政鶴任朝鮮総督府技師」、大正8（1919）年8月1日、第6巻第2977号第20件。

(68)　『台湾総督府公文類纂』、「［技師］樫谷政鶴任朝鮮総督府技師」、大正8（1919）年8月1日、第6巻第2977号第20件。

(69)　『台湾総督府公文類纂』、「［府技手兼台北庁技師］宮上亀七技師」、大正8（1919）年10月1日、第8巻第2979冊第34件。

(70)　同上、「安達誠三任府技師」、大正10（1921）年10月1日、第7巻第3197冊第30件。同上、「［府技手］安達誠三任府技師、免官」、大正6（1917）年12月1日、第7巻第2749冊第22件。

(71)　台湾総督府殖産局商工課、『南支那佛領印度支那之水産業』、1923年3月、2－4頁。

(72)　同上、4－29頁。

(73)　同上。

(74)　安達誠三、金村正己、小林彦四郎、青木赳雄、「復命書」『江蘇省浙江省水産業

調査報告書』南支那及南洋調査第75号、水産課調査第18号（台北：台湾総督府殖産局商工課、1923年）。

(75) 『浙江省江蘇省水産業調査報告書』、 2 頁。

(76) Micah S. Muscolino, *Fishing Wars and Environmental Change in Late Imperial and Modern China,* Cambridge (Massachusetts): Harvard Univ. Asia Center, 2008, pp.106－109

付記：本論は、すでに『嘉義研究』第20期（2018年12月、113—168頁）に掲載している。この度、再編集した。

台湾の酒から帝国の酒へ：
日本統治時代における樹林酒工場の紅酒改良とマーケティング

林　佩欣
国立台北大学海山研究センター研究員

はじめに

　紅酒は、糯米、紅麹、米酒を発酵させて作られ、色鮮やかで華やかな色合いが特徴で、お祝いの席だけでなく、神に奉げる酒としても重宝されている。紅酒は造られた当初は、濃い赤色をしていて1年を経て徐々に色が褪せ、まろやかな口当たりになり、老紅酒と呼ばれるようになる。

　樹林酒工場は台北州海山郡鶯歌区にあり、黄純青が設立した樹林紅酒株式会社が前身である。この工場で生産される紅酒は、甘味があり、品質に優れ、台湾全土に名を知られていた。日本統治時代、海山地区の産業は栄え、酒造工場のほか、製茶工場、製材工場、米粉製造工場などがあったが、この会社は民営時代に傑出した唯一の酒造業であり、業界に多大な利益をもたらし、専売後は総督府に多大な収入をもたらした。それだけでなく、地元住民に多くの雇用の機会をもたらしていた[1]。

　専売制の施行後、鶯歌庄の民間の紅麹メーカーは指名入札により紅麹の原料米である粳米を調達する権利を獲得し、また樹林酒工場の従業員の47%は鶯歌庄住民が占め、海山郡の居民の比率は76%に達していた。さらに、地元の養豚農家は樹林酒工場の酒粕を豚の餌として使用しており、飼育する豚は肉質がよく年々頭数を増やし、鶯歌庄は「帝国のデンマーク」として知られる畜産の重要な町となった。つまり、日本統治時代の樹林酒工場は、鶯歌庄さらには海山郡の経済的ライフラインであったと言っても過言ではない[2]。

樹林酒工場の優れた酒造実績と市場の需要によって、鶯歌庄さらには海山郡の多くの人口を養うことができた。そのため樹林酒工場は、樹林の代名詞となり『台湾日日新報』でも台湾酒造界の聖地と称賛している。[3]

　以上のような経過を見るならば、台湾酒造界の聖地と見なされた樹林酒工場は、どのようにして形成されたのか、また台湾総督府の酒類専売事業では、どのような役割を果たし、専売局は樹林酒工場を通じて紅酒をどのように改良、宣伝、販売したのか、大日本帝国の酒類市場の特殊性とはなにか、という問題が生まれる。本論は、以上の問題意識をもとに樹林酒工場における紅酒改良とマーケティングに焦点を当て、樹林酒工場の酒造政策について論じ、台湾酒専売史における樹林紅酒の存在意義と台湾の酒が帝国の酒へと拡販していく過程を探求することを目的とする。

1．専売制度の実施と樹林酒工場の設立

　樹林地区では酒造りが早くから始まった。初期の漢移民は高粱、米、小麦、麹などの原料を使って故郷の味の飲用酒を作っていたが、清光緒時期になると小規模な民間の酒造工場が出現した。日本統治時代初期には、清朝時代に比べて酒の種類が多様化したが、依然として紅酒は台湾人の心の中で揺るぎない地位にあり一定の市場を占めていた。

　このような台湾の酒市場の多様化に鑑み、税収の増加とその管理を図るため、1907年8月に、総督府は「台湾酒造税則」を公布し、酒造に関する規制を定め、「酒造税」を課した。法規を遵守するために多くの小規模酒工場は設備変更や資本増強、敷地設備の拡張などを行い、台湾の酒造産業は、これまでの農家の副業から新興産業へと変貌した。この時、樹林地区には樹林造酒公司、潭底製酒場、醸泉製酒公司、龍津製酒公司の4つの酒造会社があった。

　1920年代以降、紅酒は台湾の地酒の代名詞となり、日本内地からの旅行客は、かならず江山楼、春風得意楼、東薈芳などの台湾料理の名店に案内され、芳醇な紅酒を飲みながら料理を味わっていた。そのため、紅酒は希少品となり、原料となる紅麹が不足するほど需要が高まった。もともと紅酒は台

湾人の酒でしかなかったが、日本人が紅酒に興味を持ち始めた頃に、早くも日本人の近藤喜衛門が新高醸酒株式会社を設立し、日本人の口に合う紅酒の開発を始め、日本の市場に紹介しようとしていた。またこの時、黄純青は紅酒の商機と見なし、1920年４月に樹林紅酒公司の組織変更を発表し、社名を「樹林紅酒株式会社」に変更し、設備の改善、倉庫の新設、製造技術の向上を図り、基隆などに流通事務所を開設し、台湾北部から台湾全土に販売を拡大した。しかし、紅酒産業の将来が有望視されていた矢先、総督府は酒蔵業を専売制度にすると宣布した[4]。

　台湾を領有した後、経済改革と植民地の財政的自立を図るため、専売制度の実施を統治政策の一環として掲げ、台湾総督府は1896年３月、1897年１月、1899年４月に続々アヘンと食塩、樟脳等３産業を専売事業に組み入れた[5]。当初三大専売品の系統はそれぞれ独立していたが、その後、効率的な運営を図るため、総督府が日本中央政府に「台湾総督府専売所官制」案を提出し専売事業の拡大を提案し、職員を増員して新たな補助機関を設立し、専売による利益を一気に拡大しようとした。この案件は支援と承認を得て、1901年６月総督府は製薬所、塩務局、樟脳局を統合し、「台湾総督府専売局分課規程」を発布し台湾総督府専売局を設置した[6]。専売局傘下に局長官房、経理課、検定課、製薬課、脳務課、塩務課、監査課を設置した[7]。さらに1905年４月に「台湾煙草専売規則」を公布し、たばこも専売に含めた[8]。

　1914年、専売局長賀来佐賀太郎は酒類を専売に含めることを建議し、その後就任した田健治郎総督の支持を得た。1922年４月、総督府は国民の飲酒、衛生の保護、酒の品質管理、生産技術の向上、酒造りの衛生の改善を目的とし、民間酒造業の悪質な競争と質の劣る酒の営業を防ぐために業界を一元管理することを定めた。財政収入の不足等を補うため「台湾酒専売令」及びその実施細則が発布され、同年７月に酒専売制度の実施が宣布された[9]。酒造りに必要な原料である紅麹、白麹、酒母（酒を造るこうじ）も専売対象となった。専売事業にタバコと酒が追加されたことを受け、1924年12月、総督府は「台湾総督府専売局分課規程」を再度改正し、専売局の下に庶務、製造、脳務、塩務、たばこ、酒などの６部を設置した。各種事務を総括する庶務課、製造課のほか、その他の課が各種専売事項を担当した[10]。

専売局は、酒類専売の実施決定後、直ちに民間酒造工場に対する調査を開始し、数ある民間酒類工場のなかから、最終的に宜蘭製酒株式会社、台南製酒株式会社、旗山醸造株式会社、恆春芳醸株式会社、中部製酒公司、埔里酒造株式会社、樹林紅酒株式会社、大正製酒株式会社台中工場、大正製酒株式会社嘉義工場、増水三吉工場、大正製酒株式会社斗六工場等11の蔵元を専売局造酒工場に改称した。専売局の評価では、樹林紅酒株式会社の工場は伝統的な形態で設備も完璧ではないものの、紅酒の保管倉庫は完備されていると評価された。また台北市に近く水田が広がる地勢にあり、今後も工場拡張の余地が残されていて、近くには水利施設が整備されていること、同社は常に好調なマーケティングを行っており、いわゆる「樹林紅酒」は台湾全土に広がり、樹林紅酒の発展の可能性のあることが考慮されたのである。また⁽¹¹⁾龍津製酒公司工場も樹林酒工場の支店として徴収された。⁽¹²⁾

　専売局は樹林紅酒株式会社の工場を接収した後、1922年4月に「樹林製酒工場」と改称し、総督府専売局の直属とし7月から生産を開始し、⁽¹³⁾11月には「台湾総督府専売品樹林造酒工場」に改称した。⁽¹⁴⁾1924年6月、生産した酒を輸送するため、酒工場構内と樹林駅を結ぶ軽便鉄道の敷設を鉄道部と交渉した。⁽¹⁵⁾同年12月には、「台湾総督府専売局樹林酒工場」と改称し、庶務係、倉庫係、経理係、米酒係、紅酒係、包装係、機械係、試験係など再び工場規模を拡大し、米酒、紅酒の製造のほか、酒類、紅麹の製造及び試験等を実施した。⁽¹⁶⁾新工場は7年の歳月を経て、1929年6月に完成し紅麹製造室を増設したほか、消毒、瓶詰め、包装などをおこなう設備も整えた。⁽¹⁷⁾

　樹林酒工場長は佐藤喜吉が就任している。佐藤は、1896年6月福島県に生まれ、福島県立会津中学校、東京帝国大学農学部農芸化学科を1921年5月に卒業、7月に渡台、総督府財務局に勤務した。⁽¹⁸⁾その後中央研究所技手を兼務し、工業部醸造科部門で醸造研究と調査に従事した。⁽¹⁹⁾1922年4月に専売局による酒の専売が開始されるが、このとき佐藤は総督府専売局技師を兼務した。⁽²⁰⁾

　さらに佐藤は、民間酒造会社の調査に参加しただけでなく、民間酒場徴収の選定も行い、造酒工場配置計画書を出している。

　1935年1月に佐藤喜吉は離職し、2カ月後に加藤宣次郎が工場長に就任

した。加藤は、1894年10月和歌山県に生まれ、1920年7月東京帝国大学農学部農芸化学科を卒業し、1922年5月に総督府専売局技師として勤務し、酒専売制度の創設にも貢献し、主に酒課と工業部の醸酵工業科の業務を担当し一時期、中央研究所および台中支局に勤務している。[21]

1937年10月、野本只勝が工場長に就任した。野本は1898年12月愛媛県に生まれ、1925年3月東京帝国大学農学部農芸化学科を卒業、翌年6月に台北酒工場に勤務するため渡台し、酒醸造、製造、白麹製造を担当した。米酒と白麹の研究開発に豊富な経験を持ち、かつては台北酒工場長を務め、また中央研究所の技師も兼任していた。[22] その後野本は職を離れ、1940年6月に村田吉熊が工場長に就任した。村田は、1921年3月に鹿児島高等農林学校農学科を卒業し、翌年8月に総督府専売局に技手として入局し、酒類の研究開発を担当し、その後台中支局、宜蘭出張所、宜蘭支局などに勤務し、1940年6月18日に樹林酒工場長に任命され終戦まで勤務した。[23]

2．アミロ法の活用と紅酒製法の改良

樹林酒工場で生産される酒には米酒と紅酒があり、米酒は甕と瓶で販売されており、前者は米酒赤ラベル、後者は米酒金ラベル、銀ラベル、特製ラベルの3種類がある。紅酒は老紅酒黄鶏、老紅酒金鶏の2種類があり、黄鶏は台湾中南部で主に販売され、金鶏は台湾北部で主に販売されていた。[24] 紅酒に関して言えば、樹林のほかに台北、宜蘭、花蓮、豊原、台中にも紅酒を生産する工場があるが、1924年樹林酒工場の設立当初、紅酒の年間生産量はわずか3,208公石に過ぎなかったが、1928年生産量は20,612公石に達し、同時期の他の酒工場と比較して第1位となった。[25]

また1941年までに台湾で生産される紅酒の市場シェアの52％に達していた。[26] 樹林酒工場は、どのようにしてこれほど紅酒を量産できたのか。つぎにアミロ法の実施と紅酒改良の二点について紹介することにする。

（1）アミロ法の実施

総督府の酒類専売事業は製造と販売を行っており、専売局が製造・販売す

る酒類は、清酒（瑞光、福禄、萬寿）、糖蜜酒（金ラベル、赤ラベル）、泡盛、焼酎、老紅酒（黄鶏、金鶏）、薬酒（五加皮、玫瑰酒、虎骨酒など）、糯米酒、米酒（金ラベル、赤ラベル、銀ラベル）、みりん、酒精及び洋酒（ポンカノー、生葡萄酒、紅葡萄酒、白葡萄酒）であり、1928年以降はビールが追加された。また日本内地、満州、ヨーロッパから輸入した酒、例えば清酒、薬酒、みりん、葡萄酒、ブランデー、ウイスキー、リキュール、ビール、シェリー酒、シャンパンなども販売されている。輸入酒の代表的なものは「月桂冠」、「菊正宗」、「白鶴」などの清酒や、「ヱビスビール」、「キリンビール」などであった。[27]

　専売局が製造する数多くの酒のなかで、最も生産額が高いのが米酒である。台湾の住民の9割が漢民族であり、米酒は漢民族の主な嗜好品であるため、米酒の製造量と製造費は専売局が生産する酒類全体の6割、専売収入の5割を占めていた。このように最大のシェアを誇り、一定の市場を有しているので、紅酒、薬酒、糯米などの再製酒として大量に使用されることから専売局は米酒の改良を重視していた。専売初期の技術だけでは限界があった。醸造タンクの形状、白麹の使用、原料米の使用などの酒の製造方法が長年の伝統に従い未だに変わっておらず、[28]伝統的な製造方法が粗雑であったためである。また台湾の気候が影響し酒造過程で腐敗が避けられず、コストの損失が発生していた。各酒工場の米酒の製法改良には、限定的な効果しか認められず、そのためアミロ法の実験の成功が生産量と品質の問題を解決したのである。

　アミロ製造方法の実験に成功したのは、総督府専売局の技師神谷俊一だった。神谷は、1892年10月、静岡県に生まれ、1913年7月に鹿児島高等農学校農学科を卒業、翌年3月台湾に渡り技手として総督府中央研究所に入り、酒類の醸造試験を担当した。[29]1922年5月、神谷は東京の酒専売事業を指導していた杉本良、中澤亮治らに会い、専売局の酒専売制度の推進に協力することになった。後に彼は専売局に転任し、酒専売制度の企画立案を担当し、[30]その準備の初期段階では民間の酒醸造工場の状況調査・評価や酒工場の買収の決定などの任についた。彼は専売実施後、各工場の管理、酒製造設備の整備、酒の包装設備の構築などの事務を担当した。[31]

　1927年12月、神谷は、より適した米酒原料米を探すため、またジャワ島の糖蜜を調査するため、ベトナム、タイ、インド、ジャワなどを視察し

⁽³²⁾
た。1928年1月、ベトナムのサイゴンに滞留した時、三井物産ベトナム支店のM氏からサイゴンにも酒造工場があるという情報を得た。M氏によると、地元に「Distillerie」という酒工場があり、精米工場も運営し、精米工場から出た砕米で酒が作られているという。詳細は不明だが、大型の密閉タンクが数多く並んでいるという。また精米所を持たない酒造り専門工場（Mazaetと称す）もあるが、この2つの酒造工場の共通点は酒造の過程で多量の塩酸を使用していることである。

　神谷はM氏の説明に興味を抱き、現地訪問を希望し同じく三井物産のT氏の案内でサイゴン郊外のチャロン（Chalon）にあるインドシナ蒸留酒工場（Societe des Distilleries de S'indo Chine）を訪問した。神谷は到着してその規模に驚いたが、彼の回憶によると敷地面積67,000余坪の工場には、精米所と醸造所が半数ずつあり、20もの発酵用密閉槽があり、文献でしか読んだことのないアミロ法（Amylo Process）を用いてsim-sim（地元の人が飲む蒸留酒）という酒を製造している。神谷がそれを試飲したところ、若干薄めではあるものの台湾の米酒によく似た味わいであることがわかり、彼はこの製法を台湾に導入することを決意したという⁽³³⁾。

　帰国後、神谷は持ち帰ったインドシナ蒸留酒工場の酒を専売局が製造した米酒と比較して実験を始めた。しかし、神谷は現地を訪れたものの、企業秘密が絡むため酒工場主から製法に関する詳しい情報を得ることができず、訪問時の記憶と文献で読んだ知識だけを頼りに樹林酒工場で使用するための容量500公石の密閉醸造タンクと蒸煮機械を購入し、1929年2月13日に工業試験を開始し、同時に中央研究所で化学試験を行った⁽³⁴⁾。台湾の酒工場でアミロ法が採用されたのは、これが始まりとされている⁽³⁵⁾。

　樹林酒工場でのアミロ法の実験に参加したTU氏の記憶によると、アミロ法で最も重要なことは、毎日午後11時から午前6時までに時間通りに発酵米に雑菌のない空気を送り、かき混ぜることである。当時、酒工場の警備員だったA氏は夜間も密閉タンクの脇で寝て、時間内に発酵米をかき混ぜるために夜間、1時間おきに巡回した。その後、仕事量が多かったので、この仕事は他の3人に割り当てられ、合計4人の警備員が密閉タンクの管理を担当することになった。なお、実験では細菌学を専攻した工場長の佐藤喜吉も重

要な役割を果たした。⁽³⁶⁾

　アミロ法の特徴は、原料米を密閉式醸造タンクに入れて適切な条件で炊き、無菌環境の確保を前提にカビや酵母を入れて発酵させる、という完全に科学的・機械化された製法である。大規模な密閉タンク発酵を採用しているため、大量生産に適しており、細菌感染を防ぐことができ、発酵率が向上するだけでなく製造コストも大幅に削減できる。「殆どスイッチを入れ把手を廻す丈によって洗米・浸米から蒸煮・糖化・醸酵・蒸留と連絡して行はれ、仕込み容器の如き従前毎日数百箇の瓱を取り扱って居ったものが、唯一本の醸酵タンクで足りることになり、仕込み場の坪数の如き在来式の四分一にてたりるに至った。」⁽³⁷⁾アミロ法は何度かの実験の失敗を経て、1930年頃にようやく実験に成功した。この製法は樹林酒工場だけでなく、1931年以降台北、宜蘭、台中、屏東、花蓮港の酒工場、さらには日本、朝鮮、満州にも導入された。⁽³⁸⁾酒工場の生産量が増加するにつれて設備費は10年間で13.1万円、原材料費は年間30万円、製造機器は年間3万円の節約が実現した（**表1**〈次頁〉「樹林酒工場における米酒と紅酒の年間生産量」を参照）。⁽³⁹⁾

（2）紅麹と紅酒改良

　紅麹は紅酒の最も重要な原料であり、白米に種麹と米酒を加えて発酵させて作られる。紅麹の伝統的な作り方は、まず白米を洗い、蒸して米に「麹公」を接種し種麹タンクに入れて種麹の発酵が完了するのを待つ。続いてドラム缶に入れて再度発酵させるが、麹菌の増殖が不十分にならないように、何度も米酒を補充する必要がある。⁽⁴⁰⁾1907年に酒造税が施行されてから紅麹の生産は厳しく規制された。当時台湾に白麹と紅麹を製造する会社は35社あった。⁽⁴¹⁾「台湾酒類専売令」の施行後は、紅酒の重要な原料である紅麹も規制対象となり、民間で自由に製造することが認められなくなった。⁽⁴²⁾しかし麹造りは台湾の伝統技術であり、専売初期の樹林酒工場には麹を作る能力がなく、紅酒の生産を維持するためには製麹設備を提供し、樹林の紅麹メーカーである金醴源麹廠と志恆製造所及び樹発紅麹公司に委託せざるを得なかった。⁽⁴³⁾しかし樹林酒工場は積極的に製麹設備を増設し、独自の麹造りに努め、1926年8月には紅麹工場の建設が完了し、専売局も同年10月からは全て紅

表1　樹林酒工場における米酒と紅酒の年間生産量

（単位：公石）

年　度	米　酒			紅　酒	
1924	5,404			3,208	
1925	6,558			4,260	
1926	9,836			6,762	
1927	20,925			16,573	
1928	24,702			20,612	
1929	19,931			15,883	
1930	30,372			16,309	
1931	29,033			15,310	
1932	28,166			17,451	
1933	31,378			16,791	
1934	35,254			15,460	
1935	39,867			16,977	
1936	41,857			15,746	
	赤ラベル	金ラベル	銀ラベル	黄鶏	金鶏
1937	16,224	3,801	8,447	9,032	1,861
1938	11,120	7,858	7,529	16,598	2,808
1942	6,700	13,328	4,570	21,878	12,331

出所：台湾総督府専売局、『台湾総督府専売局事業年報』、1924年－1938年、1942年度。

麹の生産を樹林酒工場で開始すると発表した。こうして樹林酒工場の製品を自社工場で使用することに加え、宜蘭、台北、花蓮などの紅酒を生産する工場にも配給された。[44]

　酒専売制度の施行後も、増産のために紅麹や紅酒改良研究が進められた。紅麹造りに関して言えば、紅麹を作るには菌株としての「麹公」を使う必要があり専売制度が導入されるまでは、台湾民間の紅麹メーカーはすべて中国大陸から「麹公」を輸入していた。樹林酒工場で紅麹の製造が可能になってからは、当初、民間の製麹業者の方式をまね、年間2,000円をかけて中国大陸から「麹公」を購入し紅麹を作っていた。しかし、「麹公」を輸入すると時間とコストがかかるだけでなく原料の安定供給ができない。紅麹の生産量を確保するため、樹林酒工場では科学的な麹製造法を開発し、「麹公」による伝統的な麹製造をやめ、紅麹の原料となる紅麹菌を培養した。紅麹米は従来陸稲の粳米のみが使用されてきたが、原料の確保を図るため、水稲を紅麹

表2　樹林酒工場の紅麹の歴年生産量

(単位：公斤)

年　度	産　量
1931	88,460
1932	77,399
1933	78,929
1934	69,410
1935	102,429
1936	131,625
1937	114,855
1938	141,781
1939	160,949
1940	178,800
1941	206,000

出所：「昭和16年5月事業概況書　樹林酒工場」、国史館台湾文献館蔵「台湾総督府専売局档案」、典蔵号：00107140003、1941年。

にする資材も開発した（表2「樹林酒工場の紅麹の歴年生産量」を参照）[45]。

伝統の紅酒の製造期間は10月に始まり翌年4月に終了する。そのため、夏場の製造は難しい。しかしこうした紅酒造りの制限にも突破口が開かれた。1925年に中央研究所技師中澤亮治と神谷俊一が酒工場の化学管理と製造法を確立し、1929年に神谷俊一が紅酒の醸造容器を石甕から大型の鉄製密閉タンクに改良した。1931年当時、樹林酒工場長佐藤喜吉も紅酒のもろみ中の乳酸菌と酵母の研究に従事していた。さらに1934年、専売局技師中澤亮治の指導の下、専売局職員は樹林、台北、宜蘭の酒工場の紅酒の製造法を研究し、伝統的な方法に則って紅酒を造る醸造法を確定した。1936年からは武田技師は工業用紅酒の製造方法を研究し、樹林と宜蘭の酒工場で実験を成功させた[46]。

最も驚くべき進展は1938年、樹林酒工場長に就任した野本只勝と専売局技師児玉正が共同で紅酒の生産技術にリゾプス（Rhizopus）を使用することを研究し、工業化を確立したことである。この製造法は伝統の製法に比べて生産時間を1週間短縮でき、設備の操作も簡単で生産量が大幅に増加するだけでなく、生産が気候の制約を受けなくなり、一年中生産を可能にした。特に完全な科学的管理のもとに生産される紅酒は、品質が安定し、残留糖分が全くなく、適度の酸味があり、良質なコハク酸を生成することができ、原料の米や紅麹を20%節約することができ、風味が豊かになる。老紅酒の風味は特に芳醇となった。したがってこの実験が成功したことで、専売局は伝統的な紅酒の製造方法を完全に廃止すると発表した[47]。

3．紅酒のマーケティングとプロモーション

（1）旭日金鶏

　総督府は当初から紅酒市場の可能性を認識しており、専売を開始する前に紅酒の市場状況、特に台湾を訪れる日本人観光客の紅酒への嗜好に注目し、広範な観察を行った。日本人にとって紅酒はその名の通り、薄い赤色で味はほんのり甘く、口に含むとウイスキーや鹿児島産焼酎のような味わいで、アルコール度数はかなり高いがあっさりとし飲み心地がよい。製造直後のものを紅酒と呼び、長期保存したものを老紅酒と呼び、より滋養効果がある。薬を加えると薬用紅酒となる。滋養強壮に優れた製品であり、栄養不良の人の飲料によい。「台湾人であれば老紅酒を飲まない者はいない」とも言われている。老紅酒は香りがよく甘く、フランスの名物ワインによく似た味わいで、特に台湾料理は味が濃いので紅酒との相性が抜群によい。[48]

　専売時代には、老紅酒の売り上げは、マーケティングにも依存していた。民営時代にはさまざまな紅酒会社のラベルは、原料として使用される稲穂や漢民族の伝統文化を表す金色の龍に関連したものがほとんどであったが、専売の初期には、老紅酒のロゴは専売局のロゴと夏の花を組み合わせて、専売局の特徴を強調するだけでなく、台湾の南国の特徴を表現していた。1927年以来、老紅酒第2号のラベルは、黄色の背景の正方形の紙の中央に金色の鶏が立ち、赤の背景に夏の花に囲まれ「老紅酒」という文字が太字でデザインされている。ラベルのデザイナーは専売局の技師祝彦熊で、台湾人に広まった「老酒の歌」からインスピレーションを得たと言われている。この歌は1月から12月までの妊婦の体調を和らげる方法や食事の調整方法を歌ったもので「10月になると冬が来て、母は病気で心が空っぽ、今日は彼女に何を食べたいのと問う。老紅酒で煮込んだ鶏肉を食べたい。」

　老紅酒の売上を促進するために、祝は老紅酒と鶏を組み合わせて金鶏をデザインした。その後、さらに高級化した「老紅酒第3号」が登場し、ラベルのデザインは金色の鶏と日の出を配置させ、吉報を告げる雄鶏と日の出という希望に満ちた情景を表現し、日本帝国のシンボルと組み合わせた（**図1**〈次頁〉老紅酒2号と老紅酒3号のラベル参照）。[49]

このアイデアとデザインにより、金鶏は現在に至っても老紅酒の代名詞となった。

（2）日本への進出

総督府は、酒専売制度を策定した際、台湾酒、特に日本人観光客に人気の高い紅酒を日本に広めたいと考え、「専売品となれば更に品質が統一され、内地に輸出されることになる。」[50] しかし台湾酒を日本に売り込む場合、立ち向かう強敵は類似した性質を持つ中国酒であった。当時、日本における中国酒の主流は老酒（紹興酒）、糯米酒、五加皮酒の３種類であった。日本では、中華料理の人気があるので、中国酒には常に一定の市場があった。1934年以降、日本国内での中国産品の需要が高まり、1935年２月、専売局酒課長の清水七郎は中国酒の需要調査のため上京した。台湾に戻った清水は、日本にいる中国酒の業者は全員中国人であり、中華料理店の運営の必要性から付帯販売を行っていると指摘し、特に東京・目黒の雅叙園及び日比谷の山水樓は大規模に中華料理店を運営していると指摘した。中国から日本に輸入される酒の定価は毎年75,000円で、実際の売買価格は10万円以上となっている。

図1　専売局老紅酒2号と老紅酒3号のラベル

出所：台湾総督府専売局、『台湾酒専売史（下）』（台北：当局、1941年）、付録。

108

輸入される酒のなかでも糯米酒と五加皮酒の品質と風味は、専売局の商品とほぼ同じで老酒（紹興酒）の味も台湾の老紅酒に似ている。したがって清水は、台湾酒が日本市場のニーズを満たし中国酒に取って代わることができると確信した。⁽⁵¹⁾

専売局が製造した酒の日本への輸出を円滑に行うため、総督府は1935年12月に「台湾酒類出港税令」を公布し、日本へ輸出する酒類を大蔵省専売局との間で協定を結んだ。日本酒市場に脅威を与えない老紅酒、五加皮酒、糯米酒の３種類に限定した。⁽⁵²⁾このうち紅酒は「蘭英」と「玉友」の２つのブランドに分かれ、前者は辛味、後者は甘味があり、パッケージは瓶入りとポット入りがある（図２　蘭英及び玉友のラベル）。

専売局は台湾酒の販売代理店として、もとより良好な協力関係を結んでいた株式会社明治屋を選定し、明治屋は近藤商工会の近藤勝次郎に台湾事業を委託した。⁽⁵³⁾明治屋は1885年９月に横浜で創業し、創業者磯野計は当初、洋酒、食品、タバコ、食器などの輸入・仲卸・小売業を営んでいた。1880年代以降、日本に大規模なビール工場が操業していたが、当時のビールはまだ高級品で一般に広まっておらず、磯野はビールが日本でも普及することを願っていた。

図２　老酒蘭英と老酒玉友のラベル

出所：台湾総督府専売局、『台湾酒専売史（下）』、（台北：当局、1941年）、付録。

1888年5月、日本麦酒（キリンビールの前身）と代理店契約を締結し、同社の総代理店となり酒類の販売事業を開始した[54]。明治屋は、日本麦酒の代理店になってからマーケティングに積極的に取り組み、新聞や雑誌の広告はもちろん博覧会や街頭プロモーション、馬車による宣伝さらには店頭や店内、駅看板、立て看板、ポスター、団扇などに工夫を凝らして、日本麦酒の売り上げを飛躍的に伸ばした。

　当時明治屋は全国に18の支店・出張所を持ち、アクセスも完備していた。1907年2月、日本麦酒はキリンビールに改組されたが、明治屋との提携を継続し、明治屋の経営を引き継いだ磯野長蔵は独特のマーケティング手法を駆使してキリンビールの売上を再びピークに導いた[55]。専売局も明治屋の優れたマーケティング能力と多チャンネルに注目していた[56]。正式販売開始に先立ち、明治屋は1935年2月に東京で利き酒会を開催し、東京の人々に老紅酒を試飲してもらい、日本人の味覚を試した。報道によると、老酒「玉友」は中国酒よりもまろやかで喉越しが良い、との感想が市民から寄せられていたという[57]。専売局が製造した台湾酒の第一弾は、1935年5月から横浜本店、東京、大阪、神戸、門司、福岡、名古屋、大連などの拠点で販売され、正規代理店となってからは明治屋の店舗だけでなく、広告や店頭の看板やポスターなどの制作を通じて、各都市で宣伝会や試飲会が開催され、丁寧に宣伝・広報が行なわれた（〈次頁〉図3、図4、図5参照）[58]。

　総督府は当初、老紅酒、五加皮酒、糯米米酒の3種類の酒を日本に輸出していたが、販売実績が良かったため、1936年以降明治屋と契約を更新しポンカノーも内地の酒市場に投入した（表3〈112頁〉「総督府専売局による内地移出紅酒生産量」を参照）[59]。

　その後中日戦争が激化するにつれ、日本内地の中国酒在庫は徐々に減り、台湾からの輸入酒は1939年から大幅に増加し、1940年には最高値に達した。同年5月の専売局神戸出張所長山上貞治の報告によると、台湾から日本へ輸出される酒製品の需要は大幅に増加し、商品の供給に応じられていないという。しかし太平洋戦争の勃発により、輸送に大きな影響が生じ台湾から輸出される酒の量は減少し始め、1943年以降、残った酒は南興公司に引き取られ、香港、アモイ、上海等華南地区で販売されることになる[60]。

図3　株式会社明治屋大阪支店の宣伝
ポスター

図4　大阪南海高島屋の台湾酒陳列場

出所：台湾総督府専売局、『台湾酒専売史（下）』、（台北：当局、1941年）、付録。

図5　1935年9月、新世界赤垣屋での台湾酒の宣伝試飲会

出所：台湾総督府専売局、『台湾酒専売史（下）』、（台北：当局、1941年）、付録。

表3 総督府専売局による内地移出紅酒生産量

（単位：公石）

	老酒蘭英	老酒玉友
1934	45	45
1935	111	93
1936	14	14
1937	296	168
1938	145	246

出所：台湾総督府専売局、「台湾総督府専売局事業年報」、
1934－1938年。

（3）南方への移植

　1937年以降、中日戦争が激化し日本軍の中国占領地域は徐々に拡大し、専売局もこれに乗じて中国市場の開拓を行った。1938年5月、専売局は「専売品販売会社創立発起人会」を開催し、南興公司の設立を決議し、翌6月、台北に本社を置く南興公司が設立された。この会社は、総督府の各種専売品および原料・副産物の海外販売、各種専売品原料の輸入、事務用品の調達、工場の運営や投資などの業務、さらに塩、アヘン、樟脳、タバコ、ワインなどの製品を扱う総督府専売事業の南支南洋の代行機関でもあった。[61]

　酒の販売に関しては、専売局は清酒（瑞光、福禄）、米酒（金標）、五加皮酒、玫瑰露酒、橘酒、ビール及び老酒金鶏などの酒を南興公司に特別価格で販売し、同社は上海以南の市場と南支南洋の市場を運営し、特に現地の日本軍へ供給していた。それだけではなく「酒専売も南へ出て技術移転と人材育成を行うべきだ」という考えを持ち[62]、1938年7月に日本軍が厦門を占領すると南興公司は直ちに厦門営業所を設立した。総統府の支援を受けて、現地にタバコ工場や酒類工場を建設したのである。

　1939年7月、厦門酒工場が完成し清酒「萬歳」、老紅酒「水仙」、五加皮酒「長楽」、焼酎、ロゼワインなどの生産を開始した。厦門酒工場は衛生と健康管理を重視しており、自社の酒製品は台湾と同じシステムに属し、台湾の紅酒研究開発の経験に基づき、さらに卓越性を追求していた[63]。製造技術を安定させるため1940年11月、南興公司社長の加藤恭平は、総督府専売局に対し厦門への紅酒生産指導のため技術者を派遣するよう書簡を送り要請した。この時、野本只勝は樹林酒工場を辞していた。彼は間もなく厦門へ行き、樹林酒工場での経験を活かして酒造りを指導した[64]。

おわりに

1922年に総督府専売局が民間の酒工場を接収して以来、財政収入の増大という目的を達成するため、各酒工場にその特性に応じて異なる業務を割り当てた。専売局の積極的な経営のもと、酒専売制度施行から15周年を迎えた1935年、酒類収入は2000万円を超え、タバコと合わせて5大専売品の双璧となり重要な財源の供給源となっていた。そのなかで最も重要な製品は間違いなく米酒と紅酒であった。専売局は予備調査で民間紅酵母の優良製造業者のほとんどが海山地区に集中し、「樹林紅酒」の知名度の高さを認識していた。この実績を引き継ぐべく樹林酒工場は紅麹と紅酒の専門製造工場として位置づけられた。

生産量の増加と品質の安定を図るため、専売局は紅麹製造工場の建設に着手し樹林酒工場を台湾の独占的な紅麹製造工場とした。技術改良の面では、神谷俊一がアミノ法の実験を主導し、米酒の生産を安定させコストを削減した。その後、伝統的な種麹に代わって科学的な麹菌が製造に使用されるようになり、さらに酒工場長の野本只勝が紅酒を製造するためのリゾプスを開発し低温でしか製造できなかった紅酒の気候による制限がなくなった。樹林酒工場は年間を通じて紅酒を醸造できるようになり、伝統的な紅酒の製造方法から脱却した。

宣伝とマーケティングの面では、台湾の地酒と日本のイメージを組み合わせるために技師の祝彦熊が台湾の民謡「老酒之歌」と日本の象徴である「日の出」を組み合わせて「金鶏」と「黄鶏」をデザインした。その結果、現在に至ってもラベル「金鶏」は老紅酒の代名詞となっている。1935年以降、専売局は「蘭英」と「玉友」をブランド名として使用し、販売代理店の明治屋を通じて日本で販売した。その後中日戦争勃発後、日本軍の占領地域が拡大するにつれ、専売局も中国市場に関心を持ち、紅酒の販売代理店として南興公司を設立し、さらに南興公司が厦門に酒工場を設立すると、専売局は野本只勝を派遣して酒造りを指導し、専売局の経験を活かし、台湾紅酒の中国市場への影響力を拡大した。その結果、元々は台湾の地酒であった紅酒が一躍大日本帝国の酒となり、帝国の財政収入、対外的拡張、人々の嗜好品の消

費に重要な役割を果たした。

［注］
(1)　王世慶、「海山史話（上）」、『台北文献』直字期37（1976年9月）、111－112頁。
(2)　林佩欣、「床頭遍列樹林紅：日治時期鶯歌庄的紅酒産業」、『文協百年：近代東亜跨域比較的観点』（台北：国立台北大学海山学研究中心、新北市立図書館、2022）、35－56頁。
(3)　「躍進する鶯歌街勢 風光明媚物資も豊富で　島都台北近郊の宝庫」、『台湾日日新報』、1940年6月19日、4版。
(4)　「紅酒需要増加」、『台湾日日新報』、1919年12月15日、5版。「酒の専売を見越て　急に殖えた酒造業　本島人が殊に機敏だ」、『台湾日日新報』、1921年12月22日、7版。「台北庁酒造状況　製成歩合の向上」、『台湾日日新報』、1920年4月12日、2版。「樹林紅酒会社総会」、『台湾日日新報』、1920年4月30日、2版。
(5)　「台湾総督府製薬所官制」、国史館台湾文献館蔵『台湾総督府档案』、典蔵号：00000002014、1896年1月1日；「台湾食塩専売規則」、国史館台湾文献館蔵『台湾総督府府報』507号、典蔵号：0071010507a001、1899年4月26日；「台湾樟脳及樟脳油専売規則」、国史館台湾文献館蔵『台湾総督府府報』555号、典蔵号：0071010555a001、1899年7月8日。
(6)　「台湾総督府専売局官制」、国史館台湾文献館蔵『台湾総督府府報』966号、典蔵号：0071010966a010、1901年6月1日。
(7)　「台湾総督府専売局分課規程」、国史館台湾文献館蔵『台湾総督府府報』966号、典蔵号：0071010966a003、1901年6月1日。
(8)　「台湾煙草専売規則発布ノ件」、国史館台湾文献館蔵『台湾総督府档案』、典蔵号：00001100006、1905年3月20日。
(9)　杉本良、『専売制度前の台湾の酒』（台北：台湾総督府専売局、1932）、476頁。
(10)　「台湾酒類専売令」、国史館台湾文献館蔵『台湾総督府府報』2646号、典蔵号：0071022646a001、1922年5月5日。
(11)　前掲、「床頭遍列樹林紅：日治時期鶯歌庄的紅酒産業」、41頁。
(12)　「使用工場（十一工場）正式契約締結ニ付各工場主ト協議方決議（大正十一年九月三十日附）附初年度酒類製造計画理由書」、国史館台湾文献館蔵『台湾総督府専売局档案』、典蔵号：00102535001、1922年11月9日。
(13)　「昭和十六年五月事業概況書樹林酒工場」、国史館台湾文献館蔵『台湾総督府専売局档案』、典蔵号：00107140003、1941年5月。
(14)　「台湾総督府専売局ノ支局、出張所及工場ノ名称位置中改正」、国史館台湾文献館蔵『台湾総督府府報』2769号、典蔵号：0071022769a001、1922年10月7日。
(15)　「樹林停車場ヨリ工場内ヘ軽鉄レール敷設」、国史館台湾文献館蔵『台湾総督府専売局档案』、典蔵号：00100397009、1924年6月21日。
(16)　「樹林酒工場事務分掌規程」、国史館台湾文献館蔵『台湾総督府専売局档案』、典蔵号：00100637003、1928年4月7日。

(17) 「専売局自慢の樹林酒工場完成　七年の歳月と百萬圓の工費をかけたもの」、『台湾日日新報』、1929年11月8日、1版。

(18) 「佐藤喜吉（任府技手）」、国史館台湾文献館蔵『台湾総督府档案』、典蔵号：00003210049、1921年7月20日。

(19) 「〔府技手〕佐藤喜吉（兼任府中央研究所技手）」、国史館台湾文献館蔵『台湾総督府档案』、典蔵号：00003210037、1921年8月20日。

(20) 「〔府技手兼府中央研究所技手〕佐藤喜吉（任専売局技師）」、国史館台湾文献館蔵『台湾総督府档案』、典蔵号：0003446080X006、1922年4月25日。

(21) 「加藤宣次郎」、国史館台湾文献館蔵『台湾総督府档案』、典蔵号：00112614147、1937年1月。

(22) 「技手野本只勝中研技師昇格兼官ノ件」、国史館台湾文献館蔵『台湾総督府档案』、典蔵号：00112492014、1936年7月1日。

(23) 「技手村田吉熊任技師」、国史館台湾文献館『台湾総督府档案』、典蔵号：00112513015、1940年6月15日。

(24) 張福壽、『樹林郷土誌』（台北：鶯歌庄役場、1934）、105−106頁。

(25) 「専売局自慢の樹林酒工場完成　七年の歳月と百萬圓の工費をかけたもの／紅酒」。

(26) 「昭和十六年五月事業概況書 樹林酒工場」、国史館台湾文献館蔵『台湾総督府専売局档案』、1941年、典蔵号：001−07140。

(27) 宮川次郎、『酒専売の話』（台北：台湾実業社、1936）、19−22頁。

(28) 樹林TU生、「アミロマンダン」、『専売通信』191期（1931年1月15日）、96頁。

(29) 「神谷俊一（研究所技手任用ノ件）」、国史館台湾文献館蔵『台湾総督府档案』、典蔵号：00002319024、1914年9月1日。

(30) 「〔府中央研究所技手〕神谷俊一（任専売局技師）」、国史館台湾文献館蔵『台湾総督府档案』、典蔵号：0003446080X007、1922年5月1日。

(31) 中澤亮志編『神谷俊一君』（台北：出版社不詳、1937）、11−14頁。

(32) 「技師神谷俊一海外出張ノ件」、国史館台湾文献館蔵『台湾総督府専売局档案』、典蔵号：00112456009、1928年4月1日。

(33) 神谷生、「アミロ法が成功する迄」、『専売通信』178期（1932年1月5日）、33−34頁。

(34) 同上、36−37頁。

(35) 台湾総督府専売局、『台湾酒専売史 上』（台北：台湾総督府専売局、1941）、1292頁。

(36) 樹林TU生、「アミロマンダン」、99−100頁。

(37) 江口操、「台湾の酒」、『台湾之専売』216期（1941年7月1日）、14頁。

(38) 佐藤喜吉、「台湾の酒専売に就て特にアミロ法の応用」、『工政 台湾産業大観』（東京：工政会、1933.7）、23−24頁。

(39) 「元技師神谷俊一特旨叙勲ニ関スル件不詮議完結」、国史館台湾文献館蔵『台湾総督府専売局档案』、典蔵号：00112491077、1936年5月26日。

(40) 鈴木義直、森康宏、「紅釉製造法調査書」、『台湾税務月報』87期（1917年3月）、37−44頁。

(41) 「大正十三年度紅糀製造追加命令書」、国史館台湾文献館蔵『台湾総督府専売局档案』、典蔵号：00100434005、1925年1月30日。

(42) 「酒専売制度説明／第七　白糀、紅糀、酒母及醪之製造及販売」、『台湾日日新報』、1922年5月6日、第5版。

(43) 「紅糀製造納付命令書」、国史館台湾文献館蔵『台湾総督府専売局档案』、典蔵号：00100434005、1924年11月12日。

(44) 「大正十五年度造酒用紅糀樹林酒工場ニ於テ製造決幷本件樹林酒工場長ヘ通牒」、国史館台湾文献館蔵『台湾総督府専売局档案』、典蔵号：00100569005、1926年8月21日。

(45) 村田吉熊、「酒専売二十年技術の跡を顧みて」、『台湾之専売』216期（1941年7月）、68－69頁。

(46) 台湾総督府専売局、『台湾酒専売史 上』、1167頁。

(47) 「昭和十六年五月事業概況書 樹林酒工場」、国史館台湾文献館蔵『台湾総督府専売局档案』、典蔵号：00107140003、1941年。

(48) 「台湾人に愛飲される　芳醇な風味をもつ紅酒　仏国特殊の葡萄酒によく似て居る」、『台湾日日新報』、1925年9月29日、5版。

(49) 前掲『専売制度前の台湾の酒』、304頁。

(50) 「台湾の酒　其名も響の好い　紅酒　滋養に富み経済的で年産実に二千万円」、『台湾日日新報』、1922年1月23日、第4版。

(51) 「台湾酒類出港税と台湾酒　その初荷の内地仕向け近し」、『台湾日日新報』、1935年2月5日、第2版。

(52) 同上。

(53) 「昭和十年度移出酒類売買契約決議書（酒課）」、国史館台湾文献館蔵『台湾総督府専売局档案』、典蔵号：00103569001、1935年4月16日。

(54) 生島淳、「明治・大正期における麒麟麦酒と明治屋の関係について：磯野計と磯野長蔵の企業家活動を中心に」、『イノベーション・マネジメント』1巻（2004）、125－126頁。

(55) 同上、127－128頁。

(56) 台湾総督府専売局、『台湾酒専売史（下）』、611頁。

(57) 「支那酒に代る　台湾酒好評　値段も約半額　月末頃より積出開始」、『台湾日日新報』、1935年2月26日、9版。

(58) 「内地各都市に向けて　台湾酒の初移出　明治屋の手で約一万三千円　支那酒駆逐が目的」、『台湾日日新報』、1935年5月17日、5版。

(59) ポンカノーというのは、台湾の特産であるポンカンで造った果実酒である。「ポンカノー内地移出ニ関スル件」、国史館台湾文献館蔵『台湾総督府専売局档案』、典蔵号：00103666003、1934年12月15日。

(60) 「支那酒類ノ移出停止並現存酒類ノ処置ニ関スル件」、国史館台湾文献館蔵『台湾総督府専売局档案』、典蔵号：00106887002、1942年10月21日。

(61) 「事業概況並ニ事業計画書」、国史館台湾文献館蔵『台湾拓殖株式会社档案』、典蔵号：00202586015、1942年4月2日。

(62) 佐治孝徳、「台湾酒専売の新使命」、『台湾の専売』20巻7期（1941年7月）、6−13頁。

(63) 「事業概況並ニ事業計画書」、国史館台湾文献館蔵『台湾拓殖株式会社档案』、典蔵号：00202586015、1942年4月2日。

(64) 「紅酒製造指導ノ為」、国史館台湾文献館蔵『台湾総督府専売局档案』、典蔵号：00106478112、1940年11月7日。

第二章

インフラ事業の建設・運営

台湾における
対外無線電信系統の確立と発展

（1928－1949）

曾　立維

台北市健康国小教諭

はじめに

　19世紀以来、電気通信の発展は、有線電気通信と無線電気通信に分類できる。有線通信が最初に発展し、島々との接続は海底ケーブル[1]に依存していた。しかし、海底ケーブルは漁業によって損傷を受けやすく、通信接続が妨げられる。その後、無線通信技術の発展に伴い、無線機器は郵便、軍事、漁業、気象、民生用途に広く使用され、電気通信の発展は新たな一里塚になった[2]。

　清帝国にせよ大日本帝国にせよ、台湾は帝国の辺区であり海によって遠く隔てられていたが、近代的な海底ケーブル技術の導入を経て、1887年に「淡水－川石山線」、1897年「鹿児島－那覇線、那覇－基隆」水線が敷設され、帝国の政治の中心の連絡用となった（図1・次頁）[3]。「淡水－川石山線」は、1895年に清帝国が台湾を日本に割譲した後、1898年12月に日本政府によって清帝国から購入され、当時の中台間の情報伝達の主要チャンネルとなった[4]。日本政府は、日台間の電信需要の増大に対応するため、海底ケーブルや無線電信設備、すなわち1910年10月に淡水長崎1号線、1917年7月には淡水長崎2号線、そして1928年には台北から東京、大阪、鹿児島までの無線電信を増設した[5]。

　1937年の日中戦争の開始まで、台湾と中国との電信通信は、常に「淡水－川石山線」のみを通じて行われていた。実は、海底ケーブル「淡水－川石山線」は、台湾と中国の間の情報伝達路としての機能だけでなく、「鹿児島－

図1 「淡水－川石山線」、「鹿児島－那覇線、那覇－基隆線」電信線接続図

出典：石原藤夫、『国際通信の日本史：植民地化解消へ苦闘の99年』（東京：東海大学出版会、1999年）、132頁。

那覇－淡水線」、「長崎－淡水1号線」、「長崎－淡水2号線」などの海底ケーブルが利用できない時、日本本土と台湾を結ぶ方法は「長崎－上海線」（大北電信会社線に属す）と「上海－福州線（大東電信会社線に属す）」を利用し、「淡水－川石山線」を接続し、この上海の迂回通信路を経由して電文を送信していた。[6]

　台湾－日本海底ケーブルに関しては、2018年に呉政憲著『帝国之弦：日治時期台日海底電纜之研究』によって、長い間軽視されてきた多くの問題が解決した。この研究書は、台日間海底電信3線の計画過程と特徴、敷設後の運営・保守過程を時系列に沿って詳細に解説している。特に先に述べたように、日本統治時代の台湾海底電信線は度重なる故障と修理の歴史であり、本書を通じて故障の原因と修理ができない理由を理解することができる。[7]

　著者は1920年代初頭、特に1921年から1923年にかけて2線と3線が故障

した際に、社会では３号線の設置を望んでいたと指摘し、これは日本統治時代の前期に電報の需要があったことを示していると語っている。しかし帯域不足や安定性強化の必要性から、ある程度の抑制がなされ、電報数の伸びに影響を与え、間接的に潜在収入を減少させた。日本統治時代後期になると、初期の経験の蓄積により重大な故障は減少し、全体の電報数のマイナス成長率も減じ、基本的には安定性が向上した。帯域幅の拡大はもはや海底ケーブルの増加によるものではなく、無線通信の増加、人員の増加、営業時間の延長、既存の帯域幅の下での支援措置の改善によって行われ、1939年には電信の数が500万通以上に達した。[8]しかし、この種の分析では、日治後期の無線通信については言及されているものの、1928年に使用され始めた無線電信システムについて、1930年代の台日間の電信通信における重要性を明確に指摘していない。実際、いわゆる「全体の電信件数のマイナス成長率も縮小した」、「安定性が向上した」ということは、むしろ無線電信システムの使用とその設備の改善、拡充に大きく関係している。

　つまり、日本統治時代前半の台日海底電信線に関する多くの疑問は呉政憲の著書によって解決されたが、1917年に台日第三海底電信線が完成してから、台湾と日本の海底電信伝送に起因する遅延、通信能力の不足等の問題、特に当時急成長していた無線電信技術、台湾における導入と建設のプロセス、および無線間のより完全で信頼性の高い通信チャンネルの形成に関する問題、電信線と海底電信線についての包括的な研究はまだ行われていない。これらが本論で究明したいことである。加えて、1937年の戦況により、対外無線電信システム連絡地区の増加、及び戦後初期の対外通信における無線電信システムの重要性についても考察することにする。

１．台日間電報伝送量不足を解決する無線電信系統

（１）故障が多発した1920年代前半
　1920年頃、台湾と日本との間の島外における電信通信では、設備が人々の需要に追いつかないという問題が発生した。1910年後半から1928年に台日無線電信通信システムが運用されるまで、３本の海底電信回線による台日

電信通信の運用は伝送能力不足というジレンマに直面した[9]。

　日本国内で船舶電報局や海岸電報局で無線電信が普及し始めた頃、台湾でもこうした役割の無線電信局が開設され、台日間の海底電信線が故障した際に、淡水―川石山―上海―長崎の迂回ルートで電文を送信することもできた。無線電信局は、臨時の緊急通信チャンネルをもつ機能を備えていたのである。このうち、海底回線が途絶えた際に臨時通信路として使用された主なものは、富貴角無線通信局（1910年）と、その後継となった基隆無線通信局（1921年）である[10]。

　実際の運用においては、1928年に台北無線電信局（固定局）が完成する以前は、すべての海底回線が完全に利用できないか、故障して電信通信が停滞していた時、台湾と日本の間の電信伝送には台閩海底線を利用して上海に迂回し、長崎へのルートを利用するか、日本の中央逓信省または軍の同意を得て、当局および緊急の者は富貴角無線通信局、基隆無線通信局、鵝鑾鼻無線通信局、または軍の鳳山海軍の無線通信局で、通常の電報は定期船舶郵便方式で処理できた[11]。

　海底回線の故障の主な原因であったトロール漁業が1919年以降、俄かに隆盛し、1920年代前半には3回線すべてが2度完全に故障したため、台日電信問題の議論は、この時期にしばしば行われていた。

　台日間の電信の問題については、3本の海底回線で台日間の電報量は十分に解決でき、解決が必要なのは遅延の問題であるという意見もあった。しかし、実は遅延の原因の一つは、海底回線の故障であり、また台日間では今後、電報が増加すると予想されており、3本の海底回線だけでは将来、日々の通信量を賄うことができない。遅延と障害は基本的に表裏一体であり、同時に発生することが多いため、その対処法を議論する際には、考慮すべき条件が3点あった。つまり今後数年間で予想される遅延電報量の増加を処理できる能力をもつ設備を増やさなければならない、追加する設備は3つの海底回線のように頻繁に故障しない、最後に、予算額が高すぎないということにあった[12]。

　台湾と日本が幹線伝送路として3本の海底線を使用していたとき、1922年に1日あたりの電信数が4,500通に達したとすると、海底線の標準電報数

から判断すると、長崎淡水線の２線の１日の平均電報数は、各1,800通から2,000通で、那覇線の300通の電報を加えた場合、すべての電報は３線の回線が完全に動作する場合にのみ処理できる。一方、大正初期からトロール漁業が徐々に発展し、海底線付近での漁が活発化したことが、海底線の故障が多発する主な原因となっていた。トロール漁業による故障を防止するため、日本当局は海底線付近での漁業を禁止する法律を制定するとともに、農商務省所属の監視船による監視パトロールを継続的に実施した。しかし、海洋に点在する200隻以上のトロール船を監視船一隻で監視するのは容易ではなく、防止効果は明らかではなかった。[13]

　なお、当時台日間の電信線は故障から復旧するまでに時間がかかりすぎた。例えば、1922年11月22日に長崎淡水線１号線が不運に見舞われたが、五島に停泊していた修理船沖縄丸は翌年３月初旬まで修理に着手できず、その後天候の影響で修理が遅れた。修復は1923年３月23日になって完了し、４カ月を要した。[14]同年２月26日に故障した鹿児島那覇線は、４月17日まで復旧しなかった。東宮行啓の旅[15]が始まる重要な時期だったこともあり、逓信省も全面的に協力したが、修理船をすべて出動させたにもかかわらず、修理には相当の時間を要した。[16]したがって、実際には３つの海底回線があったが、毎年の海底回線の故障時間は、１つの回線が年間を通じて遮断されたのと同程度とみなすことができる（たとえば、1923年の故障の総日数は396日であった）。実際は、送信できる通信能力は２回線だけであった。[17]

　表１からわかるように、1919年から1923年までの５年間で、１年間に３回線の平均故障日数は、合計302日で、１年間に１回線が不通の状態にあった。

表１　台湾と日本の間の海底線の故障状況（1919年－1923年）

線名	故障回数 (A)	故障日数 合計(B)	1回の故障平均 日数(B)／(A)	1年間の平均故障 日数(B)／5年
長崎淡水1号線	9	665	74	133
長崎淡水2号線	4	204	51	41
那覇・鹿児島線	3	390	130	78
那覇淡水線	4	251	63	50

出典：日本無線史編纂委員会、『日本無線史』（第12巻 外地無線史）、12頁。

表2　台湾と日本間の海底線の故障状況（1920年－1927年5月）

線名	故障回数 (A)	故障総合日数 合計(B)	1回故障平均 日数(B)／(A)	年平均故障 日数(B)／8年
長崎淡水1号線	17	825	49	103
長崎淡水2号線	8	372	46	47
那覇・鹿児島線	7	675	96	84
那 覇 淡 水 線	9	466	52	58

出典：「内台通信機関完備の急務（一）：台北商工会の提案」、『台湾日日新報』、3頁。

　この時点で日台が送受信した電文の数から判断すると、3回線すべてが接続されていれば負荷に耐えられるが、1回線が利用できない状態が続くと、他の2回線は過負荷の状態になる。さらに、2回線またはすべての回線が故障した場合、日本と緊密に連携する必要がある台湾の政治経済に極めて悪影響を与えることになる。

　台北商工会が1927年に発表した別の報告書は、調査期間が1920年から1927年5月までとさらに長い（表2）。平均故障日数が最も多いのは、長崎淡水1号線で立地の関係で障害が多発している[18]。また、年間平均故障日数は3回線で計292日となり、表1より若干少ないものの、年間故障日数としては非常に長い[19]。

　この時期、台日間の電信伝送容量の不足を解決するために、最終的にとられた方法は、海底電信線の補助施設として台日間に固定無線局を建設することであった。総督府がこの方式を採用したのは、第一に、無線電信局の建設費が比較的安価であったためであり、1921年には台北から東京、大阪まで合計7局の無線電信送受信局が建設されると見積もられていた。各局の平均費用を25万円とすると、台湾の3局と東京と大阪の2局の場合、必要な費用は175万円で、あるいは大阪直通の場合は450万円で、長崎淡水海底線の東京延伸費用600万円に比べれば、全体としては、はるかに安くて容易であった[20]。第二に、無線電信局は通信障害が非常に少なく、海底回線のように2局間に限定されるのとは異なり、台湾、東京、大阪を各自、接続できるため、台日局間の電報を直接東京、大阪に送信することができ、長崎―東京間、長崎―大阪間の電信線を占有することなく、非常に効率的で便利な方法である。

そこで、最終的には日本本土の無線電信局を整理し、この解決策が採用され
(21)
た。

　全体的に技術面では問題がなく、無線電信はトロール網漁による海底電信
線の故障多発の問題を解決できるだけでなく、主要な送受信地である東京や
大阪に直接伝送することも可能となる。また、遅すぎる電報送信遅延の問題
を解決する。さらに重要なことは、建設コスト全体が、台湾と東京または大
阪の間において別の海底直通線または延長線を建設するよりもはるかに安価
であるということであった。

(2) 1928年の台北電信局の建設と設立

　前述したように、1920年代初期、海底電信線の故障が多発したため、海
底電信線の増設が繰り返し提案されたが、多額の資金が必要であったため、
予算の現況では実現の可能性はなかった。この頃、無線通信が徐々に発展し、
各地で長距離通信が発展傾向にあったことから、台湾当局や民間は台日間の
無線電信通信の実現に期待を寄せていた。1921年、嘉義市主催の台湾各都
市商業会議所の会議の席上で、台北商業会議所会頭三好徳三郎と日本郵船会
社基隆支店長青池諭の提唱に基づき、全会一致で決議がなされ、無線電信設
置期成同盟会を設立することが決定され、台湾総督府に進言することになっ
た。この期待に応えて、台湾総督府は1923年の予算に台湾本土と内地間の
無線通信設備費として70万円以上を計上した。この計画はもともと海底電
信線建設に対する補助機関を建設するためのものであったため、1923年か
ら1924年にかけて無線通信局の 2 年間の建設予算を提案しただけであり、
財務局と大蔵省の両方で無事可決された。この計画が実施されている間、日
本の逓信省はヨーロッパ無線局と植民地無線局に割り当てられた予算の関係
で、1923年に無線設備の拡張を進めていた。このため、総督府はさらにこ
の計画に修正を加え、計画を強化し、台湾の無線局を主要な通信機関とした。
1923年から1924年の 2 年間の事業の当初計画予算は、台北無線通信局と鵝
鑾鼻無線通信局の新設に70余万円であったが、1924年の追加予算は139万8,000
円に増額され、計画全体は1923年から 5 年間の事業に変更され、総支出は
210万8,749円となった。経費の増額では、台日間の無線設備に加え、島内連

絡用の無線設備も検討されている（表 3 ）。[22]

　実際には、日本国内においても、1924年 9 月15日に船橋無線局の業務が東京に移管され、東京無線通信局と改称され、東京中央通信局内に置かれた。この時期、植民地への通信と日本国内の連絡通信の拡張を図るため、1923年度から 3 年計画で千葉県検見に送信所、埼玉県岩槻に受信所を新設した。1926年 3 月に竣工し、東京無線通信局がこの 2 カ所を運営した。[23]

　前述したように、台湾における無線設備の建設は、当初1923年から1924年にかけて70余万円の予算で進められたが、途中で設備拡張の必要性のため、追加予算は計210余万円の 5 年計画に変更された。[24]しかし、 5 年間の建設中に無線技術が急速に進歩したため、当初の計画は変更する必要が生じた。特に計画当初に設置した大出力送信機は、アーク式と高周波モーター式のみで、真空式送信機は未発達であったが、その後徐々に数十の小電力真空管を並行して使用するものに変わっていった。また、この計画の実施末期には、短波長の送信方式が急速に発展してきたため、短波長の送信機を設置するかどうかも検討する必要があった。こうした検討を踏まえ、台湾と日本の間の通信には真空管式送信機を使用することが決定された。台北市電信局板橋送信所が1928年10月に開局したとき、20キロワットの長波送信機と 5 キロワット

表 3 　台湾無線通信局の計画と設備経費表

局　　名	位　　置	方　　法	経費（円）	開局日
鵞鑾鼻無線通信局 （新設）	鵞鑾鼻	真空管式	215,000	1925/12/16
基隆無線通信局 （改装）	基隆	真空管式	55,000	1926/06/02
宜蘭無線通信局 （新設）	宜蘭	真空管式	81,540	1928/01/16
台東無線通信局 （新設）	台東	真空管式	15,000	1928/01/16
花蓮港無線通信局 （新設）	花蓮港	真空管式	15,000	1928/04/15
台北無線通信局 （新設）	送信所：板橋 受信所：淡水	真空管式	1,316,300 212,700	1928/10/22

出典：日本無線史編纂委員会、『日本無線史』（第12巻 外地無線史）、38頁。

の短波送信機が装備された。[(25)]

　台北市郊外にある板橋無線通信所（**図２**）には、４脚、高さ約100メート
ルの鉄塔がそびえ立っており、台北を南下する車窓から眺めると壮観であり、
この受信所は台北の北西15哩（27.78キロ）の淡水にあり、台北市にある台
北電気通信局によって遠隔制御されていた。[(26)]

　この５カ年計画の無線設備建設計画は、台湾島内外を対象としており、日
本と台湾の連絡を目的とした中央集中方式の無線設備である台北無線局が設
置され、板橋に送信所、淡水に受信所が設置された。当初は台日間の通信の
基幹局として予定されていた宜
蘭無線局もあったが、その後の
計画変更により、台北無線局の
送信所となった。最終的に基隆
無線局の改造、鵝鑾鼻無線局の
新設、台東局と花蓮港局の無線
設備の新設などもおこなわれ
た。[(27)] プロジェクトの実施順序は、
鵝鑾鼻無線通信局から始まり、
基隆無線通信局、宜蘭無線通信
局、淡水受信所、台北通信局中
央通信所、最後に板橋送信所と
続き、すべての建設工事は
1928年９月に完了した。[(28)]

　しかし実際は、すべての工事
が完成する前の1927年から
1928年に日本国内の無線局と
の通信が始まっていた。例えば、
1927年９月、海底回線障害の
ため、逓信省は東京、大阪、鹿
児島との間で短波試験を実施し、
その結果、長波は大気による障

図２　板橋無線送信所局舎

出典：国立台湾大学図書館―特別所蔵資料―台湾研
　　　究資料―日治時代の絵葉書
　　　（http://cdm.lib.ntu.edu.tw/cdm/
　　　compoundobject/collection/card/id/12509/
　　　rec/1）（2020/09/01）
制作：板橋光画写真館

害（大気放電現象による電磁妨害）を受けないことが判明し、結果は良好であった。同月11日、宜蘭無線通信局は450余通を送受信し、送受信時間は1日あたり14時間に達した。同年11月11日、電報伝送遅延の問題を軽減することを期待し、海底回線障害時の緊急措置として逓信省は、実験中の宜蘭無線機を使用して東京および大阪と通信した。[29] 1928年10月22日、台北無線局は台北電信局に統合され、台北電信局の設立を機に、これら日本国内局との正式な固定業務が開始され、台湾と日本との間の通信現象が大幅に緩和した。当時の新聞は、1930年４月、台北、東京、鹿児島間の無線接続が完成し、海底ケーブルで送られていた電報の半分が無線通信で送られるようになった、と一連の経緯を報道していた。[30]

つまり、台湾と日本の間で無線電信通信が発展したのは、台湾と日本を結ぶ３本の海底電信線が頻繁に障害により中断され、台湾と日本の電信通信に多大な支障をきたしたことにあった。そのため、無線電信技術の進歩に伴い、1928年10月に台北無線局が開設され、台湾と日本の間のすでにある３本の海底電信線とともに、台湾と日本の間の通信において重要な役割を果たすことになった。台湾にとって、無線設備の完成は画期的な進歩と言え、無線電信設備の支援により、台湾と日本との間の望ましい円滑な電信通信は概ね達成され、海底回線が不通時のいわゆる遅延停滞現象は昔日の話になったといえる。[31]

２．台日間の電信伝送の補助設備から主要設備への過程
──1930年代の無線電信局設備の拡張

1928年10月22日に台北電信局が開設して以来、無線電信系統は台日間の電信伝送のさらに１つの強力なチャンネルとなり、将来的にはその重要性は徐々に海底電信線系統を上回っていくことになる。しかし、台北の無線電信設備が完成しても無線通信能力への疑問があり、新たな海底回線の敷設案が存在していた。1927年、台北商工会は全島実業大会で、「台湾内の通信機関完備の件」に関する議案を提出した。議案では、1927年を見ると、台日間の電信量は１日平均約5,200通であり、同年の３月から５月１日だけで１日

平均最大6,400通に達し、海底電線３本では負担できないと指摘している。

　台日間の電信設備の疎通能力（**表４**）を、台北商工会は、宜蘭無線局と台北無線局がそれぞれ1927年９月と1928年９月に完成すれば可能であると考えていた。海底電信一線が利用できない時に、海底電信線の浚渫能力を補うため使用される。しかし、３回線が同時に不通になれば、無線電信系統の利用だけでは、再び大幅な遅延と停滞が生じることは避けられない。特に台湾の近辺は世界でも数少ない空電の激しい地域であり、無線通信に障害が生じるのは必至である。台北商工会は、台北と宜蘭の無線局が完成しても、依然として安定した通信能力を実現することができないと考えていた。[32]

　そのため台北商工会は、浚渫能力の潜在的な不足を解決するために、できるだけ早く新しい海底線を追加することを推奨していた。しかし、台北商工会の無線通信に対する懸念は、短波通信機器の増設により数年後に解消された。

　実際、1931年１月から10月までの台日間の電信数（**表５・次頁**）を見ると、海底ケーブルは３本あり、台北－長崎線は年間平均電報量の32%を負担しており、淡水－長崎線の負担率は30%、那覇線はわずか３％で、１日当たりの平均電信数に換算すると、長淡１号線が1,618通、長淡２号線が1,563通、那覇

表４　1927年の台日間の電信設備の疎通能力（１日当たりの標準数）

装置名称	通数
海底線－長淡1号線（672浬）	1,800通
海底線－長淡2号線（700浬）	2,000通
海底線－那覇線	300通
有線合計	4,100通
無線電信・台北（1928年9月完成予定）	2,500通
無線電信・宜蘭（1927年9月完成予定）	1,000通
無線電信－基隆	船舶通信用
無線電信－鵞鑾鼻	船舶通信用
無線電信－鳳山	海軍専用
無線電信－花蓮港（未完成）	沿岸船舶通信用
無線電信－台東（未完成）	沿岸船舶通信用
無線合計	3,500通

出典：「内台通信機関完備の急務（一）：台北商工会の提案」、『台湾日日新報』、3版。

線は175通に減っている。台湾で最も早く敷設された那覇線と他の2つの海底ケーブルとの間のデータの差は9〜10倍である。⁽³³⁾さらに、無線電信は540,000通を超え、月平均54,055通、1日平均1,777通で、総電信量の35%を占めた。ただし、35%というのはあくまで平均であり、大気の状態が安定している1月から3月にかけては46%から50%に達することもあり、大気

表5　台湾海底ケーブルおよび無線通信数（1931年1月－10月）

時間	無線	割合	長崎淡水線（1号線）	割合	長崎淡水線（2号線）	割合	那覇線	割合	合計
1月	67,686	46%	40,309	27%	32,571	22%	6,161	4%	146,727
2月	69,891	50%	34,429	24%	31,040	22%	5,481	4%	140,841
3月	88,471	50%	39,833	22%	40,311	23%	9,238	5%	177,853
4月	61,542	37%	55,926	33%	39,893	24%	9,610	6%	166,971
5月	42,642	27%	57,624	36%	52,663	33%	7,059	4%	159,988
6月	37,206	25%	53,825	36%	51,233	35%	5,543	4%	147,807
7月	43,849	27%	58,772	37%	52,573	33%	4,663	3%	159,857
8月	44,220	28%	49,643	32%	60,134	39%	2,154	1%	156,151
9月	41,667	28%	47,606	32%	55,922	38%	1,834	1%	147,029
10月	43,376	27%	54,029	34%	59,049	37%	1,439	1%	157,893
合計	540,550	35%	491,996	32%	475,389	30%	53,182	3%	1,561,117
平均	54,055	35%	49,200	32%	47,539	30%	5,318	3%	156,112

出典：辻與策、「内台間海底線の台北集中」、『台湾逓信協会雑誌』、第119号（1931年12月）3－4頁。
注：7月29日、那淡線が不通になり、那覇無線通信が開始されたため、7月の4,663通中115通が無線通信となったが、8月から10月までの那覇線の数字はすべて那覇無線通信方式によるものである。

の状態が不安定な6月から7月にかけては25％から27％にまで低下することもあった。大気条件の影響が大きいため、通信のために波長を継続的に調整することはできるが、電信運用のベースキャリアプラットフォームになることは困難である。海底ケーブルと比較すると、障害がない限り、台日間の電報量の平均65％、最大75％、最小50％を負担することができ、比較的安定した長距離通信プラットフォームとなる。(34)

　1931年の時点では、確かに海底電信回線を介して送信される台日間の電文の割合は、無線電信の割合よりも高かった。無線電信は空電の影響を受けており、そのため1928年以降失敗を繰り返した台日間の電信伝達における海底電信線の主力の位置づけは、今後、無線電信が海底電信線よりも容易に設備拡張ができても、将来的には取って代わられるものではない、と考えられていた。

　たとえば、1930年、長淡2号線は4月30日に通信できなくなり、この回線が不通になった時、新聞は台日間の電報が無線に頼って遅延されるべきではないと指摘していた。(35) このような情況のなかで、7月までに3つの海底回線はすべて不通となり、通信省は台北の無線は、東京、大阪、鹿児島間、基隆無線は、大瀬崎、花蓮港と那覇の各所との電信を疎通するために、無線電信システムを使用することで一昼夜、全力を尽くした。しかし、このときの空電期の影響で通信がうまくいかず、水害慰問に関する電報のやり取りが多く、7月29日には約4,500通が送受信され、約1,500通が残り、翌日30日午前10時に前日から滞留していた電報の処理が行われた。緊急電報を除き、送信時間は遅れた。(36) 当時、日台間の電報は1日平均約6,000通あり、通常の場合、受信者に届くまでに緊急電報で約1時間、一般電報で約2時間を要した。しかし、3回線すべてが不通になったため、緊急電報は約5－10時間、一般電報は15－25時間、報道電報は1日遅れ、さらに逓信省には予算がなく修理船を出すことができなかった。(37)

　海底回線の故障以来、「台北通信局の無線係は多忙を極め、極度に疲弊している。」東京通信局の好意により、8月23日から無線電報の送受信を支援するために交換手5名が派遣された。(38) 11月4日、再び3つの海底回線がすべて不通となり、通信は無線のみに頼ることになったが、年末には霧社事件

の影響で電報が集中し、連日6,000通を越え、通話数は無線だけで対応できなくなった。⁽³⁹⁾

　1931年12月末に海底電信線の１本が不通となり、通話数は「電信局と無線通信は協力したが、電信の遅延は避けられなかった。⁽⁴⁰⁾」1932年10月までに３本の海底回線はすべて不通となったため、台北無線局と東京大阪無線局は台日間の電報の送受信を行い、「幾分かの遅れが生じた。⁽⁴¹⁾」翌1933年10月14日、３本の海底回線すべてが不通となり、遞信部は通信省に「緊急復旧」を申請し、無線もフル活用した。「不眠不休の精神で活動を続け、約6,000通の通信を送受信し、多少の遅延は発生した。しかし、翌日までに状況は収まった。⁽⁴²⁾」1935年３月５日までに、台湾と日本を結ぶ３本の海底線はすべて不通となり、

図３　1930年交通局遞信部の台日間の電報処理制限に関する広告

出典：「内台間の海底電信全部不通　暫らくは無線電信のみ　至急電報以外遅延」『台湾日日新報』、第10880号，1930年7月30日、7版；「内台海底線　不通となる　無線通信に依るのみ」『台湾日日新報』第10977号，1930年11月5日、2版。

台北電信局は無線による通信の送受信に多忙を極め、通常より２－４時間ほど遅れた。その後、長淡１号線が修復した。報道では長淡１号線と無線を利用して電報の送受信を行うことで、送受信する電報数が増えなければ、「遅れは避けられる」と指摘している。(43)

　1929年に台日間で送受信した電報の総数は、１日平均約5,000通であるとすると、海底線の回線が故障したときは、おそらく翌日の朝までかかり、翌日の正午までにすべての電報を送受信することができる。しかし、電報の数は増加し続ける一方で、通信は長波無線に依存しており、空電の混信によって通信が妨げられるため、高速度の通信には多くの困難が伴い、短波による高速通信を記録する装置の整備が急務となった。そのため1931年以来、台北電信局送受信局の短波送受信設備の改修増設と性能に優れた指向性空中線が建設され、台日間の電信の能力は大きく進歩した。(44)短波通信設備の整備により高速通信の疎通が大幅に向上し、当初台日間の無線通信装置として活躍した長波送信機は、次第に重視されなくなった。(45)たとえば、宜蘭無線電信局は1928年の開設当時、長波送信機１台と短波送信機２台を備えていた。海底線が不通となり、無線電信がすべての能力を発揮し、台日間の送受信を行った時、少人数で昼夜処理をおこない、台湾の電信界に多大の貢献をしたが、1934年には無線通信能力を高めるために夜間用の短波機を追加した。(46)

　当時の短波通信設備の利点を簡単に説明することにする。電磁波の周波数と波長は反比例の関係にあり、周波数が低いほど波長は長くなる。長波の送信には、大型アンテナと大きな基地が必要である。長波通信は比較的安定性と信頼性が高いという利点があり、長距離の水中通信や電離層妨害を防ぐためのバックアップ通信、地下通信などに適しており、主に海洋通信や水中潜水艇での通信、地下通信、航空等に使用されている。ただし、信号設備やアンテナシステムが大型でコストがかかるという欠点がある。短波通信は、長波通信に比べ、少ない送信電力で長距離通信が可能であり、設備コストも安価であると同時に、通信回路の構築や解体が容易であり、機動性が良い。(47)

　そこで、1931年台北電信局送受信所の短波送受信設備の改修・増設により、台日間の通信能力と通報浚渫は大幅に進歩した。1932年に３本の海底線が完全に不通となった状況下で、台日間の電報送信に無線電信のみが使用され、

何ら障害が発生する危険性は生じなかった。⁽⁴⁸⁾

　例えば、1932年10月27日から6日間、11月17日から8日間、長崎・台北海底線は完全に不通になり、電信通信は全て無線設備に頼って行われていた。取引、送金額、時事ニュースや電報数は年末近くに増加し、1日に処理された取引の総数は7,000通に達した。しかも、今回は電報受信の時間制限もなく、海岸局の協力を得て、停滞していた電報を夕方12時か翌朝までに処理することができた。このことから無線通信はすでに海底線の補助的な役割を越えて、普及してきていることがわかる。⁽⁴⁹⁾

　実際、当初の無線回線の標準負荷は1日あたり1,000通であったが、無線科学技術の継続的な発展と技術の進歩に伴い、無線通信の性能は年々向上し、毎分400−500字高速度二重記録を送信できるようになった。1931年以降、さらに送信機が増設され、海底回線が頻繁に不通となった1930年代には、東京と大阪への2回線と福岡への1回線が開設されたので、台日間の電報通信は何ら困難を感じることがなくなった。⁽⁵⁰⁾

　要するに、無線電信が始まった当時、台日間で約6,000通の電信通話が行われていたが、海底電信線の通常運用下では、台日間の電信は主に海底電信線に依存し、無線回路は元々単なる海底電信線の補助施設にすぎなかった。しかし、台湾の産業と文化の発展に伴い、台日間の電信は増加を続け、日本統治後期の1940年から1941年には1日あたり8,000通以上にまで増加した。しかし、この時海底電信線は、しばしば不通の状態が発生し遮断されていた。一方、無線電信システムの短波通信設備の増加により通信効率は向上し、台日間の電報伝送は停滞することのないほど改善され、その結果、台日間の日々の電信伝送は改善され、電信通信回路は無線電信系統に取って代わられるようになった。⁽⁵¹⁾

　最後に、1935年頃の台湾の対外電信通信を見ると、日本以外の海外電信は主に華南や東南アジアからのもので、そのルートは台北−福州間の海底電信線や台北−香港間の無線局、台北とマニラの間の無線局を借用したものであった。その他の外国との送受信は日本を通じて行われた。このうち、台北と福州を結ぶ海底電信線は1日あたり約60通を処理し、そのうち厦門、福州、汕頭、広東省への通信が大半を占めている。台北と香港間の無線電信は、

1930年10月に始まり、中国南方の香港マカオ間の電信に加えて、フィリピン、英国領北ボルネオ、フランス領インドシナ、オランダ領インドネシア、タイ、ミャンマー、マレー半島、インド、オーストラリアと通信し無線電で処理されていた。通信処理時間は午前8時から午後9時までであった。公衆電は1日平均約40通で、中国南部の香港やマカオとの送受信を差し引くと、1日5通程度しかない。この回線の電報内容は商業用途に限定されており、銀行、船舶業界が大半を占めていた。1932年3月に始まった台北・マニラ間の無線電信は、マニラからは1日公衆電報4通、気象電信3通程度しかなく、電報の内容も海運業や商業の方面に限られていた。⁽⁵²⁾

3．航空および戦時中の需要による施設の拡張

（1）航空無線の需要

　航空機の発展史から見ると、航空機が航行上、使用する無線ナビゲーションは、現代の航空輸送における大きな進歩で、鉄道輸送と競合できるようになった。航空飛行においては、一流の性能をもつ航空機であるかどうかに加えて、最も大きな影響を与えるのは気候、次いで運航の効率であり、航空機や飛行場の設備の有効活用が飛行の安全性と離着陸の正確な時間に大きく影響する。⁽⁵³⁾

　1931年以降、台北電信局は毎年通信回線を追加しながら送受信機とアンテナの設備を拡張し、1938年までに板橋送信所と淡水受信所には送受信機とアンテナを増設する空間がなくなった。加えて当時の航空産業の著しい発展に伴い、航空通信および気象通信施設が緊急に必要となっていた。⁽⁵⁴⁾

　これに先立ち、1935年に日本と台湾間の定期航空便が開始された後、1936年1月には台北市電信局松山分室として台北空港内に通信局が設置され、送信機が板橋送信所に、受信機が淡水受信所に設置され、基地と航空機の連絡を行うための設備を増設した。⁽⁵⁵⁾

　実際には、1937年、南進政策の下で本島の航空事業の発展を促進し、航路の航空安全を確保するために、日本―台湾航路は台北電信局を事務局とする台北航空無線電信局を設立した。当初、航空通信設備はまだ不足していた

が、航空業界の発展傾向に伴い、専用の航空無線局の設立を加速する必要があった。そのため、1937年から3年連続で総建設費48万円余が、新竹県桃園郡八塊庄送信所、桃園街埔子の受信所、台北飛行場の航空無線専用局の設置費用として計上され、予定通り1940年3月に完成した。

1940年8月、桃園八塊送信所と桃園受信所は、台北飛行場にある台北電信局飛行場分室[(56)]とともに、気象通信、飛行状況、飛行航行の機能を担当した（図4）、（図5）、（図6）。桃園八塊送信所と桃園受信所は、航空の用途に加えて、一般公衆通信やブロードキャストメッセージにも使用されていた。1940年に新しい八塊送信所と埔子受信所が台北南部の桃園台地に建設されて以来、その後関連無線設備はすべて桃園の送受信所に設置された[(57)]。

ここに至って、台北通信局は板橋、宜蘭、八塊の3つの送信所と、淡水、埔子の2つの受信所を傘下に収め、固定通信の窓口としては東京と大阪に各2回線を、福岡、鹿児島、那覇にそれぞれ1回線を持ち、中国とは大連、上海、福州、厦門、汕頭、香港、広東、海口と接続し、南方の方面すなわち通

図4　台北電信局飛行場分室、八塊無線送信所、桃園無線受信局開設の告示

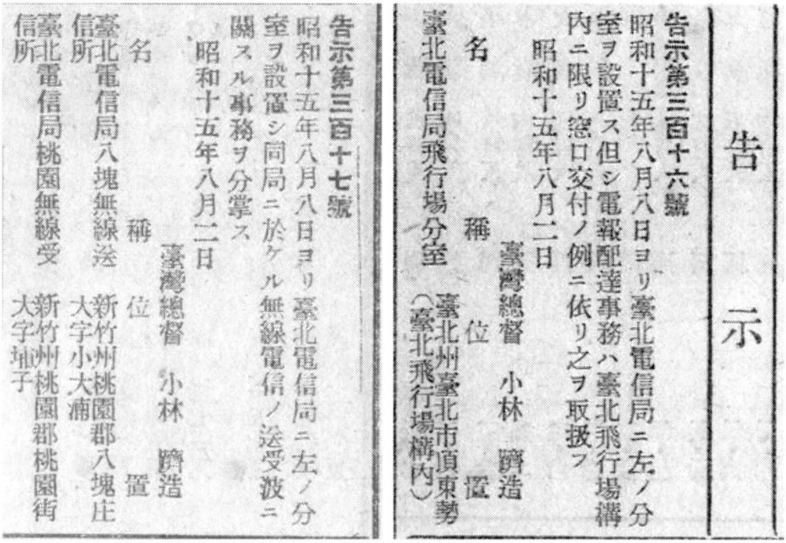

告示

告示第三百十六號

昭和十五年八月八日ヨリ臺北電信局ニ左ノ分室ヲ設置ス但シ電報配達事務ハ臺北飛行場構内ニ限リ窓口交付ノ例ニ依リ之ヲ取扱フ

昭和十五年八月二日　臺灣總督　小林躋造

名稱　位置

臺北電信局飛行場分室　臺北州臺北市頂東勢（臺北飛行場構内）

告示第三百十七號

昭和十五年八月八日ヨリ臺北電信局ニ左ノ分室ヲ設置シ同局ニ於ケル無線電信ノ送受波ニ關スル事務ヲ分掌ス

昭和十五年八月二日　臺灣總督　小林躋造

名稱　位置

臺北電信局八塊無線送信所　新竹州桃園郡八塊庄大字小大湳

臺北電信局桃園無線受信所　新竹州桃園郡桃園街大字埔子

出典：台湾総督府、「府報」第3954号、1940年8月2日、5頁。

信相手としてマニラと接続し、航空通信面では、日本国内は福岡、鹿児島、那覇など、国外はハノイ、バンコク、サイゴンなどの海外拠点との交信に加え、台北を発着陸する毎日10機以上の航空機とも交信していた。気象通信の方面では、無線電信設備は台湾と東京気象台との間、および島内の気象通信に使用され、台北電信局は大戦後期、日本帝国南端の重要な使命を担っていた。[58]

桃園に設置された航空無線送受信所は、航空機の飛行中に飛行基地との円滑な通信を維持するためのものであり、台湾の「南進航空基地」計画に応じて設置された航空補助無線送受信局を代表している。桃園地域にこのような高密度の無線ネットワークが設立されたのは、日本統治時代に台北飛行場に近いことが理由にあげられる。[59]

(2) 増加する対外無線電信連絡地区

1937年以降、中日戦争時の需要により、台湾は島外に多数の電信伝送回路を追加した。こ

図5　台北無線電信施設図

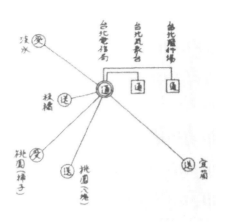

出典：小原一二、『台湾における電気通信』、106頁。

図6　1940年の桃園航空無線送受信所開設報道

航空臺灣の進展

桃園航空無線送受信所竣成

けふ開所式を擧行

式辭

これが整否は

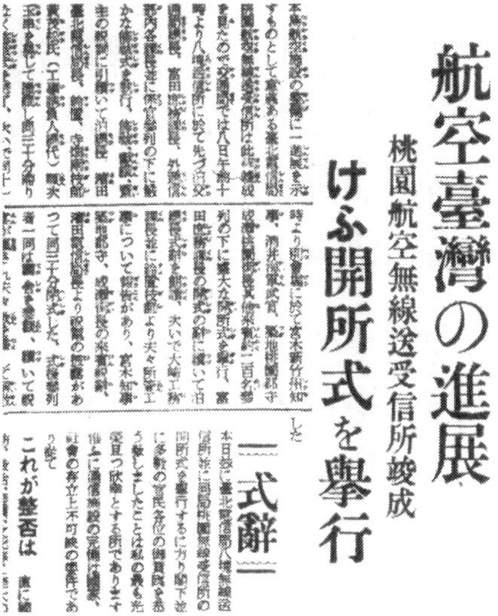

出典：「航空台湾の進展：桃園航空送受信所竣成－けふ開所式を挙行」『台湾日日新報』第14515号、1940年8月9日、第2版。

れらのほとんどは無線電信線であったが、海底電信線も少数存在した。ここでは、数少なくなった海底電信回線を紹介し、次に無線電信回線の増加について説明する。

　日治時代、台湾と中国の間の電信接続は、1937年以前には清朝末期に敷設された淡水―川石山線のみに依存しており、新たな海底電信線は建設されなかった。しかし、戦事関係で、1937年以降、中国と台湾間の有線電信回線の数を早急に増やす必要があった。実際、1937年の日中戦争勃発から1945年にかけて、日本陸海軍の軍事的要請により、日本は東シナ海や東南アジアに多くの軍用海底ケーブルを敷設した。例えば、台湾と華南の占領地域との間の情報接続を強化するために、1938年6月、台湾の澎湖群島から福建厦門までの海底電信線（176.2キロメートル）の建設が始まった。その他同年12月、高雄から広東まで（795.2キロメートル）の海底電信線の建設⁽⁶⁰⁾が開始された。上記2つの路線は軍事用であり、民間には開放されていなかった。なぜこの時期に海底電信線を敷設する必要があるのか。その主な理由は、当時無線通信が発達していたとはいえ、無線通信は敵の監視の対象となることが避けられず、依然として軍事上、海底線の敷設が必要であったためである⁽⁶¹⁾。

　無線電信回線の主な増加は、台湾と日本本土においては、1941年12月1日に福岡との間に開始された無線電信通信があげられる⁽⁶²⁾。対外通信に関しては、戦前に敷かれていた台北と香港、台北とマニラ間の無線電信線は太平洋戦争勃発後の1941年12月に遮断が告げられた。その後1942年2月1日に香港と、8月1日にマニラ間の通信が回復した⁽⁶³⁾。

　台北と上海の間の通信は、1937年に日中戦争が勃発するまでにも、かなりの数があり、日中戦争勃発後は大幅に増加し、1日あたり600通、場合によっては700通に達した。華中電気通信株式会社との協定をもとに、1941年7月10日、上海無線通信局を相手局として直接電信交信が開始された⁽⁶⁴⁾。

　また、華南と台湾は地理的に近いため、これらの地域は日本軍の占領・勢力地区に従い、前述の澎湖―厦門、高雄―広東の2つの海底電信線に加えて、軍の需要措置として台湾と厦門、広東省、海口、汕頭との間にも無線電信接続が確立された。特に注意が必要なのは、中国に新設されたこれらの電信局

は、台湾総督府交通局通信部の支援を受けて設立されたものであり、行政上は台湾総督府交通局通信部に従属しているということである。そのため、『台湾総督府通信統計要覧』では、地方統計表に厦門、広東、海口、汕頭などは５州３庁と同列に記載されている。実際、日本軍政下では、華南地区（広東省、厦門、汕頭、海南島）の電信電話線は、日本軍が中国北部と中部で統一会社を組織して運用する方法とは異なっていた。各地の局で運営されていたため、運営主体も違っていた。ただし、人員や機械設備については、本来のアメリカ商社の設備を流用したほか、およそ台湾総督府通信部から派遣されていた。(65)

厦門に関しては、1938年５月に日本軍が厦門を占領した際、海軍の要望もあり、日本軍の現地作戦行動を支援するため、総督府は行政運営に必要な通信設備の整備を支援し、必要な隊員を派遣した。担当者が厦門電話会社の無線通信臨時設備を用いて台北との無線通信を実現するとともに、台北も通信部監督課に臨時設備を設置して厦門と通信した。その後、厦門電気通信株式会社を現地に設立し、電気通信事業を運営した。1940年11月11日、厦門と鼓浪嶼島の関連通信企業は同社に引き継がれた。(66)

続いて広東方面では南方派遣軍が総統府に、通信員と機械の派遣を要請したため、1938年11月29日に現地の工事が完成し、軍事通信を妨げることなく、12月８日に広東と台湾の間の一般公衆電信通信が開始された。(67)

その後1939年２月に、日本軍は海南島への攻撃を完了し、総督府は南方派遣軍の委託を受けて人員を派遣し、島と台湾、広東省との間の無線通信に必要な設備を設置し、４月８日に完成し、同日から軍と一般向けの電信通信が開始された。その後、日本軍による汕頭占領後、南方派遣軍の要望の下、総督府は直ちに当地と台湾と広東省の通信用のために75ワットの短波無線装置を設置し、同年７月28日には通信員６名、技術者５名が派遣され、それとともに機材が汕頭に届けられ、翌月18日に電信局が開設され、軍と一般向けの電信通信の取り扱いが開始された。(68)1943年４月１日、台湾総督府が直接運営していた海口無線通信設備は、日本国際電気通信会社に引き継がれ、日本国際電気通信会社は関連無線通信設備を継承した。(69)

中国南部の総督府管轄の電信局の中で、広東省の通信数が最も多い。広東

省は華南の政治、経済、軍事、交通、文化などの中心地であるだけでなく、香港にも近いため、日本軍にとって特に重視されているからである。日本にとって、広東省の現地通信設備の整備は、東亜新秩序建設を進める上で極めて重要な課題であった。そのため、台湾との連絡に加え、1938年以降は設備を拡充し、広東と東京と上海の間に無線回線を確立し、海運、気象、航空などの連繋施設が結ばれ、電信通信の数は他に比べてはるかに多かった。⁽⁷⁰⁾

（3）無線システムのみを残した島外接続

　戦局が日本に不利になると、台湾の通信関連設備も空爆で被害を受けた。島内の通信設備の破壊のほか、台湾の外部電信施設は終戦時にどのようになっていたのか。日本と接続していた３つの海底電信線は、太平洋戦争中の海底線の障害により1942年から1943年にかけてすべて不通となり、通信省は改修工事のため南洋丸を派遣したが、台湾を中心とした海域は、しばしば米潜水艦の攻撃を受けて難破船が多発し、1945年２月には修理船南洋丸も攻撃を受けて沈没するなど、終戦まで不通の状況が続いていた。中国との海底電信線は、1938年５月に台北－川石山線が海底線障害により不通となり、この状態が終戦まで続き、1938年６月に完成した澎湖－厦門線も1942年８月に海底線障害により不通となり、このため台北－澎湖線に変更されたが、終戦時まで全通できず、1938年に敷設された高雄－広東線も1942年１月には不通となり、終戦時まで不通の状況が続いた。⁽⁷¹⁾つまり、戦争終結時には、障害物により対外海底電信線のすべてが遮断され、外部との通信は無線設備のみに頼ることになった。

　1945年に台湾総督府が統治の現況報告としてまとめた「台湾統治概要」からは、無線電信通信は、終戦時期に東京、福岡以外、台湾及び日本側の設備の一部故障により中断され、対外電信通信としては1942年に香港、マニラとの電信通信が復旧したが、終戦時には再び通信が遮断され、中国方面は、中国側の都合で当時、広東省と上海との間は断絶していたことがわかる。⁽⁷²⁾

　しかし実際には、激しい空襲に比べれば、無線電信・無線電話設備の被害は軽微であった。無線電信に関しては、台北通信局のほか、他の３つの無線通信局と８つの分室、および花蓮港、台東、台南、澎湖の郵便局内の付属施

設などで、主な被害は淡水受信所の庁舎が中破し、基隆無線電信局のアンテナと台東郵便局の送受信機が深刻な被害を受けていた。台北電信局と桃園市送受信所の送受信局を接続するケーブルは断線したが、無線電話の方面はほぼ無傷だった。[73]

　表6から、日本あるいは中国と結ぶ海底電信線は、戦争中に損傷し、海底障害物によって使用できなくなったことがわかる。淡水海底線中継所は、台湾と外世界を結ぶ海底電信線の着地点として、1944年10月に空襲を受け、建物や施設は大きな被害を受け、終戦まで通信できないまま放置されていた。[74] 無線電信については被害が少なかったが、上海とは接続できるものの、

表6　台湾の対外電信通信設備と終戦時の損害

線名	数	戦争中の損害
海底電信線		
台北－福州間	1	海底での障害
台北－長崎間	2	同上
台北－八重山－那覇間	1	同上
澎湖－厦門間	1	同上
台南－香港－広東間	1	同上
無線電信　単位：回路		
台北－上海間	1	無
台北－広東間	1	休止中
台北－汕頭間	1	休止中
台北－海口間	1	休止中
台北－厦門間	1	休止中
台北－香港間	1	休止中
台北－マニラ間	1	休止中
台北－東京間	1	無
台北－福岡間	1	無
台北－大阪間	1	無
台北－鹿児島間	1	有

出典：台湾省行政長官公署交通処、『台湾交通彙報』（台北：台湾省行政長官公署交通処、1947年1月）、150頁。

広東省、汕頭、海口、厦門などは停止されており、南洋地区の香港、マニラも停止していた。日本方面は、鹿児島間の無線電信の損傷を除いて、東京、福岡、大阪間の接続は作動していた。しかし、依然として日本との無線電信・電話による通信は可能であったが、台湾情勢の変化により、1946年1月から東京、大阪、福岡、鹿児島など日本本国との無線通信はすべて遮断された。[75]

おわりに：戦後に続く台湾の対外連絡の主力

　20世紀初頭の電気通信が発展するなかで、無線通信は目覚ましい進歩を遂げ、無線通信方式を利用することで大西洋を越えた高速伝送通信が可能となり、電信の送信速度は陸上電信や海底電信に遜色のないものになった。[76]

　日本人は台湾を統治してから、政治、軍事、経済的必要に基づいて、台湾と日本を結ぶ3本の海底電信線、すなわち1897年5月に鹿児島―那覇線、那覇―基隆線、1910年10月に淡水長崎1号線、1917年7月に淡水長崎2号線を完成した。しかし1917年から1945年まで、新たな海底電信線は敷設されず、台湾と日本の間で徐々に拡大する通信量に対応するために無線電信局が設立された。[77]

　したがって、台湾の海外電信通信の歴史からみると、1928年に台北の固定無線局が完成してから、日本との国内無線電信通信が正式に開始されたことで、以前の海底電信線の故障により引き起こされた通信の中断、障害問題は徐々に改善されたといえる。

　しかし、当時の台日間の無線システムは長波無線が主流であり、空電混信により通信が妨げられ、高速度の通信を記録することが非常に困難であったため、短波を利用した高速記録通信による機器の改良が急務であった。1928年に台湾と日本が無線電信による電文の伝送を開始するが、海底電信線が通常運用され、概ね海底電信線に大きく依存していたので、無線電信は当初海底電信線の補助施設に過ぎなかった。

　しかし、1931年までに、台北電信局送受信所に短波送受信設備が改修増設され、優れた性能を備えた指向性空中線が建設されたことにより、台日間

の無線電信システムの能力は大きく進歩した。翌年には、海岸局の協力により、電報受信時間の制限がなくなり、滞っていた電報も夕方12時か翌朝までに処理できるようになり、無線電信システムは徐々に海底補助施設の役割を超えていった。

1931年以降、さらに無線送信機が設置された。1930年代には台日間を結ぶ海底線全線がすべて遮断される事態が発生したが、東京と大阪に各２回線、福岡に１回線が開通したため、台湾と日本との間のすべての回線が接続され、電信通信には何の問題も生じなくなった。台日間の電信通信は主に無線システムとなり、電報通信の問題は解決されたのである。

台日間の電報の増加や、1935年の定期航空便の開始に伴い、航空通信、気象通信設備の需要が高まり、また1937年には南進政策のため、本島の航空事業の発展と路線上の航空安全を確保するという目標に伴い、専用の航空無線局の設立を加速する必要が生まれた。この考えに基づき、1940年８月に桃園の八塊送信所と桃園受信所が台北飛行場の台北航空無線電信局の管轄下で、気象通信、運航状況、運航ナビゲーション、気象情報などの機能を担当した。航空に加えて、一般公衆通信やブロードキャストメッセージの送信にも使用された。

一方、1937年に日中戦争が勃発すると、それまで軽視されてきた台湾の中国向け電信制度が戦争の必要性から拡充されるなど、戦争の影響を受けて中国との間の電信通信も頻繁になってきた。その後、太平洋の戦場で日本軍が撤退する中、米軍の爆撃を受け、日本、中国を結ぶ海底電信線はいずれも損傷し、海底の障害により使用できなくなった。電信システムは作動しているが休止状態であった。

戦後、台湾は国民党主導の中華民国に接収されたため、当然中国との連絡が非常に重要となった。そのため、日本統治時代の台北電信局の無線設備を利用することで、1946年末までに台北は上海、福州、厦門、汕頭、永嘉、南京、天津、香港の８つの島外無線電信との接続を確立した。台湾と中国を結ぶ3本の海底ケーブルは、いずれも1946年交通部が提案した「中国沿海水線の設置及び復旧計画」に盛り込まれ、首都隣接の最大の商業港である上海への接続も増設された。海底ケーブルを例に挙げると、中国と再び同じ統治

圏に戻った際、この間の電信接続設備の増加が重要視されたことが分かる。これに対し、日本と接続されている3本の海底ケーブルは政情の変化により交通部が不要と判断し、ケーブルの新設や補修の材料として活用することが期待されていた。しかし、海底ケーブルの所有権は国家間の条約の問題に関わるものであり、中華民国政府が一方的に決定できるものではなく、第二次世界大戦末期に故障により使用不能となった海底ケーブルを修理する可能性は、1949年以降の中国と台湾の通信禁止により消滅した。[(78)]

　実際、終戦までに全線が廃止された有線海底電信に比べ、1928年に確立された無線電信システムは、終戦後も島外地区との通信機能を維持しており、その役割を担い、戦後初期における中国方面の通信における主な役割を担っていた。

[注]

(1)　本論で称される海底電線、海線、水線は、すべて海底電信線と同義である。初期の海底ケーブルは水線と呼ばれ、海を渡るときに電信の陸線に簡単なマレー接着剤の保護層を加えただけであったために、信頼度が非常に低かった。林於威、「閩台海底電線與中日交渉之研究（1895－1904年）」（台北：国立政治大学台湾史研究所修士論文、2010年）、10頁；楊振興、「話筒裡的台湾：従摩斯電報到智慧型手機」（台北：独立作家、2016年）、168頁。

(2)　顧超光計画主持、『高雄県国定古蹟「原日本海軍鳳山無線通信所」原日本官舎建築調査研究與修復計画』（高雄県：高県文化局、2010年）、2頁。

(3)　林於威、同上、21－29頁。台湾総督府交通局逓信部編『逓信志：通信編』（台北：台湾総督府交通局逓信部、1928年）、158－159頁。

(4)　貴志俊彦、「植民地初期の日本――台湾間における海底電信線の買収・敷設・所有権の移転」『東洋史研究』70－2（京都、2011年9月）、108－121頁。

(5)　台湾総督府交通局逓信部編『台湾の通信』（台北：台湾総督府交通局逓信部、1935年）、33頁。

(6)　貴志俊彦、前掲論文、132頁。

(7)　呉政憲、『帝国之弦：日治時期台日海底電纜之研究』（台北：稲郷、2018年）、9頁。

(8)　同上、267頁。

(9)　曾立維、「近代通訊與植民地台湾――以電報、電話為中心」（台北：国立政治大学歴史系博士論文、2018年）、83頁。

(10)　同上、98－101頁。

(11)　田中一二編輯『台湾年鑑』(1924年版　上)（台北：台湾通信社出版部、1924年）、162頁、武内貞義、『台湾（改訂版）』（台北：新高堂書店、1928年）、207頁。

(12) 曾立維、前掲書、108頁。

(13) 日本無線史編纂委員会編『日本無線史』(第12巻 外地無線史、東京:電波監理委員会、1951年)、11−12頁。

(14) 呉文星主編『台湾総督田健治郎日記 (1922年−1923年)』(下 台北:中研院台史所、2009年)、345頁。

(15) 1923年の東宮太子裕仁親王 (後の昭和天皇) の台湾視察を指す。

(16) 実際、総督府には船の修理を命令する権限はない。日本の海底線は、逓信省の管轄であるため、修理も逓信省が担当しており、1920年代には逓信省は南洋丸、沖縄丸、小笠原丸の3隻の修理船を保有していた。これらは、日本国内各方面の海底線が故障する場合に対応する必要があったため、台日電信線の故障に際して修理船を即時派遣することが困難であった。したがって、台湾当局は救済策として、障害が発生した場合に備えて独自の修理船を建造する必要があり、万一故障が発生した場合には最良の策となる。しかし修理船の建造には百万円かかるだけでなく、乗組員の定期的な経費として年間少なくとも15万円かかるため、このような巨額の投資が年に2、3回の修理にしか行われないとなると、予算の観点からも実用化の観点からも実現不可能であり、台湾の逓信当局がこれを果敢に実行する勇気を持つことは困難である。「内台通信機関完備の急務(一):台北商工会の提案」『台湾日日新報』第9733号、1927年6月3日、3版;同上、(二):「台北商工会の提案」第9734号、1927年6月4日、3版;同上、(三):同上、「台北商工会の提案」第9735号、1927年6月5日、3版。

(17) 台湾総督府編『台湾総督府事務成績提要 (29編)』(1923年度、台北:成文、1985年)、416−417頁。

(18) 台湾総督府交通局逓信部『逓信志:通信編』、187頁。

(19) 「内台通信機関完備の急務 (一):台北商工会の提案」『台湾日日新報』3版。障害の原因としては、この期間に長崎−淡水間の2海底線で合計25件の故障が発生し、そのうち最も重要なものはトロール船漁業による15件、漁船の錨による3件、自然損耗1件、人為的切断2件、雷放電1件、虫害1件、原因不明2件。

(20) 齋藤愛二 (逓信局長)、「内台間電信問題:無線電信利用に就て」『台湾日日新報』17版。

(21) 前掲『日本無線史』、13頁;齋藤愛治、前掲論文、『台湾日日新報』第7389号、1921年1月1日、17頁、前掲『台湾年鑑』(1924年版 上)、159頁;『台湾年鑑』(1929年版)、171頁;『台湾年鑑』(1930年版)、302−303頁。

(22) 小原一二『台湾における電気通信』(町田:小原国芳、1971年)、63頁;前掲『日本無線史』、6、13、37頁。

(23) 前掲『日本無線史』(第4巻無線事業史)、234−235頁。

(24) 同上、(第12巻外地無線史)、12頁。最終的に1923年から1928年までの無線通信設備の総費用は210万8千余円、1923年81,204円、1924年180,773円、1925年365,731円、1926年278,041円、1927年733,129円および1928年469,562円;台湾総督府官房調査課、『台湾総督府第27統計書』(1923年) (台北:台湾総督府官房調査課、1925年)、576頁;「台湾総督府第32統計書」(1928年) (台北:台湾

総督府官房調査課、1930年)、648頁。

(25) 前掲『日本無線史』(第12巻)、14頁。

(26) 前掲『台湾総督府通信統計要覧』(1928年度)(台北：台湾総督府交通局通信部、1930年)、13－14頁。板橋無線送信所の設立後、板橋地区の主要な観光名勝の1つとなりました。淀川喜代治、『板橋街誌』(台北洲：台北洲海山群板橋街役場、1933年)、10－11頁。

(27) 小原一二、前掲書、63頁。

(28) 前掲『日本無線史』(第12巻)、14頁。

(29) 「宜蘭無電　成績頗る良好」『台湾日日新報』第9835号、1927年9月13日、2版；「宜蘭無電　昨日から通信」第9895号、11月12日、2版。

(30) 「内地台湾間　無線電話　六月中試験」『台湾日日新報』第17170号、1930年4月11日、8版。

(31) 前掲『日本無線史』(第12巻)、14－15頁。

(32) 「内台通信機関完備の急務(三)：台北商工会の提案」『台湾日日新報』、3版。

(33) 呉政憲、前掲書、219頁。

(34) 同上、218－219頁。

(35) 「地気障害のため　海底線不通となる　故障箇所は淡水の沖」『台湾日日新報』第10791号、1930年5月2日、2頁。

(36) 「内台間の海底電信全部不通　暫らくは無線電信のみ　至急電報以外遅延」『台湾日日新報』第10880号、1930年7月30日、7版；「海底線の不通で　無電が大活動　ケーブル修理船は　二十九日出動」『台湾日日新報』第10881号、1930年7月31日、2版。

(37) 「海底線全部不通で　大支障の内地電報　予算がないとて修理船も出ず　復旧の見当も附かぬ」『台湾日日新報』第10895号、1930年8月14日、2版。

(38) 「海底線復半地気障害」『台湾日日新報』第10906号、1930年8月25日、8版。

(39) 「内台海底線　不通となる　無線通信に依るのみ」『台湾日日新報』第10977号、1930年11月5日、2版。

(40) 「海底線　一線不通」『台湾日日新報』第11395号、1931年12月31日、4版。

(41) 「内台海底線　全部不通　由無電送受信」『台湾日日新報』第11695号、1932年10月29日、4版。

(42) 「残る一線も不通　海底線遂に全滅　無線の全能力を発揮」『台湾日日新報』第12045号、1933年10月17日、2版、8版。

(43) 「内台間海底線　全部不通となる　発受信とも数時間遅延」『台湾日日新報』第12547号、1935年3月7日、2版：「台北長崎間海電破壊」「台湾日日新報」第12559号、1935年3月19日、8版。

(44) 前掲『日本無線史』(第12巻)、14－15頁。

(45) 同上、57－58頁。

(46) 「宜蘭無電局の構造と能力」『台湾日日新報』第9961号、1928年1月17日、2版；「宜蘭無電局に　夜間用短波機　近く工事に着手」『台湾日日新報』第12139号、1934年1月20日、3版。

(47) 林秦立計画主持「桃園日治時期電信設施調査研究計画」（桃園市政府文化局委託、秦立設計有限公司提案、2018年4月）、28－29頁。

(48) 前掲『日本無線史』（第12巻）、14－16頁。

(49) 電話掛同人、「昭和7年の電信を顧みて」『台湾通信協会雑誌』第132号（1933年1月）、99頁。

(50) 前掲『日本無線史』（第12巻）、14－15、25頁。

(51) 同上、25頁。同上、（第4巻 無線事業史）、72頁、76頁、78－80頁、184頁、195頁。

(52) 井出季和太、『台湾治績誌』（台北：台湾日日新報社、1937年）、835－836頁。前掲『台湾の通信』、35－41頁。台北と香港間の無線送受信、台北とマニラ間の無線送受信の利用に加えて、2つの無線電連絡処理の時間外に、台湾と南洋地域間の通信に、長崎から上海までのごく少数ではあるが、香港を通る海底ケーブル（英国籍大東電信会社線）が使用され、南洋の各地に転送された。その通信は、月に1、2回のみであった。

(53) 林秦立、前掲書、29頁。

(54) 小原一二、前掲書、73－74、85頁；前掲『日本無線史』（第12巻）、14－16頁、19－20頁、25－29頁、57－58頁、67頁。

(55) 林秦立、前掲書、72－73頁。小原一二、前掲書、73－74、85頁。前掲『日本無線史』（第12巻）、14－16、19－20、25－29、57－58、67頁。日治後期における台湾の民間航空の発展と日本帝国航空圏の重要性については、曾令毅、「植民地台湾在日本帝国航空圏的位置與意義：以民航発展為例（1936－1945年）」『台湾文獻』第63巻第3期、2012年9月、41－89頁。

(56) 台北飛行場における台北電信局飛行場分室の管理業務は、1943年6月に台北航空無線電信取扱所に引き継がれた。『台湾総督府官報』第359号、1943年6月16日、82頁。

(57) 林秦立、前掲書、72－73頁。小原一二、前掲書、73－74、85頁。前掲『日本無線史』（第12巻）、14－16、19－20、25－29、57－58、67頁。

(58) 小原一二、前掲書、73－74、85頁。前掲『日本無線史』（第12巻）、57－58頁。

(59) 林秦立、前掲書、69頁。

(60) 日本電信電話公社海底線施設事務所主編『海底線百年の歩み』（東京：電気通信協会、1971）、581、961頁。

(61) 有山輝雄、「通信技術の拡大と宣伝戦」『情報覇権と帝国日本Ⅱ』（東京：吉川弘文館、2013年）、69、461頁。

(62) 前掲『日本無線史』（第4巻）、184、195頁。

(63) 台湾総督府、『台湾統治概要』、200頁。日本電信電話公社電信電話事業史編集委員会編『電信電話事業史』（第6巻）（東京：電気通信協会、1959年）、576－577頁。

(64) 同上、『電信電話事業史』、27－28頁。前掲『日本無線史』（第12巻）、27頁。

(65) 同上、『日本無線史』（第12巻）、20、22頁。前掲『電信電話事業史』（第6巻）、302頁。村松一郎、天澤不二郎編『日本現代日本産業発達史』（第22巻 陸運・

通信）（東京：交詢社出版局、1965年）、420−421頁。華北および華中では、華
北電政総局（後に華北電信電話株式会社に改組）、華中電気通信株式会社、蒙
疆電気通信設備会社などが日系通信国策会社によって1938年から設立された。
貴志俊彦、「通信メディアの展開と国際関係」、飯島渉・村田雄二郎・久保亨編『シ
リーズ20世紀中国史』第2巻（東京：東京大学出版会、2009年）、203頁。『日
本無線史』には華南占領地に派遣された電信局として記載されている。

(66) 台湾総督府外事部「支那事変中東亜戦争ニ伴フ対南方施策状況（1943年1月）」（台
北：台湾総督府外事部、1943年）、129頁。「厦門・本島間電報取扱開始」『台湾
日日新報』第13103号、1938年6月17日、夕2版、前掲『日本無線史』（第12巻）、
22頁。

(67) 台湾総督府外事部、同上、188頁。

(68) 同上、154−155、222−223頁。

(69) 前掲『電気電話事業史』第6巻、302、479頁。

(70) 台湾総督府外事部、前掲書、188頁。

(71) 小原一二、前掲書、52−56頁。

(72) 台湾総督府『台湾統治概要』（台北：台湾総督府、1945年）、200頁。郵政省編輯、
『続逓信事業史』（第5巻 電信電話下　国際電信電話）（東京：前島会、1961年）、
504頁。

(73) 小原一二、前掲書、42頁。

(74) 日本側では、台湾と日本本土を結ぶ海底ケーブルの陸揚げ室が1945年に連合軍
の攻撃目標となり損傷した。戦争末期、日本の海外海底ケーブルは朝鮮半島を
経由する無装荷電纜を除いて機能は停止状態であった。前掲「海底線百年の歩み」、
393頁；貴志俊彦、前掲論文、205頁。

(75) 小原一二、前掲書、22頁。

(76) 齋藤愛二、「内台間電信問題：無線電信利用に就いて」、第17版。

(77) 曾立維、「由拡張至中断 ── 戦争下台湾・中国間電報通訊的関係之研究（1937−
1949）」『台湾史料研究』第43期（2014年6月）、102頁。

(78) 同上、126頁。

付記：国立政治大学歴史研究所博士課程在籍の楊光さんからの資料提供、李姵蓉先生
　　及び研究会から出された貴重な意見に感謝する。

森林鉄道から観光鉄道へ

日本統治時代、阿里山鉄道の経営戦略の転変（1896年－1945年）

蔡　龍保

国立台北大学歴史学系教授

はじめに

　日本統治時代には太平山、八仙山とともに台湾三大森林と称されていた阿里山は、現在では国際的な観光名所となっている。阿里山は、1906年5月、日本の藤田組が建設を開始し、以後110余年の歴史を有している。現在では、地元の林業は重要な文化財となっており、この地域の文化・創造、観光、ビジネス旅行などの産業発展の重要な基盤となっている。しかし、この110余年の歴史において、阿里山鉄道の性格や経営戦略の変遷に関する基本的な理解は依然として不十分であり、基本的な発展段階について議論する価値がある。例えば、林務局嘉義林区管理処の「阿里山森林鉄道之沿革概要」では、その発展を伐採・輸送設備の時代（1906年－1963年）と鉄道による旅客輸送と貨物輸送の双方の交通輸送の時代（1963年－1982年）、さらに主に観光のための交通手段、文化財となっている時代（1982年から現在）に分けて解説している。⁽¹⁾しかし日本統治時代の阿里山鉄道の発展は、単に「伐採輸送の時期」で言い表すことができない。「なぜ」、「いつ」、「どのように」、貨物主体から旅客主体の観光鉄道に転換したのか、その成果は何かとの問いについては、今後、研究が進展するために明らかにしなければならない。以上の問題提起から、本論では、阿里山登山鉄道の詳細かつ明確な位置付けをおこないたい。

　日本統治時代の阿里山森林鉄道の、これまでの研究は、林業、森林鉄道、観光の三分野に大別される。林業開発に関する研究は一般に台湾総督府の理

蕃政策と切り離せない。李文良著『帝国的山林——日治時期台湾山林政策史的研究』は、重要な代表作である。この研究は、1933年、日本の国際連盟脱退によって、総督府が区域経済の圧力と戦争発生の予期から時給自足を図るために、蕃地の植民政策において依然、理蕃と林政との相互折衝を経なければならなかった事情を指摘している。この研究で、注目に値するのは、蕃地拓殖論が山や森林の保全の考えに合わせて調整される傾向にある、と指摘していることにある。[2] その後、呉明勇は、林業と研究部門の系譜について語り、洪廣冀は、植民者による台湾森林の調査、分類、管理、開発の歴史的脈略を再検討し、[3] 張家綸は官庁と林業について探求し、植林促進における政府と民間部門の役割に対し、詳細な分析を行っている。[4] これらの研究領域では、鉄道に関する議論はほとんど取りあげられていない。

　森林鉄道に関する関連研究としては、呉仁傑著『阿里山森林鉄道経営之研究（1986－1916年)』が基礎研究として優れており、特に阿里山森林鉄道の前期の建設過程と経営について焦点を当て、藤田組時代から総督府が接収し運営するまでの過程と官民間の争議について語っている。[5] 呉政憲著『近代八仙山林場的成立與旅行書写』は、林業史と観光史分野に寄与している。また地域の社会的記憶の保存、観光産業の発展、文化財の活用についての記述は、優れた情報と評価できる。[6] ここでの議論の主題は八仙山林場であるが、阿里山林場と太平山林場との規模、運営、開発などと比較分析も行い、運輸交通機関の建設についても特別に章を設けている。この研究分野において比較検討することの重要性を啓発している。

　観光の観点から阿里山を論じると、観光地や国立公園の形成に一定の成果が得られている。該当する研究は、呉永華著『台湾歴史紀念物：日治時期台湾史蹟名勝與天然紀念物的故事」、李国玄著『日治時期台湾近代博物学発展與文化資産保存運動之研究』である。1930年、台湾総督府が『史蹟名勝天然紀念物保存法』制定後、史蹟及び天然記念物のリストが３回公布され、各州庁が自ら史蹟、名勝・天然記念物の実態を公表した。[7] そのなかに阿里山に関連する史蹟や天然記念物も記載されている。本論でも同様にこれらを総合的に検討するが、呉兆宗著『昭和２年台湾八景募集活動及其影響』は、1927年に『台湾日日新報』が行った「台湾八景募集」運動を研究の中心に

置き、台湾八景の選定地が日本統治時代の台湾の観光環境にどのように関係していたのかを考察したものである。[8] この研究は、阿里山についても当然言及している。

1932年8月には阿里山国立公園協会が設立され、当時の植民者や人々の阿里山に対する位置づけや期待の変化が現れていた。唐伯良著『日治時期台湾国立公園的設置與角色賦與』には、日本国内での植民地の台湾国立公園の指定の経緯が明らかにされている。この研究は、1937年に大屯、太魯閣、阿里山が国立公園予定地に設置されたが、国立公園の設立プロセスに自然保護、人々の余暇活動、健康、国家への奉仕などの機能が示されていると指摘している。[9]

本論は、上述の研究業績を踏まえ、「日本統治時代の阿里山鉄道の経営戦略」と「林業鉄道にとどまることがない——阿里山の観光地への発展」の視点から、林業、交通、観光開発の関係を明らかにし、阿里山鉄道の運営を論じることを目的としている。その際、「観光地の開発」とそれを支える「交通機関の建設」、「旅客輸送量の変化」という3つの側面から分析と議論を行い、これまでテーマとなることが少なかった、日本統治時代の阿里山鉄道の経営方針転換過程を考察し、経営方針が段階的に変化した要因を探り、「産業鉄道」から「観光鉄道」へと転換していったプロセスを明らかにする。

1．戦前の阿里山鉄道の経営戦略

（1）開発の目的

1896年1月、林圯埔撫墾署長齊藤音作を「探検隊長」とし、東京帝国大学助教授の本多静六、民政局技官の月岡貞太郎、大阪朝日新聞記者の矢野俊彦、憲兵曹長の丹羽正作、通訳・人夫ら総勢27名で新高山（玉山）に出発した。東埔社から東に向かう途中、遠くに阿里山森林の北部に属すと思われる針葉樹林が見えた。この「探検」は正式な調査ではなく、メンバーは病気などで徐々に脱落し、玉山に到着したのは齊藤署長だけであった。齊藤署長は、この発見を当時の乃木希典総督に報告した。1897年3月、総督府は齊藤に、玉山西側の阿里山森林の概況と開発利用状況の調査を命じた。同年

12月、齊藤は調査チームを再結成し「調査隊長」として森林情勢と蕃に関わる情勢の全容について再調査を行った。(10) 齊藤は、1892年に帝国大学農科大学林学科を卒業した林学の学士で、彼は林業を専攻していたことから、(11) 台湾の森林に大きな関心を持っていた。この行動は明確な調査対象を持ち、34日間に及んだ。

　しかし、より専門的な「森林調査」は、1899年5月に台南県の技手小池三九郎が調査を実施するまで待たなければならなかった。小池は、1893年7月に帝国大学農科大学林学科を卒業し、日本の農商務省、台湾総督府民政局で林業と殖産事務に従事していた。1898年10月に台南県技手に任命されてからも引き続き森林行政の責任者の任にあった。林業に関する彼の知識と経験がその後の技師への昇進の鍵となった。(12) 1899年5月、小池は台湾南部の森林調査を命じられ、林杞埔から阿里山一帯まで清水渓を遡り、大規模なヒノキ林が存在していることを確認し、その位置、地形、森林の状態、樹木種の概観を調査し、台南県に報告し、台南県は総督府に報告した。(13) 経営の観点から見ると、この専門的な調査が阿里山森林の経営の始まりといえる。その後、小笠原富次郎が再度の調査を命じられ、彼は地理環境、居住民、針葉樹林、森林の状況、木材の蓄財量、伐採時期、製材、運輸、造林、木材市場、事業予算、森林事業庁の設立等13章からなる「台南県下阿里山森林調査復命書」を1900年8月に提出した。その復命書は、より具体的かつ重要な調査報告書である。(14)

　さらに重要な経営上の考慮事項がある。木材を輸送する難度についてであり、コスト面に関する事項である。当時、台湾総督府鉄道部は、台湾縦貫鉄道の建設を進めていたが、必要な木材を台湾では入手できず、日本から運ぶ必要があった。鉄道部技師長の長谷川謹介は阿里山の木材に期待を寄せ、木材の輸送の可能性を調査するために、技手飯田豊二を派遣した。1900年3月、飯田の調査は主に阿里山森林の輸送ルートの探索であり、森林資源が豊富であることを確認する一方、森林資源の搬出は非常に困難であると考え、専門家を阿里山森林に派遣することを提案した。その後、大倉土木組の岸本順吉は、長谷川謹介からの命を受け、長年の林業経験を持つ竹村栄三郎を再調査に派遣した。(15) 鉄道の運営と阿里山の森林開発は相互補完的であるという考

えは、これからの台湾総督府鉄道部が阿里山鉄道プロジェクトを支援する機会となるものであった。

1902年5月、総督府は阿里山の探検と調査を引き継ぐために林学博士の河井鋪太郎を任命した。探査の結果、森林の外観は申し分なく、材質は良好、貯蔵量は豊富で、事業の見通しは有望であると報告された。この報告を受けた民政長官の後藤新平は、阿里山の開発が当時の台湾の財政的、経済的利益につながると考え、阿里山開発計画の策定を命じた。つまり阿里山森林の木材輸送は、最初に森林鉄道の建設が選択されていた訳ではなく、試行錯誤を重ねた結果であり、日本国内の森林輸送技術を有効に活用できないことで、森林鉄道と機械運搬で木材を運搬することになったのである。⁽¹⁶⁾

1903年に東京帝国大学農科大学教授に昇進した河合は、台湾総督府との緊密な連絡が長期にわたり、同年、ボスニア・ヘルツェゴビナ植民地調査の協力を任され、夏休みを利用して台湾に渡り、森林を視察した。⁽¹⁷⁾1906年9月、彼は殖産局から委託を受け、森林経営に関する調査を進めた。⁽¹⁸⁾1910年6月には、台湾総督府の阿里山作業工場で技師として勤務し、⁽¹⁹⁾1913年3月、3年間の「阿里山森林管理経営計画」が一段落した時、総督府は阿里山森林経営で功績のあった115名に賞与を支給した。河合は最高額の2,000円の賞与を受け、⁽²⁰⁾作業所長を務めた鉄道部技師の新元鹿之助は2番目に高い賞与1,500円を受け取った。この事から阿里山の森林経営において、河合が重要な立場にいたことを知ることができる。彼が1909年に著した『阿里山森林経営費参考書』は、林業専門家が提案した阿里山森林経営の充実した分析報告書と言える。当然なことではあるが、それ以前の小池や豊田の調査が重要な参考資料となっていることは明らかである。

『阿里山森林経営費参考書』では、まず阿里山の森林状況を分析し、事業設計における木材の収集・運搬方針（森林鉄道の8路線の比較を含む）を具体的に提案し、阿里山森林の運営に必要な経費を提案し、最後に阿里山の運営によってもたらされる利点を分析している。注目すべきは、河合が阿里山の針葉樹林とその下部に位置する森林を有効活用するのであれば、集材機器装置を使って木材を集め、鉄道で輸送する必要があると提案したことである。阿里山森林鉄道の本線は、山の上部しか通っていないため、木材を採取する

際には谷底から山の中央まで引き上げる必要がある。米国西部の森林では、グランドスキッド装置とワイヤーロープスキッド装置を使用するのが最も簡便で、低いところから高いところまで自由に木材を吊り上げることができる。この方法であれば、鉄道で木材を集め、再び木材鉄道から縦貫鉄道を経由して嘉義まで運ぶことが可能である。[21]

　河合は阿里山運営のメリットについて、1.理蕃、原住民統治、2.島内の建築、土木、鉄道などに必要な木材の供給、3.阿里山鉄道沿線の開発、4.阿里山鉄道の近隣に経済利益をもたらす、の4点を挙げている。この指摘から阿里山鉄道建設の主な目的は「森林資源の経営」と「理蕃及び蕃地の開発」であることが分かる。したがって、河合は、この鉄道を「森林鉄道」と名付けていた。しかし、阿里山森林鉄道は他の国の森林鉄道とは異なり、「理蕃」という重要な目的を持っていた。河合は、「ヴオヌム及ビツオオオヲ制禦スルヲ得ルニ至ルト同時ニ此蕃地ヲ開発シ耕作ヲ起シ林業ヲ開クニ際シテハ阿里山ハ其事業ノ中心トナリ随ツテ此地方ニ於ケル蕃地一帯ノ開発上ニ於テ交通運搬政策上ノ根拠地トナリ貨物集散地トナルヘシ。依之観之阿里山企業ハ南蕃ヲ開発スルノ途ナク蕃地ヲ開発セサレハ一時蕃族ヲ討伐シ之ヲ制御スルト雖モ永ク其効果ヲ収ムル能ハサルコト猶清国時代ノ如クナラン即チ阿里山企業ハ理蕃上ノミナラス蕃地開発上ニ於テ緊急止ム可ラサル事業ナリ」と述べている。[22]

　前述の「植民地経営」という特殊な目的からすると、阿里山鉄道は、たとえ利益が少なくても、あるいは赤字であっても、その存在意義は大きいと思われた。台湾総督府が軽便鉄道の敷設と運営を地方政府に奨励した時、幹線鉄道の接続施設だけでなく、蕃地を開拓し、農業、工業、林業の資源を開発することに重要な役割を果たす事を期待していたのである。桃崁軽便鉄道会社を例に挙げると、当局の方針に従うために不採算の角板山線をやむなく運営している。[23]この路線は桃園の討蕃隊に道を切り開き、理蕃事業に大きく貢献したと言える。[24]阿里山鉄道も同様の性質と発展過程を有していたのである。

（2）経営方針の変化―民間から政府運営へ

　当初、台湾総督府は阿里山の経営を総督府の直轄事業とする予定であった

が、日露戦争により財政難に陥り、1906年2月、総督府は経営権を合名会社藤田組に与えた。藤田組は5月に嘉義に出張所を開設し、藤田平太郎副社長が所長を兼任し、鉄道部門、林業部門、経理部門の3部門を設けた。鉄道課長には総督府鉄道部技師の菅野忠五郎が就任し、鉄道部技手の進藤熊之助、川津秀五郎、前鉄道部技手の新見喜三が社員に、鹿島組、大倉組、吉田組がその下請業者となった。⁽²⁵⁾

　藤田組が阿里山鉄道を建設した時、嘉義・竹崎間、竹崎・樟脳寮間、樟脳寮・紅南坑間、紅南坑・梨園寮間、梨園寮・風吹石区間、風吹石区・奮起湖間、奮起湖・阿里山間の7区間に分かれていた。しかし、実際に完成したのは、嘉義・梨園寮間だけで、他の区間は自然災害や事故、マラリアなどの感染症が原因となり、またその後の藤田組の経営断念などにより進捗が見られなかった。進藤は竹崎・樟脳寮間の工程を担当し、この区間は大倉組・吉田組によって行われ、1906年11月1日に着工し翌年12月20日に竣工した。⁽²⁶⁾

　しかし、藤田組が実際に開発に乗り出したのち、台湾総督府は阿里山森林開発の難度を過少評価しており、鉄道建設費は見積もりをはるかに上回り、森林蓄積量も総督府の見積もりほど楽観的ではないことを理解するに至った。1908年1月、藤田組は阿里山の経営を放棄すると発表、1910年2月の第26回帝国会議で台湾総督が阿里山を官営で運営することを承認した。同年4月に「阿里山作業官制」が発布され、5月には台湾総督の指揮監督の下で阿里山事業が取り行われることになった。そこでは財務局主計課長峽兼齊が所長、技師の菅野忠五郎が嘉義出張所長兼鉄道課長として阿里山鉄道建設事業に従事した。⁽²⁷⁾

　2年5カ月も中断した工程の引き継ぎは、業者にとっては「犠牲契約」そのものであった。藤田組はプロジェクト中止に極めて果断であったので、完成・未完成の工程に保護措置も講じず、完全に放棄し中止当日の状態に放置した。完成した堤防やトンネルには、その後切土やならしは行われず、建設業者への支払いは完成坪数に契約単価を乗じた金額で支払われた。それに反して帝国議会は総督府が提案した予算を、藤田組時代の残工予算をもとに精査するのが一般的であり、そのため工事再開に向けた予算は非常に逼迫し、総統府としてプロジェクトを完了することは困難であった。鉄道部は藤田組

時代の請負業者と交渉を行ったが、この時点で元の建設会社の一つである吉田組は廃業しており、鹿島組と大倉組の、古い価格設定方法を使用した藤田組の未完了プロジェクトの無条件完成が望まれていた。両業者は施工を継続する道義的義務があると考えて鉄道部の要請に同意し、鉄道部は鹿島組と大蔵組と任意契約を結んだ。工事に困難な地質と激しい風災に直面しつつも、鹿島組と大倉組は2,000名の人夫を効率よく監督しプロジェクトを迅速に完了するために昼夜を問うことがなかった。建設は1910年6月に開始され、予定より3カ月早く1912年12月に完了した。⁽²⁸⁾

　阿里山事業の発展が徐々に整うと、1915年7月に台湾総督府営林局官制が公布され、阿里山作業所の官制は廃止された。鉄道部長（注：新元鹿之助が部長代理）あるいは殖産局長が作業所所長を兼務していたが、営林局の新設に伴い、常勤の局長が置かれた。これは事業の開発における大きな前進となった。営林局の業務は阿里山以外にも、太平山や八仙山の森林経営や熱帯特有の樹木の植林にも及んでいた。1919年には、さらにそれまで殖産局が管轄していた山林行政を担当した。したがって専売局が管理する樟樹造林を除けば林業政策は実質的に統一されたと言える。しかし台湾総督府の官制が大改革された1920年9月営林局の官制は廃止され、殖産局が営林所を管轄することになった。林政機関の山林課は営林所から分離し殖産局に設置され、その後職掌は変動し営林所は総督が指定した国有林の造林、産物の採取、集荷、製造、加工、販売、それに付随する鉄道、道路、旅客の運営業を担当した。その下には庶務課、作業課、造林課の3課を置いた。⁽²⁹⁾

　作業所の時期は、依然として鉄道部が阿里山鉄道の経営に影響力を持っていたが、営林局と営林所の時代には鉄道部の役割は薄れ、運営は完全に林業・林政官僚が主導することとなった。産業鉄道は林政官僚の主導による経営であり、産業鉄道は林業経営に付随するものとなり、その位置づけと性質は行政の編成からも一目瞭然となった。

（3）業績の分析

　日本統治時代、台湾の官営伐採事業は、1910年4月に阿里山作業所の官制が正式に発布されてから、1912年に阿里山森林の伐採を開始することを

目標に、組織的にさまざまな施設を建設し始めた。その後、理蕃と討蕃が進められ長年蕃人の居住地であった内山森林地帯が徐々に開発されていった。1915年に太平山と八仙山の森林が活用され始め、島の三大森林資源の開発は徐々に準備が整った。数次にわたる経営組織の改革や各種設備の改良・拡充により、業績は向上を続けた。阿里山作業地の経営については、台湾総督府営林所作業課長大石浩が1936年7月に『台湾の山林』に発表した「本島の官営研伐事業」と題する記事が参考に値する。

　大石浩は、材料の生産コストをある程度下げることが経営の基本であると考えていた。「資材1立方メートル当たりの生産コスト」に基づいて3大森林場を比較すると、当初は森林資源の開発と理蕃を考慮していたため、阿里山に建設された設備の規模がほかの作業地よりもはるかに大きく、このため阿里山の「材料1立方メートル当たりの生産経費」がはるかに小さいことがわかる。1926年を例に挙げると、阿里山、太平山、八仙山はそれぞれ23.4円、34.5円、31.3円であった。その後、太平山や八仙山では各種設備に機械動力が導入され、事業運営が大幅に簡素化され、ロープウェイなどの大型貨物輸送設備を運用し、急峻な地形の巨木を開発する助けとなっていった。作業地が内側に移るにつれ、輸送距離が長くなり、その分、伐採、採集、運搬などの作業が改善され、経費の節約と「生産費」の削減効果が得られるようになった。1934年を例にとると、阿里山、太平山、八仙山はそれぞれ18.6円、17.4円、19.0円であり、太平山の木材の生産費はすでに阿里山よりも低く、八仙山の木材の生産費も阿里山に近づき、前年の阿里山よりもさらに低く、それぞれ18.157円と19.885円であった。つまり阿里山作業地の経営は、生産費の面で明らかに優位性を失っていたことになる。

　さらに伐採事業の収支営業状況（表1参照・次頁）を見ると、年間の収入と支出に加えて、開業時の固定資本の返済や開業時の利息負担などを加味し、より正確に収入を計算する必要がある。八仙山では当初の支出以外の固定資本投資はなかった。太平山では108.7万の固定資本投資（鉄道、貯材所の買収など）があり、収入から十分に返済できた。しかし阿里山の開業費用は、608.8万円で、年間未払い金を3分の利息として計算し、年収で返済すると固定資本とその利息を返済するには1934年までかかり、そこで26.6万円の黒

表1　阿里山の固定資本（起業費用）の償還計算一覧表

年度別	項　別						
	償却ヲ要スル金額（円）					償却ニ充当スル事業益金（円）	差引償却未済額（円）
	前年度迄償却未済額	償却未償額ニ対スル金利（三分）	創業費投資額	当年度事業損失	計		
1910	--	--	1,312,774	--	1,312,774	--	1,312,774
1911	1,312,774	39,683	2,225,839	--	3,588,297	--	3,588,297
1912	3,588,297	107,649	1,999,777	103,446	5,799,169	--	5,799,169
1913	5,799,169	172,975	529,137	411,110	6,923,391	--	6,923,391
1914	6,923,391	207,702	--	430,686	7,561,779	--	7,561,779
1915	7,561,779	226,853	--	--	7,788,632	561,435	7,227,197
1916	7,227,197	216,816	--	--	7,444,013	295,989	7,148,023
1917	7,148,023	214,441	--	--	7,362,464	437,374	6,925,090
1918	6,925,090	207,752	--	--	7,132,843	61,755	7,071,087
1919	7,071,087	212,133	--	--	7,283,220	742,573	6,540,647
1920	6,540,647	196,219	--	225,270	6,962,136	--	6,962,136
1921	6,962,136	208,864	--	--	7,171000	628,586	6,542,414
1922	6,542,414	196,272	--	--	6,738,686	702,111	6,036,575
1923	6,036,575	181,097	--	--	6,217,673	987,909	5,229,763
1924	5,229,763	156,893	--	--	5,386,656	926,836	4,459,821
1925	4,459,821	133,795	--	--	4,593,615	1,070,284	3,523,331
1926	3,523,331	105,700	--	--	3,629,031	1,061,629	2,567,402
1927	2,567,402	77,012	--	--	2,644,424	490,035	2,154,389
1928	2,154,389	64,632	--	--	2,119,011	516,193	1,692,828
1929	1,692,828	50,785	--	--	1,743,613	455,149	1,288,464
1930	1,288,464	38,654	--	--	1,317118	504,038	823,080
1931	823,080	24,692	--	--	847,772	331,107	516,665
1932	516,665	15,500	--	--	531,165	241,188	290,977
1933	290,977	8,729	--	--	299,706	210,185	89,522
1934	89,522	2,686	--	--	92,208	357,939	(+265,729)

出典：大石浩、「本島の官営斫伐事業」、『台湾の山林』124号、1936年7月、106－107頁。

字となる計算になる。つまり1910年に設立された阿里山作業地では、1935年までの年間収支決算は、完全に伐採事業の収益とはみなせないのである。⁽³²⁾

しかも阿里山の天然林を伐採し続けられる年数は限られており、損益の分岐点以降は、大きな収益は期待できない。1936年の時点では、太平山と八仙山の伐採年数は60年以上続くと推定されていたが、阿里山作業地の伐採年数は、約８年しか残されていない。鉄道などの大規模施設を抱える阿里山操業場で伐採年数を延ばすために年間生産量を制限する、つまり伐採削減政策を認めると営業赤字が発生する。したがって、阿里山の経営成績が悪い、あるいは施設が大きすぎるという批判が出るのは避けられないことになる。⁽³³⁾

もう一つ考慮しなければならないことがある。1930年代、阿里山は森林地帯であるだけでなく、台湾の有名な観光地でもあり、「霊峰新高山」だけでなく「国立公園候補地」でもあったということである。そこで大石は、伐採産業の経営上の困難について、考えられる発展の方向性を２点指摘している。１．むしろ阿里山鉄道を積極的に活用して、将来的には伐採面積を拡大し、伐採年数を延長すべきである。天然林木が伐採され尽くした場合は、時間的に鉄道沿線に植林された木も伐採し続けることができ、阿里山の森林伐採地域に植林された植林木は、1971年まで収穫可能となり、施業の中断はない。２．阿里山鉄道幹線約72キロメートルのうち、嘉義駅から十字路駅までの鉄道約55キロメートルは現状維持が見込まれる。十字路駅から阿里山駅までの約17キロメートルは、1944年度から1970年度までの27年間は鉄道を使わずに直接伐採が行われる。大石は、将来の伐採植林の輸送設備としての存在価値も考慮し、同時に阿里山国立公園計画の交通機関として利用価値があることを提唱していた。⁽³⁴⁾

その後、営林局は大石浩の提唱した方策を採用し、当初計画されていた伐採地の資源が枯渇しそうになる時、新たな支線と伐採地の計画を開始した。档案資料がないため『台湾日日新報』の報道からこの間の事情は、次のように説明できる。塔山線は1917年に完成し、その後、北の眠月まで開通し、阿里山の伐採事業を北に押し上げた。神木延長線は1919年に建設され大瀧渓線は1920年代に建設され、1930年に沼平から眠月までの鉄道がほぼ完成した。1930年５月、鉄道は眠月から全方向に延長し、北側の伐採範囲が拡

表2　日本統治時代の阿里山伐採材統計一覧

年度別	項　別				
	伐木面積 （ヘクタール）	伐木材積 （立方メートル）	造林材積 （立方メートル）	造林率 （%）	生産材積 （立方メートル）
1912	43	29,063	18,469	63.55	479
1913	108	49,214	30,751	62.48	3,651
1914	74	45,936	38,143	83.04	26,809
1915	144	117,332	93,486	79.68	74,289
1916	124	105,586	81,760	77.43	75,180
1917	116	89,933	69,132	76.87	45,541
1918	132	142,606	80,282	56.30	50,314
1919	122	167,688	100,025	59.65	46,474
1920	117	87,317	47,337	54.21	22,032
1921	115	104,555	55,679	53.25	50,369
1922	145	112,484	66,391	59.02	59,255
1923	112	83,532	53,297	63.80	54,247
1924	130	78,752	46,444	58.98	39,659
1925	164	76,871	32,697	42.53	45,080
1926	108	69,236	41,686	60.21	41,289
1927	208	91,072	62,986	69.16	39,511
1928	168	80,668	49,324	61.14	41,322
1929	199	102,602	58,798	57.31	42,844
1930	201	78,703	50,029	63.57	42,307
1931	209	97,347	52,486	53.92	48,076
1932	260	88,070	54,784	62.21	41,942
1933	475	120,664	67,530	55.97	41,662
1934	520	114,798	57,663	50.23	44,773
1935	558	119,031	65,191	54.77	43,135
1936	551	110,274	63,639	57.71	44,027
1937	769	129,535	69,919	53.98	57,432
1938	479	83,524	66,787	79.96	56,448
1939	552	133,126	73,219	55.00	48,115
1940	660	169,374	93,156	55.00	62,310
1941	654	167,137	91,925	55.00	60,223
1942	360	137,469	75,608	55.00	51,566
1943	665	160,411	88,226	55.00	66,550
1944	445	107,483	59,116	55.00	42,699
1945	86	18,437	10,140	55.00	13,874
合計		3,469,830	2,066,105		1,523,484

出典：周楨、『台湾之伐木事業』（台北：台湾銀行経済研究室、1958）、60−61頁。

注1：造材率＝造材材積÷伐木材積。

注2：1939年以降、戦時中により、木材の蓄積は測定されておらず、木材生産率55%で推計している。

注3：元の資料の合計数値が不正確であり、修正した。

大し続けた。[35]営林所発行の1939年版『営林所の事業』に掲載された阿里山鉄道平面図を見ると阿里山の南から児玉と鹿林山に向けて新しい路線が伸びていることがわかり、[36]営林局が不断に鉄道拡張計画を進め、作業地の伐採年数の延伸を図るため、南方の伐採区域を主な操業区域にしようとしていることがわかる。

　表2からは、34年間で伐採木材の総量が3,469,830立方メートル、建築木材の総量が2,066,105立方メートル、生産木材の総量が1,523,484立方メートルであることがわかる。年間生産量が最も高かったのは、1916年で75,180立方メートルに達していた。伐採面積は1930年代に前例のない速度で増加し、1937年にはピークで769ヘクタールに達した。これはもちろん1930年に大瀧渓線（上下線を含む）、眠月線（東西線を含む）、1931年に霞山線、1933年に東埔線、鹿堀山本線、1937年に鹿堀山裏線などが1930年代に次々と開業したことと関係している。[37]しかし年間生産量が最も高かったのは1916年であることは議論の余地のない事実で、このことは鉄道を延伸して伐採面積を拡大し木材の伐採量を増加させたとしても、効果がなかったことを示している。34年間の平均生産量は4万4,808立方メートルに過ぎなかった。伐採面積が最盛期を迎えた1937年、官営鉄道の営業状況をみると、阿里山鉄道の運営はたとえ利益が出ていたとしても貧弱だったことがわかる。1キロ当たりの1日平均営業収入はわずか5.19円で、各官営路線と比較すると国鉄は20.1倍、羅東林鉄道は1.2倍、八仙山鉄道は0.32倍となる（表3参照）。

表3　1937年の国営鉄道営業収入比較表

（単位：円）

線路別	項　別				
	客車収入	貨車収入	雑収	総額	1日1キロ平均営業収入
国　有　鉄　道	10,568,032	15,775,503	7,160,727	33,504,261	104.18
阿里山森林鉄道	59,664	85,244	11,405	156,313	5.19
羅東森林鉄道	13,580	60,722	2,622	76,924	6.20
八仙山鉄道	5,326	15,359	1,020	21,705	1.64

出典：台湾総督府調査課、『台湾総督府第41統計簿』（台北：該課、1939年）、398頁。
　注：国有鉄道とは、台湾総督府管轄の幹線および台東線を指す。

阿里山鉄道の森林鉄道としての営業成績はよくない。しかし観光地としての阿里山の役割がますます重要になりつつあることがわかる。この状況下では阿里山鉄道の経営の性格や方策も変化することは必至となっていくことになる。

２．林業鉄道を超えた観光地としての阿里山の発展

（1）史蹟、名勝・天然記念物の指定と八景・十二勝の選抜投票
〈1〉史蹟、名勝・天然記念物制度の実施

　台湾では史蹟、名勝・天然記念物に関連する法規・調査、保存等の具体的方法が日本国内よりも遅れて制定されているが、これらの法による指定は観光の整備・強化と密接に関係している。台湾総督府は台湾の史蹟名勝を調査し目録化するために、杉山靖憲編纂の『台湾名勝旧蹟誌』を1916年に刊行したが、保存対策については全く触れなかった。この時、阿里山と神木も取り上げられ、阿里山を讃える詩が詠まれていた。[38] 1923年４月に台南州が発行した『台南州史蹟名勝』には、すでに営林所嘉義出張所と嘉義林業、農業試験所支所が史蹟として記載されている。[39]

表4　1930年各州庁別史蹟、名勝・天然記念物の調査一覧表

項　　別		州庁別									
		台北	新竹	台中	台南	高雄	台東	花蓮港	澎湖	其他	計
史　　蹟		36	17	11	31	21	--	5	15	--	136
名　　勝		16	7	11	6	9	3	3	--	--	55
天然紀念物	植物	11	3	1	1	18	2	--	3	--	39
	動物	1	--	2	2	1	1	1	1	4	13
	地質鉱物	7	--	1	1	4	--	--	1	--	14
計		71	27	26	41	53	6	9	20	4	257

出典：内務局地方課、『本島史蹟名勝天然紀念物概況』、台北：該課、1930年11月、2頁。

　当時の台湾博物学会は、史蹟、名勝・天然記念物が放置されたままであることを深く遺憾に思っていた。1924年９月、当時会長であった農学博士素

木得一は、台湾では保存政策が相対的に遅れていることを指摘し、内田嘉吉総督に保存の建議を提出した。史蹟名勝天然記念物保存協会は1911年初頭に設立され、1919年４月に帝国議会が協会の提案を可決し、法律第44号で保存法を公布し、５月調査会官制が通過した。1921年３月に最初の指定が公表された。台湾は日本国内に比べて遅れをとっていたが、朝鮮総督府に比べても何年も遅れをとっており、そのため1926年８月、当時の会長の農学博士中澤亮治は、改めて台湾総督上山満之進に建議書を提出した。⁽⁴⁰⁾

しかし台湾総督府は、史蹟、名勝・天然記念物の調査・保存に関連する具体的な施設の必要性には同意したが、未だに実際の経費や予算を組み入れず、具体的な対策を実施していなかった。1924年３月になって初めて、史蹟、名勝・天然記念物の破壊を防ぐために可能な限り、適切な方法を講じることを期待する主旨の「総内第722号」が各州の知事と庁長に通知された。⁽⁴¹⁾つまり初期の調査や保存は、実質的には地方の官庁に頼っていたのである。1930年に内務局地方課がまとめた『本島史蹟名勝天然紀（記）念物概況』によると各州庁が保存とみなしている史蹟名勝・天然記念物は257件あり、地方庁の分布と種類の分類は、**表4**（前頁）である。

1930年９月、「史蹟名勝天然紀念物保存法施行規則」及び「史蹟名勝天然紀念物保存法処理規定」が公布され、台湾の古蹟名勝は正式に調査、指定、保存の段階に入った。同年10月に「史蹟名勝天然紀念物調査会規程」が公示され、12月に「史跡天然紀念物調査委員会」が設置され、作業領域は「史蹟名勝」と「天然記念物」の２つに分けられ、調査は３回行われ、1933年（史蹟８件、天然記念物６件）、1935年（史蹟53件、天然記念物６件）、1941年（史蹟12件、天然記念物７件）、史蹟は計73件、天然記念物は計19種が保存指定リストに入り公表された。⁽⁴³⁾しかし国家級の名勝は指定されておらず、阿里山もその指定には含まれていなかった。呉永華著『台湾歴史紀念物－日治時期台湾史蹟名勝與天然紀念物的故事』によると、阿里山に関連する現地機関の指定は**表5**（次頁）である。

〈２〉台湾八景投票キャンペーン中の阿里山

1927年６月10日から７月10日まで、台湾日日新報社は次の３点を目的と

表5　阿里山関連の指定史蹟名勝天然紀（記）念物指定一覧（台南州指定）

名　称	類　別	所在地	備　考
阿　里　山	名　　勝	嘉義郡蕃地阿里山	
阿里山神木	天然紀念物	嘉義郡蕃地阿里山	
貝 類 化 石	天然紀念物	阿里山河合溪、石鼓般溪及塔山岩壁	
雉　　類	天然紀念物	嘉義郡蕃地阿里山	総督府、1933年11月26日、全島の台湾帝雉、黒長尾雉を指定
山 椒 魚	天然紀念物	嘉義郡蕃地阿里山	

出典：呉永華著『台湾歴史紀念物：日治時期台湾史蹟名勝與天然紀念物的故事』、274−290頁。

する「台湾八景」の投票イベントを開催した。（1）台湾の自然美の特徴と価値を代表するが、多く人々に知られていない独特の風景を発掘する。（2）台湾は日本の植民地建設を経験して、過去の「瘴気の地、蕃人の横暴」はすでに解消されているが宣伝が十分でない。このために日本国内は依然として台湾に対して固定観念を持っている。（3）台湾八勝を選出し、台湾の利点を日本と世界に宣伝し観光客を惹きつける[44]。

　第1段階では、台湾八景の候補地として20カ所を選定するため、専用はがきによる一般投票が行われる。第2段階では、入選した候補地が審査委員会によって正式に選定される。八景勝地に選ばれれば、『台湾日日新報』に紹介記事を掲載する機会が与えられ、記念絵葉書の発行や記念碑の設置も行われる。嘉義の人々は故郷への愛着から、もとより新高山、阿里山、嘉義公園の景勝地を選ぶ気持ちを抱いていたが、当時新高山の行政区分が明確でなかったため、人々の票は阿里山に集中した。第1段階の投票では計3億6,000万票が投じられ、阿里山は2,600万票を獲得した。わずかの差で鵞鸞鼻、寿山、八仙山に次いで4位となったが、21位となった新高山を大きく上回っていた[45]。

　審査規定第3条では投票結果を30％、審査委員会の得点を70％と定めていた。審査委員会による八景の審査基準は明確であり、（1）台湾の景観としての特色があること。（2）規模が小さくないこと。（3）交通の便がよく、関連施設に発展の可能性があること。（4）史蹟、天然記念物を考慮に入れる

こと。(5) 全島の地理的分布を考慮することである(46)。阿里山はすべての審査基準を満たしていた。最終的にすべての景勝地は次のように分けられた。二別格（神域台湾神社、霊峰新高山）、八景（八仙山、鵞鑾鼻、太魯閣渓谷、淡水、寿山、阿里山、基隆旭岡、日月潭）、十二勝（八卦山、草山北投、角板山、太平山、大里簡、大渓、霧社、虎頭埤、五指山、旗山、獅頭山、新店碧潭）である。

　上記の史蹟、名勝・天然記念物はつぎつぎに認定され、中央や地方によってその価値が認定された。もとからある景勝であるもの、あるいは新たに指定された景勝地は、すべてが観光促進や景勝の拡大に役立ったといえる。さらに投票と審査を通じて阿里山が台湾八景の一つに挙げられたことも影響力を広げ、阿里山の人気の高まりと観光地、国立公園としての将来の発展に大きな役割を果たした。1937年に日本国内で発行された遊覧券（第3節参照）に指定された観光地を見ると、「八景・十二勝」から7カ所が入り、阿里山はその一つである。台湾島内と日本国内が阿里山を観光地として非常に高い期待と評価を与えていることが分かる。

（2）国立公園保護区の指定
〈1〉林業学者の調査と主張
　1928年2月20日、田村剛博士は阿里山とその周辺、蕃地、新高山、八通関、東埔、日月潭などを詳細に視察し、次のように指摘した(47)。「阿里山風景の経営は、単に台湾住民に対する公園たるに甘せず、世界的風勝地、休養地を大成するの覚悟を以て臨まなくてはならない。而して之が経営は国之に当たるを至当とするが、道路、交通機関、宿泊施設等就いては差し当たり関係州即ち台中、台南両州之に当たり、一面奉仕的事業家の奮起を俟たねばならないであろう(48)。」

　田村博士の視察後、『台湾日日新報』は田村博士の視察の内容、主張、抱負を4日連続で報じた。新高霊峰、阿里山森林、陳友蘭渓などの秘境を含むいわゆる一大国立公園は、実際に「回遊公園」の方針政策を掲げている。

　「互いに隣接せる数都市を糾合し統一ある遊覧系統を建てたるものを指稱していゐ様である。即ち適当の距離に存在する数地方を互いに連ねて一大公

園と看做し、その間を巡遊することの出来るやうに連絡設備を施し、且つ統一ある修飾を加へて、地方の人を享楽させると同時に、その大なる公園的吸引力によって他地方より遊覧客を誘ひ寄せて、その来遊者の散ずる財によって、地方の繁栄を計るといふ方針である。これを更に大きくして行くと、一国内に於ける風景系統にも応用する事が出来るのである。[49]」

　事業運営についても、「国立公園に関する管理監督、道路と云ふ様な事は国が致しますが、ホテル、借別荘、交通機関─阿里山の場合は登山鉄道を除く其他のもの─娯楽施設、温泉、土産物の選定、登山案内人組合、公園の宣伝等民間の力に俟たねばなりません。之等を総括して営業することの出来る一大会社が理解ある地方人士に依って此上もないことであります。最初はどうしても欠損は免れません。然しそれは国が補助してやらなければならぬと思ひます。公園なんて云ふものは不生産的なものであると誰も思ってゐるが欧米あたりの統計に依って見ると何れも立派な利回りになってゐて、経済上有利なものとされてゐる」と総括した。[50]

　同じく林学を専攻した青木繁は、国立公園設置に反対していた。しかし彼は、田村の提案にも同意している。青木繁は、1916年7月に東北帝国大学農科大学林学実科を卒業し、1923年6月に台湾総督府高等農林学校助教授に任命された。[51] 彼が国立公園の設置に反対した理由は、（1）ごく一部の都市住民、富裕層、有閑階級の楽しみのためであるが、建設費は一般国民が負担する。（2）観光客を通じて地方の人々の利益を増すが、そのために一般国民に建設費用を負担させることになる。（3）遊園地が農村部の近くに設けられると、農民は急速に堕落し、農業が衰退する危険にさらされる。しかし青木の見解は田村の定義する「国立公園」、つまり田村の「阿里山地域の土地と森林の合理的な経営」の考え方と一致していた。[52] 言い換えれば、2人の代表的な林業専門家は、阿里山経営における可能な開発方向の1つは、国立公園の設立であるということで一致していた。

〈2〉阿里山国立公園協会の設立と推進

　植民者にとっては、理蕃政策は山岳地帯の開発を容易にし、観光地の保護と開発を助け、国民の休息と健康、そして教育教化に利益をもたらし、さら

に外国人観光客を惹きつけて国際親善に貢献していた。国立公園を設立し地域の施設をより充実させるため、1931年4月に阿里山国立公園協会、1932年3月に太魯閣国立公園協会、1934年11月に大屯国立公園協会が設立され、それぞれが指定された運動に力を注いだ。⁽⁵³⁾

1931年4月20日、阿里山国立公園協会の設立趣旨書は、次のように記載している。「台湾は帝国南門鎖鑰にして最爾たる一孤島に過ぎずと雖も一萬尺以上⁽⁵⁴⁾の高山四十八座七千尺以上を越ゆるもの百十五座を数ふる山嶽国にして世界中類例多からず随て山嶽雄渾の景渓谷天削の勝等大自然の有する風貌殆ど枚挙に遑あらず就中阿里山新高を一帯とする廣衺約六萬町歩に渉る⁽⁵⁵⁾崇高雄大の景勝に至ては昭和三年二月公園学の権威田村林学博士督府招聘に応じ踏査報告せし所の如く欧米各邦に於ける国立公園に比し毫も遜色あらず今試みに風景的見地より概観せん乎嘉義市を起点とする阿里山鉄道は塔山線を加へて五十二哩高距実に七千五百七十尺を征服し然も気温は熱帯暖帯温⁽⁵⁶⁾帯の三帯に亘り其間行程僅かに数時間にして更に寒帯地域たる日本最高霊峰を極めんには往返両日を費やすに過ぎず。」

また次のように言う。「台南市が新高登山道路の改修に鋭意し台中州が標高九千三百七十四尺の八通関に至る自動車道路開鑿に邁往しつつある所以にして之れが実現目睫の間に在り近時阿里山観光の客一歳数千の多きに達し男女学徒を初め新高探勝の客亦鮮からず⁽⁵⁷⁾」。つまり阿里山が世界有数の景観であると強調され、登山鉄道や登山道路などの交通機関が整備されれば、観光地としても大きな発展の可能性を秘めている、と言う。

1931年4月20日に開催された嘉義市勢振興調査会議は、嘉義市の産業経済を議論する会議であったが、日本国内の国立公園法の成立に刺激を受け、「阿里山国立公園協会」の設立を承認し、国立公園の設立を提唱した。1932年4月2日、嘉義公会堂で全島実業大会が開催され、嘉義商工会と嘉義商業協会が会議中に「阿里山国立公園」の設立建議書を提出した。花蓮港商工会議所も太魯閣を中心とした国立公園設立の議案を臨時動議として提案した。両地の商業工会は、国立公園の設立を積極的に競い合っているようにさえ見えた。同年10月7日、日本は12の国立公園を指定したが、その名勝には台湾や朝鮮はリストに含まれておらず残念な結果となったが、国立公園設立に

対する地元の期待が消えるわけではなかった。「阿里山国立公園協会」はその後も積極的に国立公園の設立を主張し、さまざまな活動を組織し、雑誌『新高阿里山』も発行していた[58]。

　地元の国立公園推進団体の刺激を受けて、総督府は1935年8月に内務局土木課に台湾国立公園協会を設立し、国立公園に関する調査研究と国立公園思想の普及促進を図り、1935年10月、台湾でついに国立公園法が施行された。1936年2月3日、総督府の会議室で第1回「台湾国立公園委員会」が開催され、三か所の国立公園候補地が決定された。これは非常に重要な意味を持つ出来事であった。地域範囲の調査を終えた後、1937年12月27日、大屯、次高太魯閣、新高阿里山は国立公園として正式に発表された[59]。これら三か所の国立公園は、それぞれ当時の日本の国立公園を代表するもので大屯国立公園は面積が9,350ヘクタールで最も小さく、新高阿里山国立公園は最も標高が高く、面積は187,800ヘクタールあった。次高太魯閣国立公園の面積は最も広く、257,090ヘクタールに及んでいた[60]。

　阿里山の国立公園への発展を背景に有識者は、阿里山鉄道の経営方向に対する期待も変化させている。たとえば、1938年に社団法人台湾山林協会が発行した『台湾の林業』には、「……阿里山鉄道中、嘉義竹崎間一四粁餘は営業線として純然たる貨客の運輸営業をなし、竹崎より阿里山経由新高口に至る六八粁餘は、特に山線と称し、運材の傍ら旅客の便乗及沿線産物其の他一般貨物の托送を取扱ひ以て地方開発に寄与すると共に新高登山者其の他一般交通の便を図れり[61]。」営業路線であれ、物資輸送専用線のような山線であれ、いずれも観光や地域発展の促進が期待されているのである。

　台湾総督府鉄道部長渡部慶之進が1939年に刊行した『台湾鉄道読本』にも「森林の開発に伴ひ、本鉄道（注：阿里山鉄道を指す）は逐年延され、目下阿里山鉄道より新高登山道に沿ふて新たに支線が建設中である。而して本鉄道は今後単なる運材鉄道に止まらず、本質的にも奥地開拓の先駆者として、又人容宇内に冠たる新高登山観光鉄道としても、その将来が注目されて居る」と記されている[62]。渡部部長の阿里山鉄道に対する考えと位置づけは、実は台湾森林協会の前述の見解と一致している。しかし阿里山鉄道が観光鉄道として発展するためには、観光と交通輸送を支援する施設の建設が重要となる。

つぎに関連する支援策の発展と旅客および貨物の運営の変化を検討することにする。

3．観光・交通運輸支援施設の整備と旅客・貨物量の推移

（1）連絡運輸と遊覧券制度の成り立ち

　旅行の手軽さは、観光旅客の旅を促進する大きな要因である。なかでも連絡運輸（複合一貫輸送サービス）の発展は、旅行の簡素化に大きく貢献していた。いわゆる連絡運輸とは、鉄道、船舶、自動車、飛行機など主体の異なる交通機関が相互に契約を結び、旅客と荷主が1枚の乗車券と1枚の貨物票で各交通機関間の共同運送事業を利用できるシステムである。1930年代に入ると、台湾の陸・海・空の交通機関間の複合輸送事業が徐々に成熟し、日本と台湾は便利な遊覧券を相次いで発行した[63]。観光客が台湾へ旅行しやすくするため、日本国内の観光機構は鉄道省の一般観光券や東アジア遊覧券に台湾を追加し、遊覧券1枚で台湾へ旅行できるようにした。

　日本の鉄道省の観光切符の旅行行程は、1931年7月1日に台湾まで拡大され、指定観光地に台北、北投温泉、淡水、角板山、台中、日月潭、埔里、嘉義、阿里山、高雄、四重渓、鵝鑾鼻、草山、礁渓、宜蘭、蘇澳など17カ所が含まれた。また切符の販売条件は、角板山、日月潭、埔里、阿里山、四重渓、鵝鑾鼻、草山の主要鉄道路線上にない7カ所から少なくとも2カ所を旅程に選択することであった[64]。また鉄道部が台湾の観光地を指定する主な基準は観光地の規模、交通事情、宿泊施設、旅行ルートの問題などであることは注目に値する。つまり指定された地点は、1931年時点で一定の水準に達していた代表的な観光地であった。台湾の「八景」と「十二勝」のうちからは、五景、二勝だけが含まれていた。

　台湾から日本、朝鮮、満州への遊覧券については、1934年の第14回「内鮮満台連絡運輸会議」において鉄道省が発券を提案し承認された[65]。以来、複合一貫輸送事業の発展により、日本、満州、朝鮮、台湾間の観光活動はより便利になった。1937年2月11日、「八景十二勝」のうち13カ所を含む27カ

所の観光地を指定した台湾本島遊覧券（台湾本島を範囲とし対外使用不可）が発売された。旅程の企画は、太魯閣、太平山、角板山、八仙山、日月潭、霧社、阿里山、鵞鑾鼻、紅頭嶼から１カ所を選択する、または金瓜石、基隆市内、台北近隣、淡水、新店、獅頭山、綿水、台中市、嘉義近郊、北港、関仔嶺温泉、烏山頭、台南市内、大崗山、高雄市内、山地門社、ボンガリ社（bongari、望嘉社）、澎湖島の18カ所から２カ所を選択する必要がある。⁽⁶⁶⁾

　日本旅行協会台北案内所（菊元百貨店内）に販売を委託するほか、台湾全土の主要駅にも委託案内所を設置した。この遊覧券は、通常のバスや船の乗車券に比べて大幅に割引されており、300円の傷害保険付きで一流旅館を予約できる。⁽⁶⁷⁾最大の特徴はその利便性にあり、１枚の遊覧券で旅に必要な電車、車、バスなどが利用でき煩雑な手続きが不要となり、宿泊先までのアクセスが非常に便利である。そのため発売するやすぐに世間に歓迎され、大盛況となった。⁽⁶⁸⁾

（2）鉄道部「観光係」の設置と観光優遇措置

〈1〉観光専門部門の設置

　第一次世界大戦後、各国は徐々に観光事業の重要性に注意を向け、観光事業が経済的意義のある新たな事業であることを認めた。この流れに刺激されて、日本は1931年に観光事業の中央機関として国際観光局を設立した。その後、国際観光委員会や財団法人国際観光協会等の組織を設立した。国際観光局の指導監督のもとで観光開発の中核となる国際観光協会及び日本旅行協会が設立され、放射線状に交通機関、地方団体、旅館事業者等の関係機関が結びつき、官民が協力し観光促進と観光事業に尽力することが望まれた。⁽⁶⁹⁾

　観光旅行の共通した認識が広まるにつれて、独立した観光団体が日本のいたるところで見られるようになった。国際観光局や各地の観光団体への照会が増加していることを考慮して、台湾総督府は観光事務を専門に扱う管轄部門の必要性を強く感じていた。1931年12月、部局長会で協議の結果、交通局長の主管とすることが決定された。鉄道部では1908年の縦貫鉄道完成以来、観光誘致や広報などを担当する「旅客係」を設置していたが、交通局は観光事務が鉄道部に引き継がれるのが適当であると考えていた。その後、台湾観

光事業の事務は、鉄道部が担当することになった[70]。しかし、この時点ではまだ鉄道部には観光業務を担当する専門部署が設けられていなかった。

　1937年には熱帯産業調査会が台湾観光産業中枢機関の設立を強く主張し、鉄道部運輸課に観光資源の調査と開発を担当する「観光係」が正式に設立され、観光施設の管理と促進・観光事業の宣伝、観光客の接待等の業務を担当することになった[71]。それ以来、台湾の観光事務の発展方向はより明確かつ専門化した。1937年頃から、日本旅行協会（注：現在のJTBの前身）は台湾全土に11の案内所を設置し、鉄道や船の切符、遊覧券を販売し、一般旅行者の案内や援助を行った。支部の業務の複雑化に伴い、乗客案内の数は年間6万3000件に達し、観光客団体213件、1万人以上を扱い、チケットの売り上げは54万4000円に達していた[72]。

〈2〉観光優遇措置

　鉄道部は、旅客に多くの運賃の特典を揃え、各個人のそれぞれの地位に基づき優遇し、学生、孤児院、保育院、少年院等の児童、青少年と保護者、軍人およびその家族などに多くの優先運賃特典などの割引を提供している。さらに観光、レジャー旅行、教育、社会文化、産業発展に関連する活動などの一部の特別な事業や活動にも運賃が優遇された。なかでも観光旅游に対する奨励に力を注いでいた[73]。

　台湾観光団体客に対しての運賃優遇は、20人以上の団体は30％割引、100人以上の団体は40％割引、200人以上の団体は50％割引でもって旅客を誘致している。1924年にはさらに20人以上の団体は半額となり、台湾から日本国内への観光団体客にも適用された[74]。もともとこの割引は三等車の乗客のみが対象であったが、鉄道部は台湾八景・十二勝の投票をきっかけに、台湾八景・十二勝への団体客、二等旅客にも割引することになり、20名以上で片道が30マイル以上は20％割引、250名以上で片道が250マイル以上の場合は50％割引になった[75]。表6（次頁）から、この優遇政策が良好な効果を生み出していたことがわかる。各種の旅客貨物優遇制度のなかで、観光旅行が最も多く最も急速に伸び、1939年には他の制度を大きく上回り、1932年の12倍にまで増加した。つまり台湾を訪れる観光客は増え続けていたのである。

表6　鉄道部の旅客貨物運賃優待計画別一覧表

（単位：件）

年度別	項　　別					
	観光旅遊活動*	教育活動	社会教化	産業奨励	事変関連の特殊優遇***	その他
1932	65	23	13	17	—	9
1933	152	36	28	19	—	42
1934	205	40	24	19	—	67
1935	1,096**	95	55	51	—	87
1936	443	89	48	44	—	52
1937	497	74	37	28	—	39
1938	633	82	37	38	12	41
1939	780	79	41	52	8	30
1941	勤労奉仕	遺族に対する優遇	社会教化及び国民錬成	教育活動		その他
	11	9	15	5		5

出典：台湾総督府鉄道部編纂発行『台湾総督府鉄道部年報』、（台北：該部）
注1：観光・旅遊活動には観光産業視察も含まれる。
注2：1935年に旅行割引が急増したのは、施政40年博覧会からの訪問団が参加
　　　したことによる。
注3：1938年6月1日以降、七・七事件により中国へ戻る日本人および台湾籍の
　　　市民に対し、総督府発行の関連証明書を所持している場合、2、3等につ
　　　いては、50％の割引が提供されている。

　その後、戦局が緊迫するにつれ、1938年からは「事変特殊割引」、「勤労奉
仕活動」、「遺族割引」などの優遇制度が徐々に追加され、「観光旅行」や「産
業奨励」等の優遇方案は徐々に廃止され、戦時時局のなかで観光業は急速に
衰退した。

　上記の鉄道部の旅客向け優遇運賃のほか、『台湾日日新報』では花見の季
節の阿里山鉄道優遇運賃に関して報道している。「阿里山東部塔山駅と眠月
駅の間の鉄道沿線の断崖絶壁には高山にある有名な石楠花一葉蘭が咲き誇り、
沼の平一帯などでは吉野桜、八重桜、右近桜などが1月から3月上旬にかけ
て、咲き誇る。この鉄道路線では、20名以上の場合は運賃が若干割引される。」[76]
つまり鉄道部は、国鉄と阿里山鉄道の団体観光客へ利便性をアピールすると
ともに、運賃の割引によって多くの一般大衆に阿里山観光を手頃なものにし
ていったのである。

（3）阿里山周辺の交通状況の向上と旅客・貨物量の分析

〈1〉阿里山周辺の交通利便性の向上

実際、阿里山鉄道は開通後もトンネル内で脱線、転覆、土砂崩れ、車両の故障などが発生し、生命の安全は保障されておらず、登山者は恐怖を感じる危険なルートであった。1918年に阿里山鉄道の修理工場が大規模に拡張されてからは、大事故はほとんどなくなり、すぐれた客車を連結したことで、阿里山への旅行が楽しく安全に変わった。しかし、1920年代後半になっても登山者数は少なく、北門駅を午前6時5分に出発する列車1本に過ぎなかった。登山者の増加に必要な支援策は、阿里山に新たな高地登山道を掘削することであった。⁽⁷⁷⁾

これに先立ち、台南州は1925年に阿里山鉄道を新高山まで延長する計画を立てていた。嘉義郡警察課長大津義人は各方面の情報を集めた後、11月24日夜に台南を出発し嘉義市で一晩滞在し入山した。7里の山道を通って鹿林山に到着しそこで野宿し、27日には5里道を通って楠梓山に行き、原生林で野宿した。28日、目的地の新高山へ1里の山道を登った。ただしこの地域は禿山の急斜面に位置するため非常用ケーブルが必要であった。山頂で休憩した後に帰還、楠梓仙渓で宿泊。29日、鹿林山に宿泊し、30日、阿里山に戻り、12月1日に南へ帰還。一行は台南州内務部長大竹勇之のほか、勧業課長林繁三、技手緒方則継、藤澤正蔵、鈴木貞八、鶴警察課長と警部1名、嘉義郡守荒木藤吉、警察課長大津義人ら巡査10余人、営林所の重松栄一技師と上野忠貞技師、交通局の小山三郎技師、新聞記者、医師ら約40人、加えて物資を運ぶ蕃人60余人、100名を超える大規模な捜査チームであった。⁽⁷⁸⁾ただしその後も新たな高登山道の整備が優先された。

1926年の元旦、台南州は台南市区改正、安平港の浚渫、そして新高登山道の3大事業を提案した。⁽⁷⁹⁾1926年初頭、台南州内務部土木課藤澤正蔵技手と蕃界警察官10余名が地元の蕃人70名を率いて、阿里山沼平から新高地登山道の建設に従事した。⁽⁸⁰⁾11月14日、工程の起点となる鹿林山で盛大な道路開通式と捜索隊解散式典が行われた。⁽⁸¹⁾新しい道路は山の中腹の安全な場所に建設され幅約3尺、登山道として理想に近いものであった。⁽⁸²⁾以前、新高登山客は風光明媚な阿里山路ではなく、登りやすい八通関路を選択していた。

前述の大規模な改修後、まだ若干の不備はあるものの、それが修復されれば老若男女が競ってこの道を選択することになる。しかし新高山に登るのに大きな危険はないが、蕃人が頻繁に行き来する場所であるため危険が全くないとは言い切れなかった。台南州は、治安向上のため塔塔加と新高下に駐在所を設置した。[83]

　阿里山から新高山への道が完成した後、林間学校が建てられた。阿里山国立公園が徐々に実現しつつある中、阿里山の開発について研究会が継続的に開催された。1926年に営林所嘉義出張所が機関車を改修し、登山時間が約2時間短縮され、初めて阿里山鉄道の急行列車が運行され、登山者の利便性は大きく向上した。台北発21:00発の急行列車に乗り、阿里山をゆっくり観光した後、翌日台北に戻る。登山者の増加に伴い、三等車一輛では乗客を扱えなくなり、1927年1月10日からは二、三等の併結車輛一輛が1日おきに運行された。翌年には二等列車と三等列車が連日連結され、同時に伐採状況や輸送状況を視察しやすくするために三等車も運行された。[84]

　1927年4月1日、阿里山鉄道の時刻改正が行われ、阿里山本線は嘉義駅と接続し、登山鉄道は嘉義駅から運行され、北門駅から搭乗する旅客は嘉義駅から搭乗することになった。[85]その後、登山客や視察者の便宜を図り、事業地や林相の視察、景観を眺めることを容易にするために列車の時刻も調整された。上り本線の急行列車と接続するため、当初嘉義駅を午前7時に出発する列車は7時5分になり、阿里山には午後1時40分に到着し、眠月、達磨岩付近での資材収集作業を視察し、午後4時50分に乗車し帰途についた。さらに阿里山駅を午前6時25分発で大瀧渓線の事業部を視察した後、小塔山に登って近くの森林や阿里山の周囲、玉山連峰の絶景を展望し、午前8時50分に阿里山に戻り40分ほどの朝食をとり、9時30分に乗車し、午後4時15分に嘉義に戻り、製材工場見学希望者は北門駅で下車できることになった。[86]

　将来の阿里山国立公園の整備に対応するため、1931年12月に果樹園の経営、特産品の栽培、展望台、天体望遠鏡の建設、梅林、桜の植栽、簡易民宿の設置、簡易手工芸伝習所、蕃人公館、高山観測所、台湾陸軍部療養所などの施設整備が計画された。このうち交通関係は、台南州と嘉義州で阿里山と新高

山間の3.5里の自動車道路の整備である。完成後は児玉山針葉樹林から楠梓仙渓を経て新高主山まで車でわずか10分となり、嘉義からはさまざまな観光団体が出発し、往復にわずか２日を要するだけになり登山客にとっては、非常に便利となった。阿里山から新高主山までの７里11町のうち約２里は車で移動でき残りの５里10町は登山が可能となったのである⁽⁸⁹⁾。

阿里山・新高登山道の第１期道路工事は、横光吉規知事の視察を経て実施計画が策定され工事が始められた。営林所の方面では、事業区域の拡大に伴い木材輸送のための鉄道の延伸が必要となり、1931年度には眠月から内陸部まで約20町を延長する予定であった。1932年度に鹿林山の最初の鞍部まで延長された。この際、台南州は自動車道路を別ルートで開拓せず、並行ルートを推進し多額の資金を節約し、11月７日に着工、1933年３月16日に開通式が行われた。

1932年３月27日から４月30日、つまり花見の季節に、営林所嘉義出張所は観光客誘致のため特別に花見列車を増発した。阿里山線は、1933年５月21日から嘉義—竹崎間14.2キロメートルに５つの駅を新設し、定員35人乗りのガソリン車を１日２便増便し、旅客の増加に対応した。その結果、蒸気機関車が煤煙を排出するのに比べてガソリン車は大いに歓迎され、1934年１月16日に１輌を加え、交互運転を開始した。ガソリン車の使用と拡大は、阿里山鉄道の旅客事業における営林所の重要な投資であった。1938年３月22日の『台湾日日新報』は、「20日、21日桜の招きに応じて阿里山へと殺到する観桜客約300名を乗せた普通並びに臨時列車は何れも超満員、無蓋貨物車に迄溢れる程の賑やかさで20日午後４時、５時夫々阿里山着、その為旅館とも満員室で収容しきれぬ……」と人気の高さを報道していた。観光客を増やす営林局の策が功を奏したのである。

列車は阿里山を出発し第一分水嶺（児玉山）まで登山者を運び、第一分水嶺から第二分水嶺までの距離は約２哩で、距離の約半分は危険路を占めていたが、児玉山第二分水嶺から鹿林山麓の塔塔加の自動車道路はすでに開通していた。営林所は1933年末に鉄道接続を実現させ、1934年４月から台南市に住む新高登山客は２日で新高主山の頂上まで往復できるようになった。台南発午前６時８分発の電車で嘉義に行き、阿里山線で阿里山まで行き、支線

で第二分水嶺まで行き、第二分水嶺からバスで鹿林山に行き、午後４時頃に到着する。ここから徒歩で新高下まで行き、そこで一晩過ごし、翌朝主山の頂上に向かい、その日の日中に南に下山することができる。つまりこれまでの登山スケジュールに費やされていた時間が半分になり、新高地登山客にとって大きな恩恵となった(97)。

　さらに台南州の土木事業において一時的に未解決の課題となっていた阿里山と祝山間の４キロメートルの登山道路計画は、1933年９月６日に台南州の土木課員によって現地測量され、幅５メートルの自動車道路が作られ1934年５月３日に完成し、阿里山の多くの登山者は利便性を享受することになった(98)。台南州当局はただちに国立公園予定区域である阿里山と塔山への調査道路を開設した。山の地勢や地形が険しく、困難な工事であったため直接対応することになり、藤澤正蔵技手が現場主任となり、1935年10月に完成した(99)。また、玉山や阿里山への登山を容易にするため、台南州は1934年１月に9,000円を投じて鹿林山の麓に壮麗な鹿林山荘（標高2,881メートル）を建設し、７月10日に完成した。総面積81坪の阿里山産紅檜無垢材の和風バンガローで客室、食堂、管理人室、東南西側三面に廊下を設け百人が宿泊可能で、多くの登山客に愛された(100)。

　その後、1935年の一大イベントである台湾博覧会を歓迎するため、営林所嘉義出張所は博覧会を宣伝の機会とし、観光客の利便性を考慮して阿里山線の時刻表を改定し、（博覧会は10月10日から11月28日まで）２列車の運行を始めた。１本目は児玉山前の第二分水嶺（観光塔塔加付近）まで行き、２本目は阿里山へ向かい、それぞれの乗客の需要に応えた(101)。

　前述した1920年代後半から1930年代初頭にかけての鉄道や道路の新設・改良の流れの中で、阿里山を訪れる観光客数も増加し、新たな成功を収めた。営林所嘉義出張所では、阿里山鉄道の運営にあたり、機関車や客車の改良（ガソリン車の運行を含む）、ダイヤの調整、花見列車の運行などの観光客への配慮を強め、旅客輸送を積極的に運用している。例えば、年始の休日は、必然的に新高や阿里山への観光客は急増する。しかしかつての登山鉄道は、運転時間を考慮しておらず、１泊２日の旅では阿里山の大自然を満喫することは困難であった。改定された時刻表は1935年初めに施行され、観光客は児

玉方面を観賞し遠くに新高主峰を望んだ後、午前2時41分の列車に乗車し下山することができる。[102] 1936年5月、阿里山国立公園協会は新高登山道沿いに休憩所、トイレ、新高下貯水施設などの建設を計画し、嘉義市内の飲食店や旅館からの寄付を募り、観光施設の向上を図った。[103]

〈2〉旅客と貨物の交通量の分析

1930年代までに、台湾全土を観光する人の数は大幅に増加し、旅行団体の規模も大きくなった。台湾旅行倶楽部は1935年6月に設立された旅行団体を支援する組織で、その事務所は鉄道部内に置き、旅行企画の指導と団体旅行の奨励を目的として各主要駅に支部を設置した。[104] 各駅長の努力によって、旅行に関心を持つ人々がさらに増えた。**表7**からわかるように、旅行倶楽部は1936年にさまざまな主催ツアーに優れた成績を収め、参加者数は計45,374名で、なかでも北港参詣団の参加者が最も多く56%を占め、第2位は都市産業視察および景勝地訪問団で31%を占めていた。阿里山を訪れる人は景勝地探勝団や全島一周遊覧に参加している。鉄道部発行の1941年版『台湾鉄道旅行案内』には「台湾一周（島一周17日間）」、「台湾一週間」、「台湾10日間」などの旅程が掲載され、神木、阿里山は日程に必ず組み込まれていた。[105]

表7　1936年度旅行倶楽部旅行団体の成績表

（単位：件／人／円）

項　別	類　別					
	北港参拝団	海水浴団	納涼観月団	環島遊覧団	各都市産業視察及名勝探訪団	合　計
件　　数	124	36	6	35	242	443
人　　員	25,230	3,926	1,108	851	14,259	45,374
鉄道部収入	98,257.2	3,979.9	1,034.3	7,206.2	23,326.5	133,804.0

出典：「昭和11年度の客車数入に就て」、『台湾鉄道』第299号、1937年5月、5頁。

これまで述べてきたように、阿里山森林鉄道の開発の初期段階では、主に材木の輸送に重点が置かれていた。1920年、沿線住民や樵らの建議で管理部門は材木運搬車の後ろに客車を連結し、それは「便乗列車」（混合列車）と呼ばれ、普通列車として運行し、偶数日に上山し、奇数日に下山し、所要

時間は6時間30分を要していた。その後、登山客の便宜を図るため「便乗列車」は、連日往復運行され、必要に応じて列車が増発された。

　1926年11月、阿里山から新高山への登山道が完成すると、台南の登山団体の間に登山熱が生れ、登山者は徐々に増加した。第二高等女学校は登山計画を立て、他の団体も年末年始の休みを利用して登山を計画した。また1928年に蕃地へ足を踏み入れるのに必要であった許可制度が廃止され、阿里山への入山が便利になり、人々は徐々に旅の楽しさを味わうようになり、人が押し寄せるようになった。新高山の登山者に加えて、もともと日本人の郷愁を和らげるために植えられた桜には、花見客や修学旅行の学生が集まり、営林所に圧力を感じさせた。1924年に鉄道乗車登山者は6,657人で、わずか2年間で10,444人に増加し、嘉義製材工廠の訪問客も12,245人に達し、そのほとんどが小中学校以上の生徒であった。その後、阿里山の登山者数は1万人程で推移したが、1926年11月の阿里山の新高登山道路の開通と1933年3月の自動車道路の開通により、新高登山者数は大幅に増加した。1933年には1929年の3.4倍、10,352人に達した（**表8、表9**参照）。

　曽山毅の研究は次のように指摘している。「1930年代、阿里山は一般に標準的な旅程に含まれる代表的な観光地であると考えられていた。1937年に新しく阿里山国立公園に選ばれてからは、阿里山は代表的な観光地になった。しかし年間の観光客数は最大でも1万人程度で主要な観光地の水準には程遠いことは否めない。」『台湾日日新報』の報道によると台湾万博開催前年の1934年、乗客数は3万7000人、収入は3万3357円で阿里山線の経営の大部分を占めていた。曽山の推計数からかけ離れた統計と言える。しかもこの数字には、自動車専用道路の完成後に鉄道に頼ら

表8　阿里山と新高山の登山者数一覧表
　　　（1929－1933年）

年　度	項　別	
	阿里山登山人数 （人）	新高山登山人数 （人）
1929	9,645	279
1930	10,129	486
1931	9,171	337
1932	10,906	404
1933	10,352	942
合計	50,203	2,451

出典：「阿里山登山者数」、『台湾日日新報』、1927年1
　　　月28日、第2版；「阿里新高　過去5年間登山者
　　　数」、『台湾日日新報』、1934年7月14日、第4版。

表9　阿里山森林鉄道の歴年旅客・貨物運営運行一覧（1920－1941）

年度	路線の距離（キロ）	駅数	運輸数量（人／トン／キロ）			運輸収入（円）		
			乗客	貨物	荷物	旅客	貨物	合計
1920	77.6	17	136,958	27,385	93,159	32,534	48,289	80,823
1921	71.0	17	119,904	9,107	89,473	31,549	62,652	94,201
1922	71.0	15	107,687	13,489	92,264	29,542	70,597	100,139
1923	71.0	17	114,201	18,898	87,228	30,566	96,245	126,811
1924	71.0	17	117,460	17,360	89,396	31,177	77,442	108,618
1925	71.0	17	152,611	55,282	82,076	37,818	99,989	137,807
1926	111.8	18	166,435	19,693	82,512	40,430	103,606	144,036
1927	77.7	18	192,615	19,725	104,450	45,397	87,542	132,940
1928	77.7	18	159,955	20,062	131,091	68,344	87,942	156,286
1929	77.7	18	145,787	20,092	155,224	69,165	104,143	173,308
1930	77.7	18	120,120	15,737	144,484	62,609	64,213	126,822
1931	77.7	18	109,978	14,272	116,548	51,580	44,525	96,106
1932	83.5	19	128,957	18,477	120,065	58,488	49,521	108,010
1933	83.6	19	175,857	13,809	104,485	66,957	46,806	113,763
1934	79.9	19	163,844	31,891	92,955	67,275	58,270	125,545
1935	82.6	23	159,486	18,303	87,076	69,623	60,973	130,596
1936	82.6	23	141,243	25,305	89,952	69,886	89,750	159,635
1937	82.6	23	120,646	20,769	87,892	59,676	96,637	156,313
1938	82.6	23	123,338	41,922	68,553	91,873	115,577	207,450
1939	82.6	23	162,320	30,190	46,538	110,654	109,867	220,521
1940	82.6	23	194,325	23,333	58,095	120,736	109,686	230,422
1941	82.6	23	217,350	27,609	55,783	111,309	133,622	244,931

出典：台湾総督府、『台湾総督府統計書』第24－46各年度（台北：該府、1922－1941年）；台湾省
　　　行政長官公署統計室、『台湾省51年来統計提要』（台北：台湾省行政長官公署統計室、1946年）、
　　　1173－1174頁。
注1：1926年の路線延長は111.8キロメートルで、これは当時官方が定義した阿里山線の各区間に
　　　よるものと同じではない。『台湾総督府統計書』によると、1925年の阿里山線は嘉義から沼
　　　平、1926年には嘉義から眠月を指す。
注2：1942年度から営林所管轄の阿里山、羅東、八仙山各鉄道は台湾拓殖株式会社に移管された。

ずに観光に行く観光客は含まれていない。

　阿里山森林鉄道の旅客と貨物の長年の運営を見ると（**表９参照・前頁**）、1941年の全体の運輸収入は1920年の３倍になり、1931年には旅客収入51,580円が貨物収入の44,525円を初めて上回り、それぞれ収益の54％と46％を占めた。1931年から1941年までの11年間では、旅客輸送収入が貨物輸送収入を上回った期間は７年間で、旅客輸送の重要性が徐々に貨物輸送よりも高まってきていることがわかる。両者の差はそれほど大きくないが、営森所が阿里山鉄道を運営する目的と方策の変化が営業収益に如実に反映され、大きな変化をもたらしていた。旅客と貨物量をみると、1941年と1920年の貨物量には大きな差はなかったが、旅客量は約1.6倍に成長した。1939年１月５日の『台湾日日新報』でも阿里山鉄道の切符を手に入れるのが困難であった、と次のように報道している。

> 嘉義駅に於ける上り下り列車は、２等列車まで超満員の盛況を呈し全く乗車券の発行が出来ず１日より３日間の総収入は１万3,939円の新記録を作り就中２日の阿里山線収入は347円之は新春登山客が激増した……[113]

　注目に値するのは、羅東森林鉄道と八仙山鉄道も材木輸送を主な目的とし、日本統治時代には長期にわたり、貨物輸送量が旅客輸送量をはるかに上回る貨物主導の産業鉄道であったが[114]、この２路線には阿里山鉄道のような変化が見られないのである。鉄道部の縦貫線（基隆－高雄線は1908年に開通）を例にとると、1907年から1918年までの11年間は貨物収入が旅客収入を上回っていたが、1919年以降は旅客収入が逆転し、鉄道運営が主体となった[115]。旅客と貨物の構造の変化は、縦貫線のような一般的な鉄道ではなお理解できる。阿里山鉄道のような産業鉄道の変化はより特殊であり、経営方針の変更によって引き起こされたはずである。もし戦況が観光活動を抑制していなければ、観光鉄道と旅客輸送の強化の方向性と有効性はより明確になっていただろうと思われる。

　戦時動員下では、旅客輸送業務に要する人員を節約するため、1938年末から団体旅行割引の廃止が検討された[116]。1940年４月、観光係には当初運輸課旅客係に属していた「鉄道旅館に関する事務」業務が加えられた。しかし1941年10月、鉄道部は観光係を廃止し、すべての業務を旅客係に移管し「観

光客の接待」業務も廃止した。⁽¹¹⁷⁾つまり戦時動員のもとで、鉄道部は1941年10月以降、政策的に観光目的の旅行者を奨励しなくなったのである。1943年、地方から中央まで戦時動員によって旅行を控える宣伝と取り締まりが行なわれた。日本国内でも国鉄当局も内務省警保局と連携し、特に年末年始の輸送繁忙期に旅行仲業者の監督、取り締まりを強化し観光旅行を抑制し、「国鉄」の「重点輸送」を強化した。⁽¹¹⁸⁾

おわりに

　日本統治時代には多くの人が阿里山を探検、調査測量を行っていたが、経営上の観点から見るならば、1899年5月に台南州技手の小池三九郎が行った専門調査が阿里山の森林経営の第一歩といえる。1909年に林学博士河合鈰太郎が著した『阿里山森林経営費参考書』は、林業専門家による阿里山森林経営の充実した分析報告書であり、阿里山鉄道建設の主な目的が「森林資源の管理」と「理蕃及び蕃地の開発」にあると定義している。

　阿里山は当初、台湾総督府の直轄事業として運営される予定であったが、日露戦争の勃発と政府の財政難により、1906年2月に経営権は合弁会社藤田組に譲渡された。しかし、藤田組が開発に取り組んだ結果、総督が阿里山森林開発の難度を過少評価し鉄道建設費が見積をはるかに上回り、森林の貯蓄面積が高く見積もられていたことが判明した。1908年1月、藤田組は阿里山の経営を放棄し、1910年2月帝国議会は、総督が阿里山を官営で運営することを承認した。しかし政府陣営も同じ問題と課題に直面しなければならなかった。

　阿里山作業所の時代には鉄道部が阿里山鉄道経営に影響力を持っていたが、営林局・営林所時代には林業・林政官僚が主導し、林業関連の産業鉄道の位置づけと性格が明確になった。経営実績の点では、太平山や八仙山と比較して阿里山作業地の経営は生産コストの面で優位性を失いつつあった。伐採事業の収支に、設立時の固定資本の償還や利息を含めると、1935年まで伐採事業は採算が取れず、それ以降の利益は極めてわずかなものとなる。営林所は鉄道の延伸によって伐採面積を拡大し、木材の伐採量を増やすことを考え

たが効果は出せなかった。その結果、阿里山は経営成績の悪さや施設が大きすぎることで批判を集めた。

1920年代後期から1930年代にかけて、阿里山は単なる林業地帯であるだけでなく台湾の有名な観光地として「国立公園候補地」にも選ばれ、観光地としての役割が強まり、伐採事業の困難を解決する手段となった。外部の環境と潮流が大きな後押しとなったことは注目に値する。台湾では、観光資源の整備・強化と密接に関係していた史蹟、名勝・天然記念物に関する法令及び調査・保存などの施策は、日本国内よりもかなり遅れて制定された。阿里山は、1つの景勝地と4つの天然記念物が指定され、1927年の「台湾八景」投票運動の4つの重要審査項目に該当し、第4位の得票を得て八景に選ばれた。

鉄道運営の方向性に影響する1つの要因は、国立公園の指定である。代表的な林業専門家である田村毅と青木繁は、阿里山経営の発展方向の1つが国立公園の設立であるという点で一致していた。阿里山の国立公園への発展を背景にして、台湾山林協会や渡部慶之進鉄道部長ら有識者も阿里山鉄道の経営方向に対する期待と改変を行った。この方向性はまさに営林所が困難を乗り越えようとする努力の方向性を示していた。営業線であっても、資材輸送専用線であっても、観光や地域発展の促進が期待される。この頃、1930年代の台湾では陸・海・空の交通機関間の複合交通事業が徐々に成熟しつつあり、日本と台湾は阿里山を観光地に指定するなど、利便性の高い旅行券を相次いで発行した。1937年には鉄道運輸課に「観光係」も正式に設置され、観光資源の調査・開発、観光施設の管理・促進、観光事業の宣伝、観光客の受け入れ業務などを担当した。さまざまな運賃優遇措置の企画がだされ1930年代を通じて観光活動が急速に発展した。

阿里山鉄道は、鉄道部に従って旅客運賃の優遇計画を実施することに加え、阿里山周辺の交通の向上も行っていたことは重要である。1920年代後半から1930年代にかけて営林所は、阿里山鉄道を新高山まで延伸し機関車や客車の改良やガソリン車の運行と列車の時刻改正、客車連結の増設、花見列車の運行などに力を注いだ。台南州は、新高登山道と自動車道路の新設を重要事業と位置付けて、待望の阿里山―祝山間の登山道路を完成させた。各種の

施設の発達により阿里山鉄道の乗客数は大幅に増加し、1931年から1941年までの間、7 カ年で旅客収入が貨物収入を上回り、徐々に旅客輸送が貨物よりも重要になってきた。この変化は阿里山鉄道のような産業鉄道には極めて特殊で、営林所の「観光鉄道」と「旅客輸送の強化」という経営方針が成果を上げていることを示していた。1941年の運輸収入は1920年の 3 倍となり、全体的な運行状況の改善に大きく貢献した。しかし、1940年代の観光業は急速に衰退することになる。1941年10月には鉄道部は観光係を廃止した。もし戦争の時局に遭遇しなければ、阿里山鉄道の「観光鉄道」としての役割は、さらに急速かつ大きく強化されたであろうと思われる。

[注]
(1) 林務局嘉義林区管理処、『阿里山森林鉄路之沿革概要表』（嘉義：該処、1998年）、1−3頁。
(2) 李文良、『帝国的山林――日治時期台湾山林政策史研究』（台北：国立台湾大学歴史研究所博士論文、2001年）。
(3) 洪廣冀、「林学、資本主義與辺区統治：日治時期林野調査與整理事業的再思考」、『台湾史研究』11巻 3 期（2004年12月）、77−144頁。
(4) 張家編、『植樹之道：日治時期台湾樟樹造林事業及其学術研究』（台北：国立台湾師範大学歴史学系博士論文、2006年）。
(5) 呉仁傑、『阿里山森林鉄道経営之研究（1986−1916）』（嘉義県：国立中正大学歴史研究所修士論文、1999年）。
(6) 呉政憲、『檜林、温泉、鉄線橋：近代八仙山林場的成立與旅行書写（1910−1930）』（台北：稲郷出版社、2018年）、1−438頁。
(7) 呉永華、『台湾歴史紀念物：日治時期台湾史蹟名勝與天然紀念物的故事』（台中：晨星出版社、2000年）、1−340頁；李国玄「日治時期台湾近代博物学発展與文化資産保存運動之研究」（桃園：中原大学建築学系修士論文、2006年）、1−15−4。
(8) 呉兆宗、「昭和 2 年台湾八景募集活動及其影響」（彰化：国立彰化師範大学歴史学研究所修士論文、2012年）、1−133頁。
(9) 唐伯良、「日治時期台湾国立公園的設置與角色賦與」（台北：国立政治大学台湾史研究所修士論文、2015年）、1−133頁。
(10) 台湾総督府営林所嘉義出張所、『阿里山年表』（嘉義：台湾総督府営林所嘉義出張所）、1935年11月、1−4頁。
(11) 齊藤は、後に朝鮮総督府林業技師、日本農商工省山林課長となる。人事興信所編『人事興信録』（東京：人事興信所）、1915年 1 月、34頁。
(12) 「台南県技手小池三九郎台南賺技師ニ敘任」（1901−10−23）、「明治三十四年台

湾総督府公文類纂永久保存進退追加第十三巻官規官職」、『台湾総督府档案・総督府公文類纂』、国史館台湾文献館、典蔵号：00000695006

(13) 前掲『阿里山年表』、5頁。

(14) 「技手小笠原富次郎台南県下阿里山森林調査復命ノ件」（1900－11－13）、「明治三十三年台湾総督府公文類纂永久保存追加第二十一巻土地家屋設寺軍事警察監獄殖産」、『台湾総督府档案．総督府公文類纂』、国史館台湾文献館、典蔵号：00000545018；呉明勇、「日治時期台湾総督府阿里山作業所建立之歴史考察（1910－1915）——以官制、分課規程與人事結構為中心」、『人文研究期刊』9期（2011年12月）、81－134頁。

(15) 新元鹿之助、『阿里山鉄道』（台北：台湾日日新報社、1913年）、1－2頁。

(16) 呉仁傑、前掲書、16頁。

(17) 「河合鈰太郎ボスニヤ、ヘルツエゴウイナ殖民地調査ニ関スル事務嘱託ス」（1903－04－09）、「明治三十六年台湾総督府公文類纂永久保存進退追加第一巻官規官職」、『台湾総督府档案・総督府公文類纂』、国史館台湾文献館，典蔵号：00000905030；「林学博士河合鈰太郎嘱託ニ関スルノ件」（1903－07－15）、「明治三十六年台湾総督府公文類纂永久保存進退追加第十一巻官規官職」、『台湾総督府档案．総督府公文類纂』、国史館台湾文献館、典蔵号：00000915033。

(18) 「林学博士河合鈰太郎ニ営林ニ関スル事務嘱託ノ件」（1906－09－07）、「明治三十九年台湾総督府公文類纂永久保存進退第八巻秘書」、『台湾総督府档案・総督府公文類纂』、国史館台湾文献館、典蔵号：00001229077。

(19) 「大学教授河合鈰太郎阿里山作業所技師兼任ノ件」（1910－05－01）、「明治四十三年台湾総督府公文類纂永久保存進退（高）第五巻秘書」、『台湾総督府档案・総督府公文類纂』、国史館台湾文献館、典蔵号：00001711004。

(20) 「嘱託河合鈰太郎（外八名）（阿里山森林経営功労者、賞与）」（1913－03－01）、「大正二年台湾総督府公文類纂永久保存進退（判）第三巻乙秘書」、『台湾総督府档案・総督府公文類纂』、国史館台湾文献館，典蔵号：00002188095X001；「阿里山森林経営ニ従事シ功労アリタル職員賞与〔阿里山作業所書記岡本証吉郎以下〕」（1913－03－01）、「大正二年台湾総督府公文類纂永久保存進退（判）第三巻乙秘書」、『台湾総督府档案・総督府公文類纂』、国史館台湾文献館、典蔵号：00002188105。

(21) 河合鈰太郎、『阿里山森林経営費参考書』（出版地不詳、1909年）、1－9頁。

(22) 同上、17－18頁。

(23) 桃園軌道株式会社、『第二回営業報告書』1920年下半期、20－22頁（会社資料未出版）。

(24) 蔡龍保、「日本殖民地下の台湾人企業－桃崁軽便鉄道会社を例に」檜山幸夫編『帝国日本の展開と台湾』（東京：創泉堂出版，2011年4月）、385－439頁。

(25) 蔡龍保、「台湾観光の聖地、阿里山森林鉄道の知られざる歴史」、『Think Asia』（霞山会、第40号）、2020年6月、1－2頁。

(26) 蔡龍保、「進藤熊之助與日治初期的台湾鉄路」、『台湾博物季刊』第30巻第1期、2011年3月、51頁。

(27) 前掲「台湾観光の聖地、阿里山森林鉄道の知られざる歴史」、4－5頁。

(28) 同上、5－6頁。

(29) 台湾総督府営林所、『営林事業一覧』（台北：該所）、1939年12月、3－6頁。

(30) 大石浩、「本島の官営斫伐事業」、『台湾の山林』124号、1936年7月、92頁。

(31) 同上、95－100頁。

(32) 同上、105頁。

(33) 同上、105－107頁。

(34) 同上、107－108頁。

(35) 黄士娟、黄俊銘、『重要文化景観「阿里山林業暨鉄道文化景観」保存及管理原則暨保存維護計画　修正期初報告書』（台北：国立台北芸術大学建築與文化資産研究所、2012年）、141頁。

(36) 台湾総督府営林所、『営林所の事業』（台北：台湾総督府営林所）、1939年。

(37) 黄俊銘、黄士娟、『阿里山鉄道文化景観基礎調査研究及保存維護計画案──基礎調査研究篇』（桃園：中原大学文化資産保存研究中心、2014年）、193－194頁。

(38) 杉山靖憲、『台湾名勝旧蹟誌』（台北：台湾総督府、1916年）、309－311頁。

(39) 台南州、『台南州史蹟名勝』（台南：台湾日日新報社台南支局，1923年）、48－55頁。

(40) 内務局地方課、『本島史蹟名勝天然紀念物概況』（台北：該課、1930年）、3－11頁。

(41) 同上、10－12頁。

(42) 「史蹟名勝天然紀念物両調査部会」、『台湾日日新報』、1932年2月7日、7版。

(43) 「史蹟史勝天然紀念物指定」（1933－11－26）、「昭和8年11月台湾総督府報第1966期」、『台湾総督府（官）報』、国史館台湾文献館、典蔵号：0071031966a003；「史蹟名勝天然紀念物指定」（1935－12－05）、「昭和10年12月台湾総督府報第2557期」、『台湾総督府（官）報』、国史館台湾文献館、典蔵号：0071032557a001；「史蹟及天然紀念物竝ニ管理者指定」（1941－06－14）、「昭和16年6月台湾総督府報第4214期」、『台湾総督府（官）報』、国史館台湾文献館、典蔵号：0071034214a001。

(44) 呉兆宗、「昭和2年台湾八景募集活動及其影響」、12頁。

(45) 前掲『重要文化景観「阿里山林業暨鉄道文化景観」保存及管理原則暨保存維護計画　修正期初報告書』、148頁。

(46) 「台湾八景審査規定」、『台湾日日新報』、1927年8月27日、第1版。

(47) 「新高の霊峰　阿里山森林　陳有蘭溪の神祕境を取入た　一大国立公園　其施設経営に関する（一）田村博士の一大抱負」、『台湾日日新報』、1928年3月9日、第3版。

(48) 田村剛、『阿里山風景調査書』（台北：台湾総督府営林所、1930年）、22、25頁。

(49) 青木繁、『所謂国立公園と阿里山の将来』（出版地不詳、1928年）、7頁。

(50) 「新高の霊峰　阿里山森林　陳有蘭溪の神祕境を取入た　一大国立公園　其施設経営に関する（四）田村博士の一大抱負」、『台湾日日新報』、1928年3月13日、第3版。

(51) 台湾新民報社、『台湾人士鑑』（台北：該社、1937年）、3頁。

(52) 前掲『所謂国立公園と阿里山の将来』、8－14頁。

(53) 前掲「日治時期台湾国立公園的設置與角色賦與」、41－50頁。

(54) 1尺＝30センチ。

(55) 1町歩＝9917.36平方メートル。

(56) 1哩＝1609メートル。

(57) 前掲『阿里山年表』、46頁。

(58) 唐伯良、「日治時期台湾国立公園的設置與角色賦與」、37－38頁。

(59) 同上、50－53頁。

(60) 「保育與観光　従国立公園到国家公園」、『档案奨活情報』141期（2019年3月18日）、3頁。

(61) 台湾山林会、『台湾の林業』（台北：該会、1938年）、86－87頁。

(62) 渡部慶之進、『台湾鉄道読本』（東京：春秋社、1939年）、145頁。

(63) 蔡龍保、『推動時代的巨輪：日治中期的台湾国有鉄路（1910－1936）』（台北：台湾古籍、2004年）、249頁。

(64) 台湾総督府交通局鉄道部、『台湾鉄道旅行案内』（台北：該部、1932年）、332頁。

(65) 「遊覧券や寝台券が　内台双方で買へる」、『台湾日日新報』、1934年9月16日、第2版；「自台湾向内鮮満遊覧券発行可決」、『台湾日日新報』、1934年10月28日、第4版。

(66) 曽山毅、「台湾八景と植民地台湾の観光」、『立教大学観光学部紀要』5号（2003年3月）、73頁。

(67) 日本旅行協会台湾支部、『台湾鉄道旅行案内』（台北：台湾日日新報社、1935年）、16頁。

(68) 蔡龍保、「日治時期台湾国有鉄路與観光業的発展」『台北文献』（直字第142期、2002年12月）、69－86頁。

(69) 羽生南峰、「台湾観光事業の促進を望む」、『交通時代』7巻6号（1936年6月）、73頁。

(70) 柴山義雄、「観光事業鉄道部主管の誘因」、『台湾鉄道』302号（1937年8月）、15－18頁。

(71) 柴山義雄、「観光係を繞りて」、『運輸通報』13号（1937年9月）、10－11頁。

(72) 前掲「観光事業鉄道部主管の誘因」、19－20頁。

(73) 前掲「日治時期台湾国有鉄路與観光業的発展」、74－75頁。

(74) 台湾総督府鉄道部、『台湾総督府鉄道部第二十六年報』（台北：該部、1925年）、37頁。

(75) 「台湾八景十二勝への遊覧者に対し二等乗車賃も割引　詳細は鉄道部へ問合されよ」、『台湾日日新報』、1927年12月30日、第2版。

(76) 「阿里山塔山名花将開　鉄道運賃費降減」、『台湾日日新報』、1931年2月25日、第4版。

(77) 「嘉義のほこり　阿里山登山鉄道」、『台湾日日新報』、1926年1月1日、第35版。

(78) 「連絡鉄道実地踏査」、『台湾日日新報』、1925年11月16日、第4版。

(79) 「台南の三大事業　理想の実現は　遠い〳〵三十年後」、『台湾日日新報』、1926

年1月1日、第23版。

(80) 「新高登山道路　開鑿工程」、『台湾日日新報』、1926年11月1日、第4版。

(81) 「新高開鑿道路　将挙開通式」、『台湾日日新報』、1926年11月11日、第4版；「阿里山と新高山を結ぶ道路の開通式に臨んで（一）」、『台湾日日新報』、1926年11月22日、第3版。

(82) 「阿里山と新高山を結ぶ道路の開通式に臨んで（三）」、『台湾日日新報』、1926年11月28日、第3版。

(83) 「子供や婦人も登れる様に　新高登山道路の補修」、『台湾日日新報』、1931年1月3日、第5版。

(84) 「阿里山へ急行列車が近く運転される　旅行者のよろこび」、『台湾日日新報』、1926年5月8日、第5版；「阿里山列車改善　登山者の利便を図る」、『台湾日日新報』、1927年1月28日、第2版。

(85) 初日、嘉義駅から乗車した者、3等車10人、2等車1人。「阿里山登山列車連絡第一日の嘉義駅成績」、『台湾日日新報』、1927年4月2日、第5版。

(86) 「阿里山列車　時間改正」、『台湾日日新報』、1928年6月5日、第2版。

(87) 「阿里山国立公園　各種施設計画就緒　本年開鑿道路工費二萬圓」、『台湾日日新報』、1931年12月27日、第4版。

(88) 1里＝36町＝3.93キロメートル（約4キロメートル）。

(89) 「新高登山自動車道路　開鑿作業を見る（終）」、『台湾日日新報』、1932年12月17日、第3版。

(90) 「新高登山が自動車で出来る　営林所の鉄道延長と相待って」、『台湾日日新報』、1931年12月10日、第3版。

(91) 「新高登山自動車道路　開鑿作業を見る（一）」、『台湾日日新報』、1932年12月9日、第3版。

(92) 「高山観測所は十五日に開所式」、『台湾日日新報』、1933年3月12日、第2版。

(93) 「阿里山行きの　観桜列車　けふから増発」、『台湾日日新報』、1932年3月27日、第3版。

(94) 「嘉義／運汽動車〉、『台湾日日新報』、1933年5月10日、第8版；「嘉義／増発列車」、『台湾日日新報』、1933年5月24日、第4版。

(95) 「評判のよい　ガソリンカー」、『台湾日日新報』、1934年1月18日、第3版。

(96) 「春醐の吉野桜に　観桜登山客は恍惚　臨時列車も超満員で　阿里山一帯は大賑ひ』、『台湾日日新報』、1938年3月22日、第5版。

(97) 「往復二日間で新高登山が出来る　営林所線が完成すれば」、『台湾日日新報』、1933年3月30日、第3版。

(98) 「阿里山、祝山間　自動車道路を開鑿」、『台湾日日新報』、1933年8月10日、第3版；「阿里山一帯　道路開鑿　按三萬余圓」、『台湾日日新報』、1933年9月9日、第4版；「阿里山の名勝　祝山の登山道路　五日竣功検査を終わる　是から登山者もらく」、『台湾日日新報』、1934年5月10日、第3版。

(99) 「阿里山塔山　探勝道路工事直営」、『台湾日日新報』、1935年9月29日、第12版。

(100) 蔡龍保、「梅澤捨次郎の台湾での活躍――戦前期1910年代における工手学校卒

業生の海外活動の一事例」、『NICHE　工学院大学建築系学科同窓会誌』36期（2013年3月）、66−73頁。

(101)　「観光客誘致のため　阿里山線時間変更　観光登山者の便を図り　十月から二列車運転」、『台湾日日新報』、1935年8月21日、第9版；「阿里山線の二列車運転　最後の協議を　遂ぐ」、『台湾日日新報』、1935年8月30日、第2版。

(102)　「阿里山鉄道　考慮登山客　改正時間」、『台湾日日新報』、1934年12月16日、第12版。

(103)　「新高道路沿線の休憩所近く着工　工費は市民が寄附」、『台湾日日新報』、1936年5月14日、第2版。

(104)　「本島官営事業の双璧」、『台湾経済往来』第6輯（1936年9月）、23頁。

(105)　呉兆宗、「昭和2年台湾八景募集活動及其影響」、95−96頁。

(106)　前掲『阿里山森林鉄路之沿革概要表』、1頁。

(107)　前掲『営林事業一覧』、37頁。

(108)　「新道路から新高登山を企画する者漸く増加」、『台湾日日新報』、1926年11月24日、第2版。

(109)　蕃地に入るには、嘉義群警察課で許可証の申請が必要である。警察の護衛を希望する場合は、群役所に申請して手続きを行い、手数料20銭が必要となる。台湾総督府営林所、『阿里山登山者のために』（台北：該所、1927年）、50頁。

(110)　「阿里山登山者数」、『台湾日日新報』、1927年1月28日、第2版。

(111)　曽山毅、『植民地台湾と近代ツーリズム』、青弓社、2003年、219頁。

(112)　「観光客誘致のため　阿里山線時間変更　観光登山者の便を図り　十月から二列車運転」、『台湾日日新報』、1935年8月21日、第9版。

(113)　「上り下りの列車超満員　阿里山線も賑ふ」、『台湾日日新報』、1939年1月5日、第11版。

(114)　台湾省行長官公署統計室、『台湾省五十一年来統計提要』、1174頁。

(115)　林淑華、「日治前期台湾縦貫鉄路之研究（1895−1920）」、104頁。

(116)　「遊覧団体客の割引廃止か」、『台湾日日新報』、1938年10月23日、第7版。

(117)　台湾総督府交通局鉄道部、『台湾総督府交通局鉄道部職員録』（台北：該部、1940年）、附録5−6頁；同上（1941年）、附録5−6頁。

(118)　「旅行も見合せよう　嘉義年末年始決戦態制」、『台湾日日新報』、1943年12月7日、第4版；「国鉄遊覧旅行を抑制　旅行幹旋業者の取締強化」、『台湾日日新報』、1943年12月17日、第3版。

付記：本論文は「由森林鉄路到観光鉄路 日治時期阿里山鉄路経営策略之転変（1896−1945）」、『地理学報』第105期（2023年8月）を加筆修正したものである。資料収集の際、黄士娟副教授、陳柏良先生の協力を得た。「檔案裡的軌道顕影—阿里山林業暨鉄路図書文献」、「東亜近現代史中的変遷、対抗、融合——従歴史、教育、産業、経済的視角」研討会では、李文良教授、鄭麗玲教授から貴重な意見をいただくことができた。また投稿時には、査読者及び主編者に意見をいただいた。お礼を申し上げる。

台中軽鉄(株)の経営分析
——軌道・鉄道・自動車

林　采成

立教大学経済学部教授

はじめに

　台中軽鉄株式会社は台中を地域基盤として1918年に設立され、人力を動力とする軌道事業を行い、それなりに経営安定性を達成してきたが、1923年より鉄道の敷設を始め、さらなる事業の拡大を図った。とはいえ、鉄道業自体は投資家への配当を保障できるほど、収益性を確保しておらず、軌道事業からの収益性に頼らざるを得なかった。鉄道事業の場合、建設費の規模が軌道業のそれより多かっただけに、一定の輸送量を確保できない限り、会社経営にとって不安定性を増していく。この傾向は台北鉄道において典型的に確認できるものの、この事情は台中軽鉄においても免れることはできなかったのである。そのため、台中軽鉄に対しても政府補助金の交付が行われ、経営を支えたものの、それは建設費を基準とするものであって、配当といった投資家の利害を直ちに保障することにはならなかった。

　さらに、主要な収入源となっていた従来の軌道事業でも、台湾島にも自動車が進出して競争力を増して鉄道や軌道への対抗手段となったため、収益性の悪化が見え始めた。台中軽鉄は他の軌道会社のように、軌道路線を廃止して自動車乗合事業やトラック運送事業への転換を模索した。こうして、台中軽鉄は鉄道、軌道、自動車からなる総合陸運会社となっていったが、このような事業の展開は製糖業者が自社の専用線を社外に開放して一般事業を行って、経営安定性が社内的に保障されていた糖業鉄道とは異なる特徴ともいえる。また、同じく純粋な私鉄会社であった台北鉄道の場合、自動車事業への

進出ができなかったこととも異なっている。[1]

　そこで、本章はこのような台中軽鉄株式会社を取り上げて、軌道事業をも念頭に入れて会社全体の事業成果を論じて植民地期台湾における私設鉄道史の多様性を抉り出すことにする。具体的にはどのような経緯で軌道事業を展開し始め、さらに鉄道事業へ進出しており、それに伴う経営実態は如何なるものであったのかを明らかにし、のちに自動車業の展開がどのような経営成果をもたらしたのかを吟味する。このような研究史上の意義にもかかわらず、既存研究では国有鉄道が中心的に検討されるなか、私設鉄道分析でも台中軽鉄の鉄道経営が取り上げられ、その成果が分析されることはなかった。

　ただし、陳家豪（2013）は台湾の私設軌道を分析し、近代企業制度への民族資本の参入が主体的に行われ、さらに自動車事業の興起にも対応し、これが戦後台湾の交通業へと再編され、中小企業の発展基盤にもなったことを明らかにしている。[2]その中で、半近代的手押し軌道が近代的蒸気鉄道への変化を成し遂げたものとして台北鉄道とともに、台中軽鉄が注目され、台中の葫蘆墩・牛罵頭・員林といった3つの軌道会社が合併されて台中軽鉄が成立したことが指摘されている。とはいうものの、台中軽鉄が全面的に分析されておらず、その経営の実態が明らかにされていない。

　そのため、本稿は台中軽鉄に関する数量統計を集計し、時系列的経営推移を捉えるとともに、関連資料を収集し、次のような構成を持ち、会社経営の実態を探ってみる。第1節において会社の設立に伴って資金調達や鉄道投資がどのように行われたのかを検討したあと、第2節においては鉄道輸送の動向を検証し、長期的特徴を指摘することにする。第3節では、経営収支の推移を分析したうえ、鉄道経営の脆弱性を補うための政府補助金が如何なるものであったかを検討し、鉄道業の展開が軌道事業や自動車事業をも行っていた台中軽鉄の経営全体にとってどのような意味を有するかを検討する。

1．会社設立と鉄道投資

　台中軽鉄株式会社は台中州下の人力軌道会社を統合することを目的として、資本金100万円をもって1918年6月に設立され、既存業者より該当路線を購

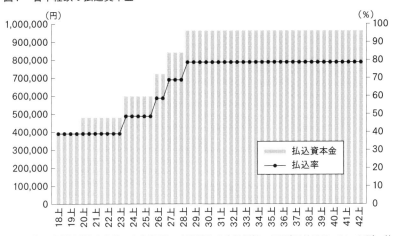

図1　台中軽鉄の払込資本金

出所：熊野城造編『本島会社の内容批判』、事業界と内容批判社、1930年2月13日、64−66頁；竹本伊一郎編『台湾株式年鑑』台湾経済研究会、1931年8月25日、213−218頁；石井禎二「私設鐵道営業線めぐり（二）」『台湾鉄道』250号、1933年4月、47−53頁；竹本伊一郎編『台湾会社年鑑』台湾経済研究会、1934年11月8日、293−294頁；台湾総督府「台湾私設鉄道補助法中改正ノ件」1939年11月10日、国立公文書館所蔵；金融之世界社編『台湾産業金融事情 産業・会社篇』1942年版、金融之世界社、1942年7月20日、75頁；千草黙仙編『会社銀行商工業者名鑑』図南協会、1942年10月27日、231−232頁。
注1：上期は1−6月、下期は7−12月。
　2：資金調達において若干の借入金があった。すべてが確認できるわけではないものの、記録上できるものを提示すれば、1918年下期5500円、29年上期500円、30年上期1000円、33年上期1997円、34年上期2120円である。

入し、軌道事業を始めた。図1のように、「株金の第一回払込額は一株に付金二十円（総額四十万円）とし」、これが1918年6月27日に払い込まれると、同月29日に40万5,000円をもって総延長67.3マイルを買収した[3]。詳しくは、葛蘆墩軽便鉄道合資会社より葛蘆墩・大茅埔間、葛蘆墩・神崗間、社口・堤雅間、葛蘆墩・土牛貯木場間の総延長20.9マイル（うち、複線7.3マイル）を21万5,000円に買収し、牛罵頭軽便鉄道株式会社よりも大肚・牛罵頭間、沙轆・桐棲間、牛罵頭・神崗間の総延長21.9マイルを8万3,000円に買上げ、さらに員林軽鉄株式会社よりも員林・鹿港間軌道外3線の総延長24.5マイルを10万7,000円に買収した。その際、5,000円の金額が不足となったため、別途5,500円の借入を為し、これに充当し、500円を運転資金とした。払込資本金と買収金がほぼ一致したことから、存続会社を置かず、新会社を設立して

合併を行う方式をとったことがわかる。

　これらの３社（1912年）を見ると、牛罵頭軽便鉄道株式会社（1908）は蔡蓮舫を社長として資本金４万円、払込２万4,000円をもって軌道事業を行っており、葫蘆墩軽便鉄道合資会社（1911）は小塩元太郎が代表社員となって資本金３万円、うち払込は２万2,000円であった。員林軽鉄株式会社（1911）は蔡恵如を社長として12万5,000円、払込５万7,500円をもって員林一帯で軌道事業を行っていた。[4]行政区域としては３つの軌道会社とも台中州に属するが、牛罵頭と葫蘆墩は烏渓以北、員林はその以南に位置し、大きく見て、路線網は２つに別れていたとみるべきであろう。さらに、路線の拡張を図り、1920年４月12日に資本金22万5,000円（4,500株）を増やし、中嘉軽鉄組合経営軌道中嘉線外１線（延長18.0マイル）を「旧株同様一株に付二十円払込済の株式を同組合に交付し」、９万円をもって買収した。[5]その結果、台中軽鉄の路線網は３つにもなったが、その内嘉義の場合、距離的にも大きく離れていたため、軌道事業上の「規模の経済」は保障できなくなったことに注意しておきたい。

　ともあれ、それに伴い、資本金は40万円から49万円となったが、払込率は依然として公称資本金を基準

図２　台中軽鉄の軌道事業における軌道キロ数、台車数と延使用台車数

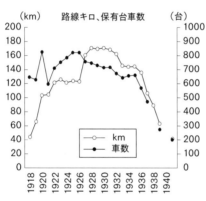

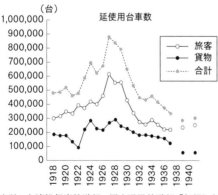

出所：台湾総督府鉄道部・同交通局鉄道部『年報』各年度版。

として40%であったことは変わらなかった。このような路線買収の結果、1918年から1920年代初頭にかけて路線が1918年の43.5キロから1923年に125.0キロへと増えており、その後伸び悩んだあと、1920年後半に増えて、1920年代末と30年代初にほぼ170キロを記録した（図２）。1930年代には軌道事業が自動車事業への転換に伴って、縮小したものの、軌道事業は1920年代までは成長し続けたとみるべきである。それに伴って延使用台車も1920年代末まで増えていき、1930年代に入ってから、減少する動きを見せている。こうして、軌道事業が1920年代には「顕実に軌道の経営を継続し来りたるもの」であったが、その一方で、新しい事業として鉄道業に参入することとなった。とはいうものの、「鉄道は会社自身経営すべく計画されたのでは」なかった。[6]

　1919年に「新見喜三氏外数氏が豊原土牛間に鉄道敷設の有利なるに着眼し之が敷設の許可を出願」[7]した。[8]この出願と関係がある否かは資料上不明であるが、1919年９月に設立された「台北鉄道によって利を得た」松村十造が「更に台中に進出して鉄道の計画をしたが、それは台中軽鉄のある以上、当局［台湾総督府鉄道部］として許さない」こととした。[9]さらに、帝国製糖も「南投線の姉妹線として計画を進め実測」を行い、出願をしたので、総督府鉄道部としては「台中軽鉄にして敷設の意志なしとせば帝国製糖に許可する」方針であった。こうして、他の業者からの鉄道敷設の出願が出るのに対し、もしこの鉄道が敷設されると、台中軽鉄の豊原・土牛間の軌道事業が打撃を受けざるを得なかった。1920年の路線別軌道収入は豊原線11万9,573円、台中線２万6,564円、清水線９万941円、員林線４万6,765円、嘉義線５万365円、合計33万4,208円であった。[10]豊原・土牛間を含む豊原線が５つの路線中、最も重要なものであったのである。

　図３（次頁）のように、豊原―翁子―朴子―埤頭―石岡―社寮角―梅子―土牛貯木場の営業区間13.1キロの「本鉄道ハ豊原其ノ他本島重要都市ト国営斫伐事業地タル八仙山及山、農産物ノ集散地トシテ蕃界方面ヘノ交通路ヲ拒スル地点トシテ同地方重要地点タル東勢街トヲ結ブ最重要交通機関ニシテ一面国営鉄道ノ培養ニ資スルト同時ニ他面肥沃ナル水田ヲ擁スル沿線各地ノ交通産業文化ノ開発ニ貢献シ殊ニ国営斫伐事業地タル八仙山ヨリノ搬出木材ハ

図3　台中軽鉄株式会社の路線図

出所：「台湾鉄道路線図」台湾総督府交通局鉄道部『年報』1936年度版。

本鉄道ニ依ルニ非ザレバ豊原貯木場ニ搬出シ能ハズ旁々水量豊富ナル大甲渓上流ニ於テ近ク着手セラレントスル電力工事ニ要スル諸材料ノ輸送モ亦本鉄道ニ俟ツモノナリ」と紹介されている。[11]沿線地域からの出荷だけでなく、奥地にある八仙山からの搬出木材が鉄道の収益性を保障すると考えられ、多数の業者からの鉄道敷設出願があったわけである。

　そのため、「台中軽鉄としては自衛上敷設の余儀なきに至った」[12]。後掲表2のように、重量25ポンド（11.3キロ）のレールをもって軌間762ミリの狭軌鉄道を敷設して蒸気機関で運行するという鉄道敷設許可を得たものの、「日ならずして財界の一大変動［反動恐慌］は直ちに鉄道敷設の機運に達せざりしも」、1923年6月10日に「敷設許可有数期限の将に失効に近かんとするに及び起工に着手した」。「当初は工事進行の関係上著しき支出を要せざる為一時軌道の収入金を以て鉄道建設の費用に流用しつゝ工事を進捗し来りしも」、同年11月17日にその建設資金を調達するため、資本金の10%、即ち一株に付金5円、総額12万2,500円の第2回払込を実施し、全払込額は払込率50%の60万円に達し、その後借入金の調達を得て1924年8月20日に全線開通を

見て、同月23日より営業を開始した。鉄道の敷設後でも施設改良が行われたので、建設費の調達のため、前掲図1のように、資本金の払込が続き、1928年下期に払込額は98万円を記録し、その払込率が80％に達した。

　そこで、一部の時期に限るものの、表1の貸借対照表に注目すれば、主な資金調達は1920年代末から1930年代に前半にかけて自己資本によって行われており、借入金や社債などによる外部資金は殆ど行われず、積立金や退職金などを設けていることがわかる。もちろん、鉄道業への政府補助金が支給されたこともあるが、基本的に経営健全性を確保してから、こうした自己資

表1　台中軽鉄の貸借対照表

（単位：千円）

資産之部					負債之部				
科目	29上	30上	33上	34上	科目	29上	30上	33上	34上
未払込資本金	245	245	245	245	資本金	1,225	1,225	1,225	1,225
土地	5	5	6	6	法定積立金	53	59	75	81
建物	81	80	77	75	準備積立金	45	51	18	24
軌道	486	481	415	403	使用人退職慰労基金	14	11	12	14
橋梁	58	57	55	53	義務貯金	33	38	35	34
台車	23	21	19	14	後押人夫義済金	1	1	3	3
備品	5	5	5	5	台車保証金	2	1	2	2
電話線	4	3	4	4	未払金	2	8	3	4
鉄道建設費	496	502	509	509	借受金	1	1	2	2
鉄道起業費	7	6	0	0	前期繰越金	7	5	4	5
軌道新設費	0.2	2	0	0	政府補助金	19	16	20	16
自動車起業費	3	21	20	25	利益金	48	43	27	32
貯蔵品	22	15	5	4					
未収金	7	7	5	6					
仮払金	0.4	n.a.	3	2					
銀行預金	5	8	60	91					
現金	0.1	n.a.	0.01	0.01					
合計	1,447	1,464	1,426	1,441	合計	1,447	1,464	1,426	1,441

出所：熊野城造編『本島會社の内容批判』、事業界と内容批判社、1930年2月13日、64－66頁；竹本伊一郎編『台湾株式年鑑』台湾経済研究会、1931年8月25日、213－218頁；竹本伊一郎編『台湾会社年鑑』台湾経済研究会、1934年11月8日、293－294頁。

注1：上半期は1－6月、下半期は7－12月。

　　2：鉄道起業費と軌道新設費は1933年上期と34年上期にそれぞれ鉄道建設費と軌道に含まれる。

本に基く会社経営が可能であっただろう。このような資金調達は1941年下期になって外部負債が増えたものの、大きく変わらず、資本金122万5,000円（払込98万円）、積立金37万9,500円、外部負債 5 万6,000円などであった。資産においては土地、建物、軌道、橋梁、台車、軌道新設費からなる軌道業が最も大きなシェアを占めているが、自動車運送事業への転換に伴ってその金額が縮小しており、その代わりに自動車起業費が増えていた。それに比べて鉄道建設費と鉄道起業費からなる鉄道投資額はさほど大きな変化が見られない。1941年上期の資本をみると、固定資産83万円、流動資産52万4,000円であった。1934年に143.2キロであった軌道が1941年には40.2キロになったことから、固定資産の構成は鉄道＞自動車＞軌道の順に変わったとみるべきである。

　こうして、既存の軌道事業の合併が新会社の設立とそれによる買収を通じて行われ、台中州の人力軌道ネットワークを形成したが、さらに他律的に防御策として鉄道事業が開始されたのである。実際の会社経営や運輸業を担当する重役陣以下のマンパワーが如何であったのかを次節で検討することにする。

２．重役構成とマンパワー

　台中軽鉄は表 2 （次頁）のように台中州だけでなく台南州にも路線網を持っていたため、1930年 6 月（1930年上期）に台中州豊原郡豊原街に置きながらも、台中市橋町、台中州大甲郡沙鹿庄、同員林郡員林街、嘉義市南門外、台中州南投郡草屯庄、同南投街、同東勢郡東勢庄にも出張所を持ち、鉄道事業と軌道事業を展開した。重役としては創業以来坂本素魯哉が取締役社長に就任したほか、副社長は蔡蓮舫、専務取締役は小塩三治、取締役は野津三次郎、蔡敏庭、監査役は持木壮造、張清華、安土実がそれぞれ就任した[13]。これらの重役陣が株式の所有構造を反映したことはいうまでない。

　株式所有を見ると、台中市株式会社彰化銀行頭取呉汝祥（5,350株）、同合資会社肥後屋呉服店代表社員安土実（4,213株）、同小塩三治（4,212株）、同坂本素魯哉（2,500株）、同小塩芳郎（1,502株）、兵庫県有田喜藏（1,007株）、台中市野津合資会社代表者野津三次郎（1,000株）が1,000株以上の大株主であっ

表2　台中軽鉄における鉄道および軌道の路線別軌間、レール重量、路線距離、車両・台車（1930年）

		路線名	起点	終点	軌間 (mm)	重量 (Kg)	距離 (Km)	車両・台車 (両、台)
鉄道	台中州	台中軽鉄線	豊原	土牛貯木場	762	11.3	13.1	機3,客14, 貨33
軌道	台中州	東勢線	土牛	黄流渓	495.3	5.4	28.3	93
		神岡線	豊原	神岡	495.3			
		台中線	豊原,北屯	台中大坑	495.3	5.4	20.1	74
		頭汴坑線	台中	頭汴坑,三汴 廓子,太平	495.3	4.1,5.4	13.4	77
		沙鹿線	沙鹿	梧棲	495.3	5.4	4.3	45
		清水線	清水駅	大甲郡役所前	495.3	4.1	1.6	15
		員林線	員林,永靖	北斗,東山,南 羅,湖水海豊 崙	495.3	4.1,5.4	33.0	184
		国姓線	土城	国姓	495.3	4.1,5.4	16.6	78
		龍眼林線	南投	龍眼林	495.3	5.4	12.4	75
		計					129.7	641
	台南州	濁水線	嘉義	濁水,石碑,三 世埔	495.3	4.1,5.4	24.1	76
		触口線	頂六分岐点	触口,半天岩	495.3	4.1,5.4	16.9	27
		計					41.0	103
合計							170.8	714

出所：「台湾鉄道路線図」台湾総督府交通局鉄道部『年報』1930年度版。

た。これらの株数を合わせると、1万9,784株であって、全体80.8％を占めていることから、彰化銀行や肥後屋呉服店などの関係者といった少数の大株主によって会社が所有されていたことがわかる。但し、陳家豪（2013）によれば、1920年を基準として民族別・地域別株式所有構成を見ると、日本内地日本人16.24％、在台日本人22.9％、台湾人60.81％、合計100％である。これは彰化銀行所有分などが民族系として分類されたためであろう。ところが、彰化銀行の場合、1926年以降日本人の所有株数が台湾人のそれを上回っており、1914年以来長く専務取締役であった坂本素魯哉が、頭取が不在時であった1936年に銀行を代表しており、1938年には頭取になっており、当年彼が死去すると、義弟の坂本信道がそれまでの専務取締役から頭取になったことか

らわかるように、彰化銀行所有分は民族系として把握し難くなる可能性があ(14)る。

社長坂本素魯哉は1896年に明治法律学校を卒業したあと、日本銀行に入社し、同台北出張所に赴任して台湾銀行や彰化銀行の設立に参加し、彰化銀行の支配人を経て1914年以来専務になっていた。(15)のちには彼自身彰化銀行の頭取になった。軌道事業ともかかわりを持ち、彰南鉄道株式会社取締役と牛罵頭軽便鉄道株式会社監査訳にも就任したこともある。(16)副社長蔡蓮舫は日清戦争後近衛師団が台中大甲に到着すると、軍需用品を提供するなど協力し、台湾総督府が置かれた後、1896年に大肚上堡の大総理と保良局長を務め、のちには台中州の教育、土地調査、農会などにかかわり、1910年代には資産が約30万円に達したのである。(17)専務取締役小塩三治は1878年に岐阜県出身で台湾総督伊沢多喜男との姻戚関係があり、台中建物株式会社専務、台中市協議会員、台中建築信用購買利用組合組合長、社会教化会員、台中市第二区区長、台中市市会議員、台中市参事会員などを歴任し、かつて牛罵頭軽鉄株式会社監査役を務めた。(18)

取締役の野津三次郎は資料上不詳であるが、台中市野合合資会社代表者であった。蔡敏庭は1879年に生まれ、漢学を習得し、牛罵頭区長代理、五福圳評議員、清水街協議会員、牛罵頭軽便鉄道株式会社総経理、清水信用購買販売利用組合長、牛罵頭公共市場庄畜場牛墟場管理、新高軌道株式会社監査、清水製冰株式会社社長、牛罵頭信用組合長、公共埤圳評議員、紅十字社特別社員などを歴任した。(19)

監査役持木壮造は1873年熊本生まれで、渡台して「総督府兵站部で働き、台南や高雄を転々と勤務した後、台中に拠点を構えている」。「台中にて持木商会を立ち上げ、物品の委託販売業、運送業などを手掛けていたが、1919年台中製糖株式会社が設立され、持木は10人の発起人（全て鈴木商店関連）の１人、そして常務取締役に就任」した。(20)張清華（1884−1948）は台湾彰化県員林人であって、彰化銀行成立委員となって彰化銀行に拘わり始め、員林街長にもなっており、羊豬仲買組合長、員林農業組合長、員林信用購買組合長、台湾殖產株式会社取締役などを歴任した。(21)もう１人の監査役安土実は資料上詳らかではないものの、合資会社肥後屋呉服店代表社員であった。

そのほか、支配人加治木藤之助が「台中で総督府か土木の方で軌道の係り
をして居た人、前の山下金二氏の後を享けて入社、此の人も台北鉄道の鬼丸
氏同様苦心経営の程はお察しする」と記されたことから、長年にわたり関連
業務を行ってきた専門家が雇われ、軌道事業と鉄道事業を総括した支配人体
制が整えられたことが判明する。そのため、山下金二が任命されて、その
後任として加治木藤之助が雇われた。加治木はのちには取締役支配人となり、
戦時下で「地方産業の発達を助長し、運輸報国に邁進すべく非常な張り切り
方である」と評価された。

1934年6月には蔡蓮舫が副社長を辞職しており、岩瀬啓造が監査役に加わっ
て、監査役は4人体制となった。その後の重役陣の変化は詳らかでないが、
1938年末には小塩三治が取締役社長となっており、坂本清が専務取締役に
就任し、支配人加治木藤之助も取締役を兼任していた。さらに、1942年上
期には重役は「社長佐藤続、取締役坂本清、野津三次郎、蔡敏庭、加治木藤
之助、監査役持木壮造、張清華、安土実、小野田正栄の諸氏」であった。

小塩三治の場合、専務としての経験を経て社長に就任したのに対し、佐藤
続は外部から就任したのである。佐藤続は1884年に宮城県仙台市で生まれ、
東京帝国大学法科大学を卒業し、山形県警部などを経て渡台し、台南州警務
部長、台北州警務部長、台湾総督府警務局衛生課長、同保安課長、同警務課
長などを歴任し、1927年には台中州知事に就任したが、台中不敬事件
（1928）のため、退官した。その翌年、日本内地へ帰還し、家兄弟が専務
として勤務していた「三井練乳会社」の経営にもかかわったが、1940年に
再び渡台して台中軽鉄の社長に就任したのである。戦時下の交通統制が強調
される中、元台湾総督府官僚として台中軽鉄の社長に就任し、後には台北鉄
道の社長をも兼任できたのである。彼が就任してから1941年1月に社名を
台湾交通株式会社と改称した。

1942年下期になると、加治木藤之助が取締役を退職し、御塩良衛が取締
役に加わり、監査役の持木壮造と張清華が辞職し、村田豊次郎が新しく加わっ
た。運輸業全般を総括する支配人には瀧澤哲太郎が就任しており、その下の
庶務主任欠、会計主任戸塚国司、運輸主任藤崎武之助、機関庫主任関広正、
保線主任は欠、東勢出張所主任高田泉治、員林出張所主任大室善三郎、埔里

出張所主任安達健治が配置されたのである。[(29)]

　以上のように、重役陣は主に日本人が中心となり運営され、一部の台湾人が加わっているものの、運輸業のヘッドクォーターの主任層に台湾人が見られないことから、民族系企業ではなく在台日本人による企業として見るべきである。だからこそ、佐藤続といった元官僚が社長として受けいれられたのであろう。

　これらの重役陣の下で植民地雇用構造が定着していた。軌道の場合、1918年から21年までしか従事員の配置が確認できないが、1918年に日本人1人と台湾人1人であった主任が1921年には4人の日本人となった。これらの主任を受けて、図4のように事務員、線路工夫、雑役、その他が配置され、そのうち多数の現地人が現場労働力として雇われた。インフレの進行に対応して賃金引上げが行われたが、台湾人と日本人との賃金格差が大きくなっていくことがわかる。さらに、台湾人を対象として雇用調整が行われ、台中軽鉄は1918年の90人から台湾人を中心に1920年に111人へと増やし、逆に反動恐慌の影響を受けてから台湾人を中心に人員整理を進め、1921年に従事員数を90人へと減らした。その後、事業が伸びたため、

図4　台中軽鉄の軌道事業における従事員と賃金

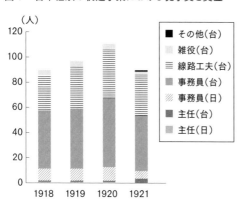

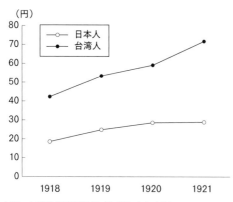

出所：台湾総督府鉄道部『年報』各年度版。

従事員の人数も1920年代末までは長期的増加傾向を示したと考えられる。

　一方、鉄道業に限って見ると詳細な人的配置が把握できる。図5のように、景気変動と輸送動向に応じて労働者の配置が行われ、1930年代初頭には人員整理が行われ、景気回復に伴って輸送量が増えると、それに応じて要員数を増やしたのである。注意すべきなのは民族別にみると、日本人は1924年の15人から減って1933年には9人となり、さらに1938年には8人へと縮小され、1939年以降10人へと増えた。職名別に日本人は事務員3人、駅長2人、機関庫取締1人、線路工夫長1人、検車手1人、運転手1人、小計9人、台湾人は事務員5人、駅長1人、車長4人、貨物係3人、出札兼貨物係2人、機関手2人、機関助手2人、転轍手3人、駅夫8人、線路工夫7人、建築工夫1人、電話工夫1人、職工4人、運転手2人、小計45人、総計45人であった。相対的に高い賃金が支払われた日本人を管理および技術者に限定してその人数を減らす一方、低賃金の現場労働力を含む台湾人を中心に人員調整を行って、経営安定化を図ったのである。

　こうして、重役陣は在台日本人を中心として構成され、本社主任層にも台湾人が見られないことから、既存の研究とは異なって在台日本人系企業として分類す

図5　台中軽鉄における鉄道業の従事員数と賃金

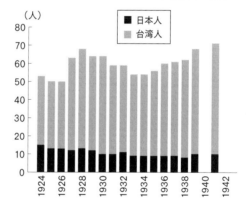

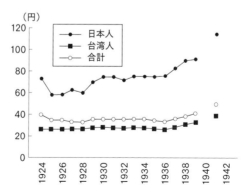

出所：台湾総督府鉄道部・同交通局鉄道部『年報』各年度版。台湾総督府『台湾総督府統計書』各年度版。

べきであろう。また、現場では植民地雇用構造が定着し、賃金格差や民族別ポスト配置を伴いながら、景気変動に応じて台湾人を対象として雇用構成を行った。次節では輸送の実態について検討する。

3．輸送動向と運賃設定

　図6は軌道と鉄道の輸送量を示しているが、両者は極めて対照的な動きが見られる。両方とも世界大恐慌の影響が明確に確認できるものの、軌道事業

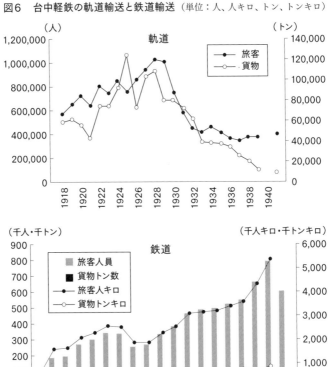

図6　台中軽鉄の軌道輸送と鉄道輸送（単位：人、人キロ、トン、トンキロ）

出所：台湾総督府鉄道部・同交通局鉄道部『年報』各年度版。

はその後輸送量の減少傾向を示したが、鉄道事業は急増していくのである。まず、軌道事業に注目すれば、旅客は1920年代末までは長期的に増えていく傾向を示したのに対し、貨物の場合、反動恐慌の影響による輸送量の低下があり、その後も増えたものの、1920年代後半に急減する年度もあった。一方、貨物は旅客より景気変動の影響を強く受けたことがわかる。詳しいことは後述するが、1930年代に入ってからは、輸送量と営業収入は急減し、会社にとって解決すべき課題となった。とりわけ貨物の場合、この傾向が強かったが、旅客においては1930年代以降は減少傾向が止まり、フラットな状態をあらわしている。これについてはすでに指摘したように、自動車業の進展に伴い、台中軽鉄が軌道路線の廃止と自動車業への転換を試みた結果である。

表3（次頁）のように、1930年度中、路線整理を行っている。例えば、台中線を台中州青果同業組合に譲渡し、軌条および台車などの販売代金を確保しながら、一方では既存路線を自動車運送業へと転換しようとした。前掲表1の「自動車起業費」で示されたように、自動車運送業への試みは1920年代末に確認できることから、自動車運輸を兼営した時期は陳家豪（2018、129頁）が指摘する1936年ではなく、それ以前であろう。ともあれ、1938年末には「乗合及貨物自動車数五十台を有し、乗合自動車は、土城＝埔里間、裏南投方面、更に嘉義雲水、嘉義＝觸口間を運行し、其他東勢、員林方面に迄も及んでゐるが、会社として国策の線に沿ひ時代に順応して今後不利なる軌道は漸次整理を行ひ有利なる機関に乗替へ益々業績の進展を企図せられてゐる」のであった。台中軽鉄の自動車事業による客貨輸送についての時系列的なデータが得られないものの、『年報』に掲載されている統計を利用してみると次のことがわかる。

旅客運輸事業（バス事業）の「開業路線興業費」は1938年末に12万6,208円であり、その後増えて1941年末に20万8,285円となった。自動車は1939年に15台であったが、その後戦時下のガソリン、タイヤなどのため、やや縮小され、1941年に12台であった。旅客輸送は1938年に32万4,845人、39年に92万4,257人、40年に114万1,666人であった。これらの輸送量は台中州に限るものであって、1939年に限って台南州では、輸送量51万3,461人が確認で

表3 台中軽鉄の軌道路線

(単位：キロ)

	1930	1931	1932	1933	1934	1935	1936	1937	1938	1939	1941
東勢線	■	■	■	■	■	■	■	■	■	■	■
神岡線	■	■									
台中線	■	■	■								
頭汴坑線	■	■	■	■	■	■	■	■	■	■	
員林線	■	■	■	■	■	■	■	■	■	■	■
沙鹿線	■	■	■	■	■	■	■	■			
龍眼林線					■	■					
国姓線	■	■									
土城線			■	■	■	■	■				
龍眼林線	■	■									
清水線	■	■	■	■	■	■	■				■
南投線			■	■							
濁水線	■	■	■	■							
沄水線					■	■	■	■	■	■	
触口線	■	■	■	■	■	■	■	■			
番路線					■	■	■	■	■		
三界埔線					■		■	■			
石碩線					■		■	■			
営業キロ	170.8	168.0	161.9	145.0	143.2	143.5	134.9	106.2	88.2	62.6	40.2

出所：台湾総督府鉄道部・同交通局鉄道部『年報』各年度版。
　注：本表は路線の新設と廃止を示すが、縮小に伴って路線名の変更もある。

　きる。1938年と1941年の『年報』では確認できないことから、1939年に台南州でも旅客運輸事業を始めたものの、台中軽鉄は1940年中に他の会社に譲渡したと考えられる。ともあれ、軌道事業による旅客輸送が1938年に37万2,167人、1939年に37万6,136人、1941年に40万4,315人であったことに比べて、自動車による旅客輸送がいかにも強力なものであったのかがわかる。

　その一方、貨物輸送業、すなわちトラック事業を行ってきたが、その輸送量は詳らかではない。ただし、1934年上期の自動車運賃収入が乗合1万2,475円、貨物2,828円、雑収入159円、合計1万5,463円であったことから見て、自動車事業の中心はあくまでも旅客輸送にあったと判断できる。[32]1939年に戦時下の交通統制が進み、1940年10月に台南州に、1941年2月に台中州に

それぞれ台南州自動車運送と台中州自動車運送といった一元的な統制会社が設立されると、台中軽鉄は資本参加して統制会社へ事業一切を譲渡した。⁽³³⁾

これに比べて、鉄道事業は世界大恐慌があったにしろ、むしろ輸送量の増加を経験した。とはいえ、旅客と貨物に分けてみると、やや異なる動きがみられる。即ち、旅客においては1930年代の輸送増加が顕著であったのに対し、貨物輸送は1927年（トンキロベース）や28年（トンベース）まで急増し、その後伸び悩んで、戦時期になってからようやく再び増加したのである。そこで、貨物輸送を品目別にみると、軌道事業の場合、1918―21年に統計資料は限定されるが、図7のようにその他を除いては米、砂糖、木材が中心的な貨物であったが、反動恐慌のため、これらの輸送量が減ったことがわかる。その一方、軌道の豊原線に代わって敷設された鉄道においては、1924年の１万2,667トンから1925年に３万3,021トンへ急増したが、軌道豊原線の貨物輸送量が1923年に２万2,317トンであったことから見れば、鉄道の輸送量が急増したといえよう。

図8（次頁）では、1924―1930年に木材が品目として分類されなかったため、木材の輸送量が確認できたものの、八仙山営林所から搬出された木材をみれば、鉄道輸送の増加はおもに木材によるものであったことは明確である。「八仙山は台湾八景の一にして終点土牛駅より営林所の運材軌道で約二十五哩上るとその終点は久良栖に着く」ことからわかるように、台中軽鉄は営林所軌道に連結され、森林鉄道の一部となった。⁽³⁴⁾統計上確認できる1921年度の軌道豊原線の品目別輸送量が米1,918トン、砂糖474トン、

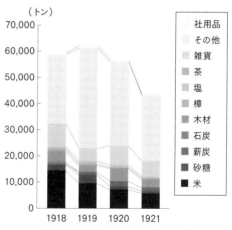

図7　台中軽鉄における軌道事業の品目別貨物輸送

出所：台湾総督府鉄道部・同交通局鉄道部『年報』各年度版。

薪炭245トン、木材2,727トン、樟脳醤油410トン、塩358トン、雑貨1,971トン、其他9,402トン、計1万7,505トンであった。そのうち、木材が3,000トンに至らなかったことからみれば、輸送力の強い鉄道の敷設によっていかに多くの木材搬出が可能となったのかがわかる。「国営斫伐事業の遂行と本鉄道とは密接不離の関係に在り即ち国営鉄道代行線にも等しきもの」であった。[35]その次に多かった品目は甘蔗と芭蕉実であった。但し、芭蕉実の輸送量は徐々に減少しており、甘蔗も1933年より増えたものの、戦時下でやや停滞している。こうして、台中軽鉄は奥地の資源を搬出することで地域開発に大きく

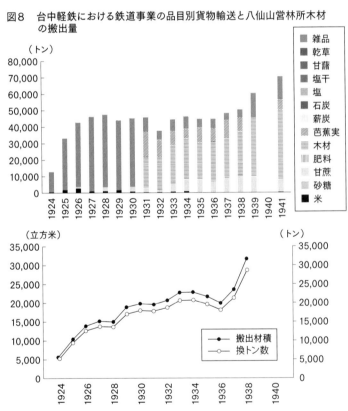

図8　台中軽鉄における鉄道事業の品目別貨物輸送と八仙山営林所木材の搬出量

出所：台湾総督府鉄道部・同交通局鉄道部『年報』各年度版；台湾総督府「台湾私設鉄道補助法中改正法律案説明参考書」1939年12月（台湾総督府「台湾私設鉄道補助法中改正ノ件」1939年11月10日）。

寄与したといえよう。

　そのため、鉄道車両は前掲**表2**によれば1924年に蒸気機関車3、客車10両、貨車27両であったが、自動車乗合事業に対抗するため、気動車をはじめ鉄道車両の増備が進められ、1938年12月末に蒸気機関車3両、気動車3両、客車12両、貨車36両となった。その後、鉄道輸送量が増えるにつれ、貨車を中心に車両増備が進められた。列車運行回数を見れば、気動車10往復、混合5往復、計15往復であった。列車速度（1時間当たり）は気動列車30キロ、混合列車24キロ、貨物其の他列車19キロ以下であっ[36]た。このような列車運行はバスの運行に対抗し、気動車の運営を通じて旅客輸送の多頻度化と高速化を図ったものであったことはいうまでもない。

　これが旅客輸送の増加をもたらしたが、**図9**のように運賃設定においても台中軽鉄の対応策が読み取れる。鉄道運賃の場合、1924年から1930年代末にかけて運賃の低廉化を実現し、より多くの客貨誘致を図ったのである。旅客の場合、普通運賃のほか、連帯旅客に対する片道割引運賃および特定往復運賃、団体旅客運賃割引、回数乗車券などが

図9　台中軽鉄における軌道運賃と貨物運賃

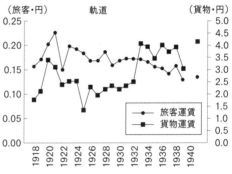

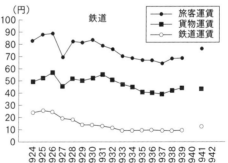

出所：台湾総督府鉄道部・同交通局鉄道部『年報』各年度版。

注1：軌道の場合、推計運賃＝運賃収入÷輸送量。輸送量とは人、トンである。輸送単位としては人キロとトンキロが望ましいものの、軌道の場合、一人当たりあるいは1トンあたり輸送距離が一定であると仮定し、運賃推計を行う。

　2：鉄道の場合、運賃＝運賃収入÷輸送量。輸送量とは人キロとトンキロである。鉄道運賃＝旅客運賃×旅客収入ウェイト＋貨物運賃×貨物収入ウェイト。

設定された。貨物においては「乗合自動車に対抗上右運賃を左の通り割引し取扱」し、1933年頃に2・3等往復（2等は石岡、土牛、豊原各駅間に限る）は6割引、2・3等片道運賃は4割引となっていた。[37]しかし、戦時下に物価上昇が続く中、運賃設定の再調整が要請され、鉄道運賃は客貨とも引き上

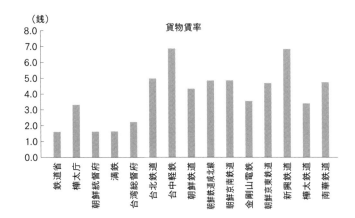

図10　日本帝国圏の鉄道運賃率（1938年8月調）

資料：台湾総督府「台湾私設鉄道補助法中改正法律案説明参考書」1939年12月（台湾総督府「台湾私設鉄道補助法中改正ノ件」1939年11月10日）。
注1：実績平均賃率。1人1キロ当たり旅客運賃、1トン1キロ当たり貨物運賃。
注2：遠距離逓減法は適用しない。
注3：旅客運賃は3等大人の賃率。
注4：貨物賃率は各鉄道ともその最低の等級を基準とする。

げられた。この動きは軌道の旅客運賃でも見られるが、貨物運賃の場合、1930年代後半に急上昇した。軌道運賃の場合、１人当たりあるいは１トンあたり輸送距離が一定であると仮定し、運賃推計を行ったので、鉄道運賃に比べて信頼性は劣るものの、前掲図６のように、貨物輸送量が1930年代後半に急減したため、それに伴う運賃収入の減少を補うため、運賃の再調整が行われざるを得なかったとも考えられる。

　以上のような鉄道運賃の設定は日本帝国内でいかなる意味を持つのかを考えるため、1938年の国有鉄道と私設鉄道の運賃を調べてみたのが図10である。国有鉄道のほうが私設鉄道に比べて客貨とも低い運賃設定を行い、公的インフラとしての性格を明確にした。もちろん、収益性が最も乏しかった樺太庁鉄道の場合、他の国有鉄道に比べて比較的高い運賃を設定したことは見逃すことはできない。その中でも、台北鉄道と台中軽鉄は私設鉄道にもかかわらず、旅客運賃では国有鉄道より低く、台中軽鉄は最も低かった。その反面、台北鉄道や台中軽鉄は貨物運賃において国有鉄道はもとより、他地域の私設鉄道よりも高かった。その中でも台中軽鉄の貨物運賃は最も高かった。このように、台中軽鉄が極端な客貨運賃を設定したのはなぜだろうか。詳しいことは後述するが、「鉄道の為に全経営を困難に至らしめた、之れも台北鉄道同様の運命を辿って、只だ買収を得つより外途のないものと為って居る」と指摘されていることからわかるように、鉄道運営は政府補助金を必要とした。そのため、鉄道の「乗客収入は並行競争線たる自動車増加の為め其の対抗上賃金割引等に因をなし」たが、八仙山営林所木材に対して独占輸送が可能であったことから、帝国圏鉄道の中でも最も高く貨物運賃を設定し、経営安定化を図ったといえよう。

　このような鉄道運営は、どのような効率性を示しただろうか。それを測るため、労働力をインプットとしてアウトプットとして輸送量と実質生産額を、それぞれ想定する労働生産性を推計してみたのが図11（次頁）である。労働生産性１の場合、1924年から1925年にかけて急上昇したあと、1920年代末まで微増の動きを示したものの、世界大恐慌の影響を被って輸送量が減少したため、一時的に労働生産性１が低下せざるを得なかった。その後、再び上昇し始め、1930年代後半に至って伸び悩んだものの、統計的に観測でき

る1941年には生産性の大幅向上が確認できる。その一方で、労働生産性2に注目すれば、1927年まで急上昇したが、その後低下し続け世界大恐慌からの景気回復に伴って上昇し始めた。1930年代以降には労働生産性1と労働生産性2がほぼ同様に推移するが、1920年代までの生産性の水準がやや異なっている。1920年代に輸送量が増えたにもかかわらず、労働生産性が停滞したのは前掲図11のように、労働者数が1926年の50人から1927年に63人、1928年に68人へと増えたからである。その後、世界大恐慌に際して輸送量が減少したのに対し、人員整理を行った上、大恐慌からの景気回復に伴って輸送量が急増し、生産性の向上が生じたのである。

　以上のように、軌道事業の成長が続く中、既存の軌道豊原線を鉄道に変えて、輸送力を強化し、奥地から多くの貨物を持ち出そうとしたが、自動車業の登場は経営環境の変化をもたらした。それに対応し、軌道の廃止と自動車業への転換を図るとともに、鉄道業においても気動車の導入と旅客運賃の割引に力を注ぎながら、独占力を持つ貨物に対して高運賃を設定し、経営の安定化を図ったのである。次節ではこれが実際に経営収支上どのような効果をもたらしたのかを検討することにする。

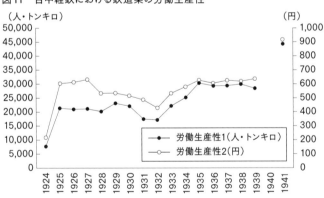

図11　台中軽鉄における鉄道業の労働生産性

出所：台湾総督府鉄道部・同交通局鉄道部『年報』各年度版。
注1：労働生産性1＝(旅客輸送量×旅客収入ウェイト＋貨物輸送量×貨物収入ウェイト)÷従事員数。
注2：労働生産性2＝(運賃収入÷運賃指数)÷従事員数。運賃指数は1934－36年の平均運賃を1とする。

4. 経営収支と政府補助金

　図12でみられるように、台中軽鉄の営業収入は1930年代前半までは軌道事業中心であったことがわかる。1930年代以降は軌道の輸送量が減少するにつれ、軌道収入も減少し続けた。軌道収入が1920年代後半にかけて長期的に増えるなかでも、貨物のほうが景気変動の影響を受けて、その運賃収入が激しく動いた。収入構成を見れば、旅客は40％と50％との間を推移するのに対し、貨物は50％と60％との間を推移している。その一方、鉄道輸送でも、同じく旅客収入が40—50％、貨物収入が50—60％を推移するものの、貨物収入のほうが比較的安定し、旅客収入のほうが激しく動いている。八仙山よりの搬出木材が増えていき、最大の輸送品目であったため、貨物輸送にとって安定性を付与したのである。何れにせよ、戦時下では急激に増えて、収入面で軌道事業を上回っていた。

　こうして、事業縮小を余儀なくされた軌道事業に代わって、自動車事業がその重要性を増し、台中州における旅客運輸事業、即ちバス事業だけでも運賃収入は1938年に8万1,880円を記録し、その後増えていき、39年に22万6,966円、41年

図12　台中軽鉄における軌道業と鉄道業の営業収入
（単位：円）

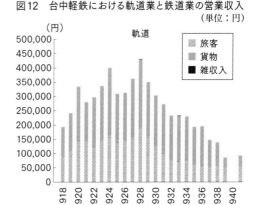

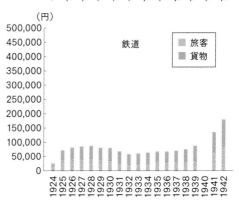

出所：台湾総督府鉄道部・同交通局鉄道部『年報』各年度版。

に34万8,524円に達した。1939年の運賃収入に台南州でのバス運賃収入を入れると、42万2,058円となる。こうして、1939年以降には営業収入面で自動車業が最大の事業となり、その次が鉄道業であり、軌道事業は一番少なくなったのである。1920年末より始まった軌道事業から自動車事業への転換は1930年代末になって漸く完了されたといえよう。もちろん、戦時下のガソリンなどの不足が甚だしくなったため、自動車の運行に大きな制限が加えられ、事業部門別営業収入構成が変わる可能性がないことではない。

　これらの収入より支出を引くと、益金が得られるが、それが長期的に観測できるのは鉄道事業に限られる。図13によれば、収入と支出がほぼ同様の動きを示すが、1932年、38年には赤字を記録することもあったが、基本的に黒字経営であった。輸送量が1930年代後半に急増した反面、収入は1932年を谷として増えたものの、1927－28年の水準を大きく超えるのは1941年になってからである。これは、輸送量が急増したにもかかわらず、鉄道運賃が客貨とも低下したため、輸送量×運賃＝営業収入が減ったためである。収入や建設費を基準として黒字規模は微々たる水準であったので、株式会社として正常な配当を保障するために「台湾私設鉄道補助法」（1922年3月30日法律第24号）による政府補助金の交付が行われることとなった。

　1924年8月23日に建設費を基準として年間補助保証率8％が台中軽鉄に適用されて補助金が交付され、補助と益金は合わせて半期別に1万7,000－

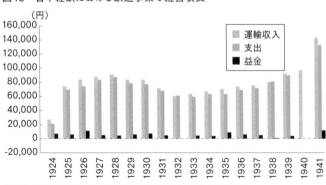

図13　台中軽鉄における鉄道事業の経営収支

出所：台湾総督府鉄道部・同交通局鉄道部『年報』各年度版。

２万円に達した。台湾私設鉄道補助法が改正されて、補助期間が従来の10年から15年へと延長される代わりに、補助保証率は６％に変えられ、1934年下期以降政府補助金が交付された結果、それ以前に比べて補助および益金は20万円を下回った。さらなる補助法改正が行われ、15年を超えると年５％という新しい補助保証率が1939年下期より適用されることとなり、さらに補助と益金は下がっている。そのため、利潤率と補助率を合わせた利潤・補助率（図14）は1934年上期まで８％であったが、その後、やや下がってい

図14　台中軽鉄における鉄道業の利益と補助

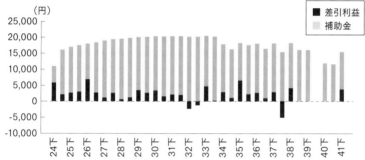

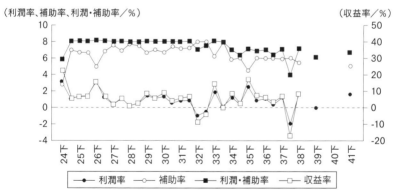

出所：台湾総督府「台湾私設鉄道補助法中改正法律案説明参考書」1939年12月（台湾総督府「台湾私設鉄道補助法中改正ノ件」1939年11月10日）；金融之世界社編『台湾産業金融事情 産業・会社篇』1942年版、金融之世界社、1942年7月20日、75頁。

注１：差引利益の内、1939年上期から1941年上期までは資料上不詳。補助金の内、1940年上期は資料上不詳。

注２：利潤率＝利益÷建設費×2。補助率＝補助÷建設費×2。利潤・補助率＝（利潤＋補助）÷建設費×2。利潤率と補助率を年率にするため、2をかける。

注３：収益率＝利益÷収入。

くことがわかる。但し、1934年までは補助保証率が8％であったため、利潤率が0％を上回ると、8％から利潤率を引いた補助金が交付されたのである。しかし、利潤率が0％を下回ると、8％の補助金が交付されたものの、赤字補塡のため、利潤・補助率は8％を下回った。ところが、1934年下期以降には「益金一分超過額（期間伸長の場合一分五厘超過額）を控除す」こととなったため、利潤率が補助期間15年までは1％、補助期間15年超過は1.5%

図15　台中軽鉄における軌道・自動車と鉄道の収支

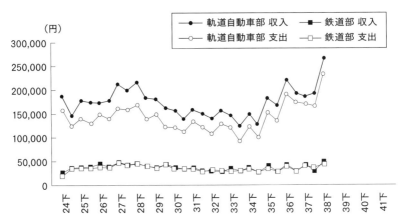

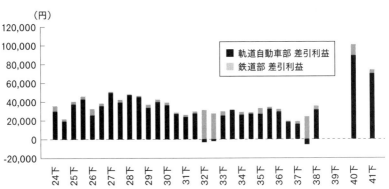

出所：台湾総督府「台湾私設鉄道補助法中改正法律案説明参考書」1939年12月（台湾総督府「台湾私設鉄道補助法中改正ノ件」1939年11月10日）；金融之世界社編『台湾産業金融事情 産業・会社篇』1942年版、金融之世界社、1942年7月20日、75頁。
　　注：鉄道部の収支には政府補助金を含まない。

を下回ると、控除しないため、利潤・補助率が1939年上期まで6％を超え
たり、39年下期以降5％を超えたりしたのである。

　以上、鉄道業の営業成績が把握できた。しかし、鉄道業は台中軽鉄の中心
事業ではなかったため、次に軌道と自動車について検討しなければならない。
私設鉄道補助法改正のために作成された資料より、軌道と自動車を分離して
いない「軌道自動車部」の経営収支統計が得られる（**図15**）。それを利用す
れば、1920年代には4万円を超えていた利益も、1930年代には下がって
3万円を中心に推移しているし、1937年上半期と下半期には2万円を下回
るほど低下していたことがわかるのである。これは軌道事業の行き詰まりに
よるものであることは言うまでもなく、自動車事業への転換が相当進んだ
1939年になると、自動車事業の益金が急増したと判断できよう。

　一部の時期に限って得られるシンプルな形の損益計算書（**表4**）に注目す
れば、1930年代前半までは軌道事業を中心とする収支構造であったことが
わかる。1933年上半期と1934年上半期の軌道には自動車の収支が含まれて

表4　台中軽鉄における事業部門別損益計算書　　　　　　　　　　（単位：千円）

収入							支出						
科目	29下	30上	33上	34上	40下	41下	科目	29下	30上	33上	34上	40下	41下
鉄道収入	60	61	48	46	n.a.	n.a.	鉄道営業費	37	42	29	30	n.a.	n.a.
軌道収入	180	159	155	124	n.a.	n.a.	軌道営業費	146	120	127	93	n.a.	n.a.
自動車収入	1	4			n.a.	179.	自動車営業費	1	3			n.a.	118
							鉄道利益金	23	19	19	16	12	16
							軌道利益金	34	39	29	32	51	9
							自動車利益金	0	1			38	61
							利益金	56	60	48	48	102	86
合計	241	225	204	170	n.a.	n.a.	合計	241	225	204	170	n.a.	n.a.

出所：竹本伊一郎編『台湾株式年鑑』台湾経済研究会、1931年8月25日、213－218頁；竹本伊一
　　　郎編『台湾会社年鑑』台湾経済研究会、1934年11月8日、293－294頁；金融之世界社編『台
　　　湾産業金融事情 産業・会社篇』1942年版、金融之世界社、1942年、75頁。
注1：1933年上半期、34年上半期の軌道収支には自動車収支が含まれる。
注2：鉄道収入には政府補助金が含まれている。

いるが、収入を基準として自動車事業は軌道事業の11—14％に過ぎなかっ
(38)
た。ともあれ、利益金においては1941年下期になると、自動車事業が急増し、
その次が鉄道事業、軌道事業の順となった。もちろん、1940年下期には軌
道利益が５万1,000円を記録し、最も大きいシェアを占めており、鉄道事業
の場合、政府補助金を含むものであるため、より多くの損益計算書を収集で

図16　台中軽鉄におけるROE、配当率、株価

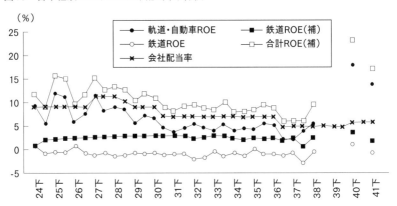

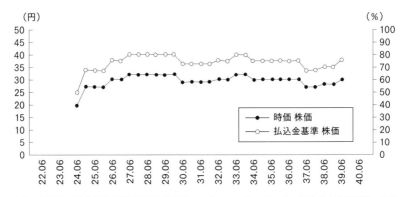

出所：台湾総督府「台湾私設鉄道補助法中改正ノ件」1939年11月10日、国立公文書館所蔵；金融
　　　之世界社編『台湾産業金融事情 産業・会社篇』1942年版、金融之世界社、1942年7月20日、
　　　75頁；千草黙仙編『会社銀行商工業者名鑑』図南協会、1942年10月27日、231-232頁。
注１：鉄道ROEには補助金の交付を含まないが、鉄道ROE（補）は補助金の交付を含む。
注２：ROE＝利益÷払込資本金×100×2。ROEを年率にするため、2をかける。
注３：合計ROE（補）は軌道・自動車ROEと鉄道ROE（補）の合計となる。
注４：額面総資本金122万5千円、株式2万4500株、一株金額面50円、払込金一株に付金40円。

きれば、やや異なる評価も可能であろう。営業収入だけでなく営業利益において台中軽鉄のポートフォリオが自動車事業を中心に再編されつつあったことは確かである。

　このような営業成績は、投資家にどのような影響を及ぼしたのであろうか。ROEを見れば、まず軌道事業の成績悪化のため、図16の中で軌道自動車ROEが長期的低下傾向を示し、自動車事業への転換が進んだ1940年代になると、大きく改善したことがわかる。その一方、鉄道ROEは０％と１％との間を推移したが、1940年下期に２％を超える水準であった。鉄道運営は台中軽鉄にとって大きな負担になっているため、政府補助金の交付がなければ正常に運営することはできなかったことから、台湾総督府は補助金を交付して鉄道ROEを鉄道ROE（補）に代えて、資本家の利害を保障したのである。そこで会社の配当率に注目すれば、1920年代に10－12％であったが、1930年代前半に８％へと低下し、会社の収益性が劣った1937年上期より６％となった。このように配当率の低下は軌道事業の行き詰まりから生じるものである。その一方で、株価の動きをみれば、1927年下期に配当率が12％に達すると、株価が上昇したが、配当率の低下に伴って株価は若干低下した。その後は株価は若干の上昇と低下を繰り返したのである。

　以上のように、鉄道事業の収益性が乏しいことから、政府補助金の交付が行われ、鉄道運営を保障したものの、軌道事業の収益性とは大きな乖離があった。ところが、軌道事業の収益性が低下し始め、その突破口としての自動車事業への転換が図られたけれども、適時の経営改善をもたらすことはなかった。しかし1940年代に入ってからは、台中軽鉄にとって膨大な利益を来す収入源となったものの、戦時下の高配当はできず、政策的に内部留保が行われ、流動資産の増加をもたらしたともいえる。

おわりに

　台中軽鉄は既存の軌道会社の合併を目的として在台日本人資産家や台湾人資産家などによって新会社として設立され、葫蘆墩軽便鉄道合資会社、牛罵頭軽便鉄道株式会社、員林軽鉄株式会社の路線を買収する形で引き受けて、

のちには中嘉軽鉄組合の路線をも株式の交付を通じて買収した。買収金額に合わせて資本金の払込を行い、軌道事業を始めたものの、同社の豊原線に等しい豊原・土牛間の鉄道敷設許可申請が他の業者から出されると、営業防御の次元で人力軌道豊原線を蒸気動力の鉄道に変えざるを得なかった。こうした事業の展開は主に自己資本によって賄われ、外部資金の利用は一時的かつ一部の範囲に過ぎなかった。台中軽鉄は、実際の軌道事業が少なくとも３カ所に分かれており、路線新設や買収が続き、鉄道事業をも行ったため、主要地には出張所が置かれ、それを総括する形で本社の支配人体制が整えられた。

　重役陣は大株主を中心に構成され、彰化銀行や豊後屋呉服店の関係者そして既存の軌道業者からなっていた。民族別には在台日本人資産家が中心となり、台湾人資産家や既存の軌道業者が一部として加わっていたことがわかる。取締役社長の坂本素魯哉、小塩三治と異なって、1940年に日本内地より元台中州知事佐藤続が社長として招聘されたことや、本社主任層が日本人によって構成されていたことから判断すれば、既存研究の指摘とは違って、民族系企業としてではなく在台日本人系企業として見るべきであろう。内部組織として軌道、鉄道とも植民地雇用構造を持ち、賃金格差や民族別ポスト配置を伴いながら、景気変動に応じて台湾人を対象として雇用調整を行っていた。

　実際の輸送動向においては軌道と鉄道の対照的動きが見られ、1920年代末までは軌道の客貨輸送が増えたが、世界大恐慌の影響を被って自動車の進展によって減少し続けた。これに比べて、鉄道の場合、大恐慌などの影響はあったものの、増えつづける動きがみられた。最大の収入源があくまでも軌道事業であったため、路線整理とともに、自動車事業への転換を図らなければならなかった。自動車運輸との競争が激しい旅客では、軌道、鉄道とも各種割引などを通じて運賃の引下げを続ける一方、貨物に対しては八仙山営林所木材の輸送に対して独占力を持つこともあり、高い運賃を設定した。とりわけ、鉄道の場合、日本帝国圏内の鉄道の中でも最も低い旅客運賃と最も高い貨物運賃という極端な価格設定を行い、営業収入を確保しようとした。

　しかしながら、軌道事業の競争力の低下のため、ROEが低下するなど、赤字を記録することはなかったものの、収益性の悪化がみられた。鉄道は、収益性の最も弱い事業部門であり、軌道・自動車のROEを大きく下回った。

生産性の向上が目立つことも戦時期になるまではなかった。そのため、台湾私設鉄道補助法に基づく政府補助金が台北鉄道とともに交付されたものの、補助保証率の低下につれて鉄道の利潤・補助率も低下していった。投資家への配当率も低下し続けたことはいうまでもない。会社としては新しい突破口としての自動車事業への転換が重視されざるを得ず、軌道事業の縮小とともに、それが戦時下で一定の効果をもたらし、自動車事業が最大の収入源となったのである。1940年代になると、もはや軌道事業者というよりはバス運送業者となったのである。

　以上のように、台中軽鉄は軌道会社の合併、それに伴う事業合理化のために設立され、他律的に鉄道事業を始めたものの、自動車との市場競争で圧迫され、自動車運送業への事業再編を余儀なくされたのである。戦後になると、公路局へと台中軽鉄が統合されて軌道からの自動車への転換はさらに進み、モーターライゼーションの時代を迎えるとともに、鉄道は「国営鉄道代行線」としての価値が認められ、国有化措置を受け、八仙山森林鉄道の一路線となった。

[注]
(1)　林采成「植民地台湾における私設鉄道の経営と補助：台北軽鉄炭鉱から台北鉄道へ」『立教経済学研究』76（3）、2023年9月1日、125−154頁。
(2)　陳家豪「日治時期在台日資與民營鉄道業之改革」『台湾学研究』第16期、国立台湾図書館、2013年12月、101−150頁；陳家豪『近代台湾人資本與企業経営：以交通業為探討中心1895−1954』政大出版社、2018年1月。
(3)　石井禎二「私設鉄道営業線めぐり（二）」『台湾鉄道』250号、1933年4月、47−53頁。
(4)　陳家豪『近代台湾人資本與企業経営』49頁。
(5)　石井禎二、前掲書。
(6)　布川漁郎「事業と人を語る」『台湾』5−7（39通号）、1934年7月12日、15−16頁。
(7)　「新見喜三は山口県の出身で、1894年3月に工手学校土木科を卒業、翌年3月に陸軍省鉄道隊付技術員の身分で台湾鉄道の測量及び建設に従事し、同年9月に日本鉄道局の雇員となり、1896年3月に日本鉄道株式会社の雇員となった。1899年3月に臨時台湾土地調査局技手となり、同年5月に臨時台湾鉄道敷設部技手に転任となった。鉄道部成立後、同部工務課技手となり、基隆−台北−淡水間及び曾文溪橋等の工事において現場監督主任を歴任している。1903年に鉄

道部打狗出張所に転任となり、佐藤謙之輔指揮下の技手となった。」（蔡龍保「日本統治期における台湾総督府鉄道部の南進政策：清国広東省潮汕鉄道の事例」『立教経済学研』69（5）、2016年3月、1－24頁）。新見喜三は新見組を組織して、台湾内の各種工事に携わった（清水美里「在台日本人商工業者の日月潭発電所建設運動」『日本台湾学会報』14号、2012年6月、122－144頁）。

(8)　石井禎二、前掲書。

(9)　布川漁郎「事業と人を語る」『台湾』5－7（39通号）、1934年7月12日、15－16頁。

(10)　台湾総督府鉄道部『年報』1920年度版。

(11)　台湾総督府「台湾私設鉄道補助法中一部改正法律案」1939年12月（「台湾私設鉄道補助法中ヲ改正ス・（補助期間伸長及方法改正）」1940年、国立公文書館所蔵）

(12)　布川漁郎、前掲書。

(13)　竹本伊一郎編『台湾株式年鑑』台湾経済研究会、1931年8月25日、213－218頁。

(14)　彰化銀行百年史編輯委員会編『彰化銀行百年史』彰化銀行、150－172頁。

(15)　坂本素魯哉（1868－1938年）は台湾を中心に銀行家として活躍し、衆議院議員や台湾総督府評議員にもなっていた。衆議院・参議院編『衆議院議員名鑑』大蔵省印刷局、1990年、290頁。

(16)　陳家豪、前掲「日治時期在台日資與民営鉄道業之改革」。原資料は帝国秘密探偵社編『大衆人事録』第13版、1941年、18頁。

(17)　蔡蓮舫（1875年－1936年）は台中州清水の蔡元順家の一員で、植民地時代には台湾中部の紳士であった。「国家文化記憶庫」（https://memory.culture.tw›Detail）。

(18)　陳家豪、前掲「日治時期在台日資與民営鉄道業之改革」。

(19)　村田省一「植民地時期台湾における住民の地方行政参加：植民地時期後期の地方水道建設事業を例にして」『現代中国研究』29、2011年11月15日、34－50頁など。

(20)　須賀努「魚池で紅茶作りに投資した最初の日本人 持木壮造と渡辺傳右衛門」日本台湾交流協会『交流』957号、2020年12月、24－29頁。

(21)　張清華（1884－1948年）は台湾の彰化県員林市の出身であって、彰化銀行の設立委員、「員林信用購入利用協会」（員林市農民協会の前身）創設者の一人となり、員林街の市長にも就任した。「国家文化記憶庫」（https://memory.culture.tw›Detail）。

(22)　布川漁郎、前掲書。

(23)　永田城大『皇民化運動と産業報国』実業之台湾社、1939年2月24日、229－230頁。

(24)　竹本伊一郎編『台湾会社年鑑』台湾経済研究会、1934年11月8日、293－294頁。

(25)　永田城大、前掲書。

(26)　金融之世界社編『台湾産業金融事情 産業・会社篇』1942年版、金融之世界社、1942年7月20日。

(27)　台湾訪問中の久邇宮邦彦王に対する朝鮮人趙明河（1905－1928）の暗殺未遂事

件である。
(28) 人事興信所編『人事興信録 第 8 版』人事興信所、1928年、サ99－サ100頁；大園市藏『台湾人事態勢と事業界』新時代社台湾支社、1942年12月27日、145－146頁；「台湾自動車人月旦（佐藤續君）」『台湾自動車界』10（8）、台湾自動車界社、1941年 8 月 1 日、29－31頁。
(29) 千草黙仙『会社銀行商工業者名鑑』図南協会、1942年10月27日、231－232頁。
(30) 永田城大、前掲書。
(31) 台湾総督府鉄道部・同交通局鉄道部『年報』各年度版。
(32) 竹本伊一郎編、前掲『台湾会社年鑑』、1934年11月 8 日、293－294頁。
(33) 佐井龍介「嘉義人物月譚」『台湾自治評論』6（5）、1941年 5 月 1 日、51－52頁；金融之世界社編、前掲『台湾産業金融事情 昭和17年版 産業・会社篇』、75頁、79－80頁。
(34) 石井禎二、前掲書。
(35) 台湾総督府「台湾私設鉄道補助法中改正法律案説明参考書」1939年12月（台湾総督府「台湾私設鉄道補助法中改正ノ件」1939年11月10日）。
(36) 同上。
(37) 石井禎二、前掲書。
(38) 竹本伊一郎編、前掲『台湾会社年鑑』、1934年11月 8 日。

第三章

戦前から戦後：連続性と再利用

戦後台湾映画における
「二重の連続性」に関する試論
——白克と林搏秋の足跡から※

三澤真美恵
日本大学文理学部教授

はじめに

　台湾研究[(1)]は一般に「日本による植民地統治期」と「中華民国期」とで別個に成果が蓄積される傾向がある。だが、「戦後[(2)]」台湾は植民地支配を経験した台湾社会と、中国大陸での抗日戦争を経験した中華民国（国民党）政府および故郷を喪失した大量の移民とが出会ったところに始まっており、そこには植民地期台湾からの連続性と抗戦期中国大陸からの連続性という「二重の連続性」が想定される。

　他方で、アメリカ初期映画を「重なり合いつつも不均衡に葛藤するような公共性が立ち現れる場（site）」として捉えたミリアム・ハンセンは、こうした場が周縁的な社会集団（移民、労働者階級、女性など）に依っていたがゆえに、トラウマとなるような土地や文化の移動という経験を持つ彼らの独特なニーズに応えていたことを指摘している（Hansen 1994）。ハンセンの指摘は、異民族支配下にあった植民地期台湾において形成された「分節的普及経路」や「臨場的土着化」（三澤2010a）といった映画受容の特徴が、外来者政権と新来の住民に出会うなかで変容した——すなわち二重の連続性のなかで構成された——戦後台湾映画という場を考察する際にも有効ではないかと思われる。

　すなわち、政府による反共イデオロギーにもとづく白色テロが猛威をふるった戒厳令下においてすら、公的に許容された娯楽として絶大な人気を誇った映画市場では、ハリウッド映画が量的に他を圧倒するなか、「北京語[(3)]」映画

に加え、1950年代半ばに誕生した「台湾語[4]」映画、断続的に輸入が許可された日本映画（植民地期経験をもつ本省人にとっては馴染がある）も流通していた。そこでは、植民地経験をもつ旧来の住民（福佬人、客家人などの漢族および先住民族などで構成される本省人）、抗戦経験をもつ新来の住民（中国各地の言語的文化的背景をもつ外省人）など、異なる言語や歴史経験をもつ社会集団が、それぞれに映画消費をおこなっていた。つまり、豊かなコンテンツと差異に満ちた観客によって多種多様に構成されていた戦後台湾映画の場には、政府主導の支配的な公共圏とは異なる「オルタナティブな公共圏」（Hansen 1994）としての機能があったのではないか。ハリウッド映画や香港製北京語映画を通じて「自由な西側社会」を見聞し、スターシステムによって共通の幻想を消費し、選挙（戒厳令下では制限されていた政治参加）や省籍矛盾（エスニック・グループ間の感情的対立）すら劇映画の涙や笑いの対象とする「経験の社会的地平」（Kluge and Negt 2016）が構成されていたのではないか。そこには、多様なアイデンティティが相互に葛藤する混交的な関係態が組織されるようなダイナミクスがあったのではないか。それは二重の連続性が出会うなかで起動したのではないか。長期的にはこうした見通しを持ちつつ、本章ではひとまず、戦後台湾映画における「二重の連続性」が単なる仮説にとどまらないことを、具体的な事例——すなわち大陸出身の白克（はく・かつ／Bai Ke、中国福建省の廈門市生まれ、1914—1964年）と台湾出身の林搏秋（りん・でんしゅう／Lin Tuanqiu、台湾北部の鶯歌生まれ、1920—1998年）に即して考察し、上記の見通しに沿って今後検討すべき課題を明確にしたい。

　戦後初期の台湾映画については呂訴上（1961）、杜雲之（1972abc、1986）ら当事者による先駆的な研究があり、1990年代以後に登場した映画史研究では一次資料に基づいて事実関係を実証的に見直そうとする動きが顕著である。台湾移転後の国民党政権による映画界の接収過程については、陳景峰（2001）、反共映画政策については鄭玩香（2001）などにより研究が進展した。独裁体制下の政治社会との関係で台湾映画を再考する研究（劉現成1997、李天鐸1997）や「国語（北京語）」政策の下では軽視されていた台湾語映画についての研究（国家電影資料館口述電影史小組1994；黄仁1994；王君琦

2017；蘇致亨2019；林奎章2020）も充実しつつある。植民地期との連続性ということでいえば、戦後台湾における日本映画の影響に関する研究（黄仁2008；三澤2010b；徐叡美2012）があり、黄仁・王唯（2004）の「台湾電影百年史話」をはじめ徐樂眉（2015）、陳儒修（2013）など台湾映画を百年という長期的スパンで捉えようとする書籍も登場している。英語圏では、Hong（2011）のようにナショナリズムの観点から戦後台湾映画を論じる研究もある。前掲の蘇致亨（2019）でも台湾語固有の文化を重視する観点から植民地期からの連続性が意識されている。また、本章が扱う二人の映画人のうち白克については、彼の遺稿と彼を記念する文書を集めた論集（黄仁編2003）があり、本章では白克の経歴について、特に記載のない限り、同著に依拠している。他に、白克と戦後初期映画の発展に関する雑誌論文（黄小萍2008）、戦後初期映画評論を論じるなかで白克を扱った修士論文（楊浩偉2017）なども出ている。また、林搏秋については、石婉舜による一連の先駆的な研究（2003）やインタビュー（林搏秋2018）があり、本章では、林搏秋の経歴について、特に記載のない限り、同研究に依拠している。昨年末には林搏秋の手稿を含む全12冊の全集も刊行された（林搏秋2023）。両者の[5]作品のうち現存するフィルムの一部はDVDも刊行された。[6]とはいえ、植民地期台湾および抗戦期中国大陸との「二重の連続性」ないし「オルタナティブな公共圏」という視角を導入して、この時期の台湾映画ないし本章で扱う二人の映画人を考察する研究は、管見の限りでは見当たらない。

　なお、「連続性」を殊更に言う場合には、断絶が前提されているはずだが、本章における断絶は第一に1945年の日本の敗戦に伴う台湾を統治する国家の交代という「統治権上の断絶」であり、第二にその新たな統治国家たる中華民国が実効支配地区を大きく縮減させて1949年に台湾に撤退したという「地理上の断絶」であり、その意味で「二重の断絶」となる。この点から、日中戦争期から戒厳時期の台湾における映画統制を行う行政権力の主体と、その実効支配地域を整理すると、次の［**表1・次頁**］のようになる。

表1　台湾および中国大陸における映画統制の行政権力主体の推移（1937-1987年）

	台湾	中国大陸
1937～1945年	日本（台湾総督府）	中華民国（国民党政権中央）
1945～1947年	中華民国（行政長官公署）	中華民国（国民党政権中央）
1947～1949年	中華民国（省政府）	中華民国（国民党政権中央）
1949～1987年	中華民国（省政府／国民党政権中央）	中華人民共和国

出所：筆者作成

1．大陸出身の白克

　白克は、戦後台湾のみならず戦前の廈門、南京、上海、重慶でも演劇・映画の経験があるが、白色テロにより逮捕（1962年）処刑（1964年）され、長く忘却されたのち、2002年になって無罪を獲得、名誉回復した。この点について、同時期に活躍した映画監督の張英は、白克が最初の廠長を勤めたスタジオ「台製」（後述）の社史にも彼の名が記載されていないことは友人たちに「憤り」を感じさせたが「どうすることも出来なかった」（黄仁編2003：29）といい、饒曉明（台製の後身・台湾文化電影公司の元総経理）は、社史に彼の名を記載しようと調査したが「政治的要因」による「資料散逸」のため果たせなかった、と語る（同前：56）。長く忘却されてきた白克の映画活動について、今日あらためて論じるべき課題は多い。本節では戦後台湾映画における二重の連続性に関わって、白克に着目することで何が見えてくるのかを示したい。

（1）二重の連続性の最初の接点

　最初に指摘したいのは、白克が二重の連続性の接点に位置している、ということである。彼は、台湾接収の第一陣として来台し、植民地期に総督府の映画統制を担った「台湾映画協会」と「台湾報道写真協会」を接収合併して「台湾省行政長官公署宣伝委員会電影撮製場」（略称は「台湾省電影撮製場」、「台製」。1949年に台湾省新聞処電影製片廠、1988年に台灣電影文化股份有

限公司に改組）[7]に改組し、廠長に就任する。台湾省行政長官・陳儀の来台、最後の台湾総督・安藤利吉が台北公会堂で降伏文書に署名する場面、祖国復帰に湧く市内の様子など、接収にともなう歴史的瞬間も、『台湾新聞　第1號：台灣省受降特輯』（モノクロ35mmニュース映画）などとして、白克の指揮の[8]もとで撮影された（林賛庭2003：18）。「台製」では機材や設備だけでなく、植民地期に総督府の宣伝を担った日本人技術者も流用していた。1946[9][10]年に撮影された「台製」の記念写真には、中華民国側の白克らが前列で足を組んでリラックスして座っているのとは対照的に、留用された日本人技術者の相原正吉、戸越時吉が緊張した顔つきで起立して最後尾に写っている（林賛庭2003：19）。そこには、植民地期の台湾で生まれ育ち「台製」に入ったばかりの若きキャメラマン林賛庭の姿もある。さらにいえば、植民地期に台中州の映画教育担当として巡回上映や皇民奉公会の活動記録を撮影し、戦後の1955年に台湾初の35ミリ長編台湾語劇映画『薛平貴與王寶釧』（1955年、[11]陳澄三率いる歌仔戯劇団「麥寮拱樂社歌劇團」を起用）で一世を風靡し「台湾語映画の父」と称された何基明監督（1917−1994年）も、白克のニュース映画製作に際して、フィルム現像の技術的サポートを行った経験を語っている。[12]

　以上、来台後の白克の足跡から、戦後台湾における映画製作が、植民地期からの人材、機材、設備の面での連続性と、抗戦期中国大陸からの人材、機材、機構および映画統制という「二重の連続性」が接する地点で「はじめの一歩」を踏み出したことを確認した。

（2）中華民国の映画統制としての連続性

　白克が二重の連続性の接点に位置することになったのは、彼が中華民国の映画統制を担う立場で来台したからである。台湾での彼の映画制作者と[13]してのキャリアは、1955年に台製を離れるまで、あくまでも中華民国の公営映画機関における国家的な映画統制の枠組みで行われていた。
　マス・メディア統制では、便宜的な区分として検閲・取締を消極的統制、宣伝・指導を積極的統制として捉える見方がある。国民統合のための映画[14]統制においては、統制対象は統合すべき「国民」としての〈我々〉と、それ

表2　国民統合のための映画統制

		統制の対象	
		〈我々〉	〈彼ら〉
統制の内容	消極的統制：検閲・取締	② 〈我々〉に対する「負の要素」取締	② 〈彼ら〉からの・への「負の要素」取締
	積極的統制：宣伝・指導	③ 〈我々〉に対する「正の要素」拡大	④ 〈彼ら〉からの・への「正の要素」拡大

出所：三澤（2010a：25−26）

以外の〈彼ら〉として想定される（[**表2**]を参照）[15]。映画が国家という境界を越える大衆文化商品であることは言うまでもないが、だからこそ、国家による映画統制という枠組みを設定することで、何が、どのようにこの枠組みを越えていくのかを見ることも可能になるはずである。

　ここで、戦後台湾における国民党政権による映画統制の対象を仮に台湾住民に限ったとしても、なお残る問題について確認しておく。すなわち、「植民地支配を経験した旧来の台湾住民（その大多数は漢族系の本省人）」と「抗日戦争を戦って国民党政権と共に台湾にやってきた新来の台湾住民（外省人）」との間に、「省籍矛盾」といわれる情緒的な溝が存在したという事実である。つまり、異なる歴史経験を持つ者の間に、互いに対して「我々」とは異なる「彼ら」と捉える感覚が存在したことになる。

　この点、白克が監督した劇映画のうち筆者が閲覧できた『黄帝子孫』（1956年）[16]、『龍山寺之戀』（1961年）[17]は、いずれも異なる歴史経験を持つ人々を「我々」として統合しようとする「包摂の語り」と呼べる内容になっている。

　『黄帝子孫』（1956年）は、台湾で初めて北京語と台湾語の両方のバージョンで製作された映画だが、同作には二・二八事件後に深まった「省籍矛盾」[18]（歴史経験の異なる本省人と外省人との間の感情的な溝）を緩和したいという狙いがみてとれる。すなわち、外省人と本省人の教員が恋に落ち、他の同僚や華僑の親類と共に台湾各地を旅行しつつ、「もともと台湾に住む者も、大陸から来た者も、遠く海外に住む華僑も、みな黄帝（中国古代伝説の帝）の子孫である」と訴える内容だ。盧非易（1998：69）[19]は、『黄帝子孫』を1954年8月に始まった文化清潔運動、翌年の「民主主義文藝政策」の流れ

に位置付けて香港との合作『關山行』（1956年、易文監督）などと同様、「省籍融合、団結反共、共産スパイとの戦闘」を主題とする1950年代「北京語」映画の基本特色を形成する作品と見ている。

同様に、『龍山寺之戀』（1961年）もまた、外省人と本省人との間の心理的間隙を恋愛や人情話で架橋しようとする内容であり、蘇致亨（2019：第4章）は同作を本省と外省の「大和解」を象徴する映画で「国民党政府の1957年の政策指示『題材において必ず本省同胞と外省同胞の間は相互に合作し親密になれることを強調すべし』にも合致していた」と指摘する。さらに、この作品には東南アジアの「厦語」映画市場で人気のあった荘雪芳と、彼女が役柄上披露する歌が市場的な価値を加えている。

「厦語」は台湾語と近接する言語で相互理解が容易なため、「厦語」映画と台湾語映画の境界は曖昧で、時に重複する概念である。共に福建省南部の「閩南語」系に属し、発音や語彙に違いはあるが、互いの話者は聞いて理解することが可能とされる。それゆえに、「厦語」映画の重要な市場のひとつは台湾であった。にもかかわらず、近年の本土重視の台湾映画史研究において「厦語映画は台湾語映画を定義するための装置にすぎない」（廖金鳳2001：29）と、「厦語」映画の存在が不可視化される傾向があるという（Tayler, 2011:23）。テイラーは、冷戦期東南アジアの「厦語」映画をナショナリズムやトランスナショナリズムに疑問を呈する文化産業として捉える観点に立つが、『龍山寺之戀』は「公共サービスのニュース映画に見えなくはない」と評し（同前：120）、白克が民間（海通電影公司）で周旭江と共同監督した『唐三藏救母』（1957年）についても「政府が支援した台湾・香港合作」の「福建語」映画で唯一の成功例と見ている（同前：105）。

つまり、戦後台湾における白克の映画の語りは、こうした先行研究の見方にも明らかなように、抗戦期からの連続性をもつ国民党政府の国民統合に向けた映画統制（［表2］でいえば③と④に相当する）を逸脱することなく編成されていたと理解できる。

にもかかわらず、共産主義の浸透に怯えていた国民党政府にとって、白克の映画が中華民国の実効支配地域を越えて東南アジア各地で大ヒットし、「福建四角形 Hokkien quadrangle」（Edgar Wickberg, 2007）（Wang Ying-fen

2016）と呼ばれる香港、シンガポール、台北、マニラ間の文化ネットワークにおいて一定の市場と影響力を持ったことは、［**表2**］の②と④の点において、諸刃の剣と見えた可能性もある。[20]

（3）台湾出身の劉吶鷗の訳語を通じた「帰還」

　では、白克が政府の映画統制を実践した官僚としてではなく、一人の映画人として、どのような抗戦期中国大陸との連続性を台湾に持ち込んだかという点について、彼のモンタージュ論から検討したい。

　戦後台湾で創刊された新聞『新生報』には文芸副刊以外に「電影・戯劇」週刊があり、そこに設けられた「周末影譚」が戦後台湾最初の映画評コラムとされる（黄仁編2003：10）、（楊浩偉2017：2）。これを担当していたのが、白克（当時は台湾電影撮製場の場長）である。白克は「台湾で中国語映画評の道を切り開いた先駆者」（黄仁編2003：10）[21]と言われ、映画理論の紹介にも熱心で、戦後台湾におけるモンタージュ理論の権威と見做されていた。[22]

　ここで着目したいのは、白克が使用した「モンタージュ montage」の訳語である。今日の中国語では音を充てた「蒙太奇（Méngtàiqí）」という訳語が一般的で、白克自身が言うように、これは1930年代上海において使用されはじめた訳語である。[23]白克も多くの文章でこの「蒙太奇」という訳語を用いている。[24]しかし、「『無情海』[25]のモンタージュ手法を鑑賞する（原題：欣賞《無情海》的織接手法）」において、白克は「この名詞［モンタージュを指す：引用者注］はあまりに玄妙であるので、むしろ「織接」と呼び、以てカッティング、編集とは異なることを示そう」（黄仁編2003：208、初出未詳）と述べている。実は、この「織接（織 zhī は「織る」、接 jiē は「つなぐ」の意味）」という訳語を創出したのは、台湾出身のモダニズム小説家・映画理論家・映画製作者の劉吶鷗である。台湾映画史研究者の黄仁は、白克がこの「織接」を用いたのは劉吶鷗の影響を受けたからではないかと推論している（黄仁2010：299）。劉吶鷗によるモンタージュの訳語には、もとのフランス語の「montage：（機械の）組み立て」という意味や、英語圏でモンタージュ概念を吸収した「film editing：編集」という語、あるいはその「film editing：編集」の中国語訳である「剪 jiǎn 接 jiē：切って繋ぐ」という語では

掬いきれない、映画におけるモンタージュという概念の正鵠を射た意味が付与されている。すなわち、単に「組み立てる」という非連続な個別の物体に仕上げる行為動作ではなく、「切ってつなぐ」という二次元的な連続を含意するのみでもなく、「(縦糸と横糸を絡ませて)織りあげる」という三次元的な連続を含意している。さらには、織物が通常フィルムと同様に帯状に仕上がることから、時間的な連続をも含意していることが重要である。スクリーンに映し出される映像は、モンタージュによって、一コマずつに映された図像が単に並べられた以上の「意味」——人間の認知機能の不全さ(残像現象)によってこそ完成する独自の「織り柄」——をもつ「映画」になる。つまり、「織接」という訳語には劉吶鴎がモンタージュの意義として強調した「(現実の時間や空間とは別様の)シネマティックな時間と空間の創出」、白克がいう「玄妙な」働きが見事に表象されている、といえよう。

　しかし、劉吶鴎は上海を占領した日本軍の映画政策に協力し、「漢奸」として暗殺された。そうした事情もあって、中国語圏では左派映画人が充てた訳語が継承され、劉吶鴎の訳語は全く継承されていない。したがって、白克が戦後台湾で発表したモンタージュ論において、なぜあえて「漢奸」の創出した「織接」の語を用いているのかは謎であり、興味を引かれるところである。仮に既訳の一つとして「織接」の語を採用したに過ぎないとしても、劉吶鴎自身が台湾に帰郷できないまま亡くなり、大陸でも台湾でも「漢奸」として長く忘却されたことを思えば、白克による戦後台湾での「織接」という語の使用は相当に大胆な選択ともいえ、客死した劉吶鴎の側に立てば、自身の訳語を通じての台湾への「帰還」という意味をもつ。つまり、白克による戦後台湾での「織接」という訳語の使用には、大陸時期からの連続性と同時に、植民地期台湾出身の映画人が創出した映画用語の連続性という、二重の連続性が折り畳まれていると考えることもできる。

　同時に、白克の映画評からは、『街角の天使(原題：馬路天使)』(1937年)の袁牧之を絶賛し、歐陽予倩の『新桃花扇』(1935年)に好意的な評を書くなど(黄仁編2003：214、215)戦前の上海で国民党と対立関係にあった左派映画人を高く評価していたこともわかる。白克の経歴からも、上海の電通電影公司で史東山に認められて見習いから脚本監督に昇格し、許幸之、袁牧

之、司徒慧敏と知り合い、『都市風光』(1935年、袁牧之監督)や『風雲児女』(1935年、許幸之監督。同作の主題歌「義勇軍進行曲」は後に中華人民共和国の国歌になる)の撮影に参加するなど、左派の映画人との距離が近かったことは見て取れる。[29] 戦後間もない台湾では、後述するように、自身が所属する台湾省行政長官公署宣伝委員会を通じて中国大陸から新中国劇社(歐陽予倩も参加)を招聘し台湾公演を実現させている。白克の映画作品については、彼の展開した映画論や上海左派映画人の映画話法との連続性という点からも検討する必要があろう。

２．台湾出身の林搏秋

　次に、植民地期台湾出身の映画人、林搏秋についてみていきたい。林搏秋の足跡や作品に着目すると、日本植民地統治時期からの連続性、とりわけ台湾における映画受容の「戦前」、「戦後」を貫く連続性が見えてくる。

(1) 植民地期台湾映画受容の連続性

　植民地期台湾の映画受容においては、日本映画も中国映画も、台湾語弁士の解説によってその場その場で臨場的に「台湾化」し、アドホックな「われわれの映画」として消費する「分節的普及経路」があった(三澤2004a；2010a)。[30] こうした「戦前」における映画受容の特徴は、日本語政策に代わって北京語政策が推進された「戦後」台湾でも連続して居たことは、回想録や聞き取り調査でもある程度わかっている。[31] 呉念真の映画『多桑／父さん』(1994年)に登場する、日本映画を台湾語弁士の説明付きで観ている映画館の場面を記憶している方も多いだろう。[32] 林搏秋の場合には芝居好きの母に連れられて幼い頃から台湾や中国の伝統オペラなど各種の舞台を鑑賞している(石婉舜2003：15—25)。また、日本留学中に「ムーラン・ルージュ新宿座」での演劇活動、東宝宝塚スタジオでの助監督経験を経て台湾に帰郷した林搏秋は、台湾の土着エリート文化人と出会うなかで、台湾文化に対する強い「使命感」をもつようになったという(石婉舜2003:83—91)。林搏秋は台湾語話者に向けに分節化された文化圏で消費者として育ち、それを継承する製作者

に成長して戦後を迎えたといえる。

（2）日本映画を消費し消化する「消日」現象＝「下からの脱植民地化」

　戦後台湾における特異な現象としての「日本」文化人気は、必ずしも単純な「親日」現象といえないことは、黄智慧（2003）や五十嵐真子・三尾裕子（2006）など多くの先行研究が指摘するところである。また、国民党政権下では中華ナショナリズムにより「上からの脱植民地化」、「代行された脱植民地化」が進んだという理解（若林正丈2007）があるいっぽうで、戦後初期の台湾社会には植民地期経験者による主体的な「歴史精算」の動きがあったことも明らかになっている（陳翠蓮2016）。白克や林博秋の活躍した時代、日本映画の台湾映画市場における人気もまた、「分節的普及経路」を通じた「臨場的土着化」という台湾の映画受容の特徴を考慮に入れた場合、排除するのではなく貪欲に消費し消化し自家薬籠中の物とする「親日」ならぬ「消日」現象、すなわち台湾映画（市場）が日本映画を「換骨奪胎」して「台湾化＝本土化」するという、大衆文化における「下からの脱植民地化（脱－日本化）」だったと解釈することもできる（三澤2010b）。

　この点で、林博秋の映画活動は、まさに植民地期からの連続性のうえで「下からの脱植民地化（脱－日本化）」＝「消日」を実践したものではないかと考えられる。たとえば、林博秋が1950年代後半に映画会社・スタジオ・役者の訓練班（玉峰影業・湖山スタジオ）を設立する際には、日本の東宝・宝塚スタジオを参照しているが、それもかつて東宝で同僚だった韓国人の友人に水準が低いと批判された「台湾語映画」を国際的に通用する水準で製作するためであった（石婉舜2003）。こうした選択を単純な「親日」と解釈はできないだろう。さらに、その映画表現に目を向ければ、『五月十三傷心夜』に関する「日本映画に学んで日本映画を超えた」という映画評論家の山田宏一による評価もある。[33]

（3）台湾人エリートによる文化運動の連続性

　『錯戀（丈夫的秘密）』（1960年、林博秋監督作品、脚本も林博秋だが「陳舟」名義。台湾語映画、玉峰影業公司[34]）の原作は、戦前の日本で女性に人気のあっ

た大衆作家・竹田敏彦の『涙の責任』（1939年、大日本雄弁会講談社）であ
り、YouTube にアップされた同作の映像表現には「セリフがないと日本映⁽³⁵⁾
画のようだ」というコメント欄への書き込みも見られた。しかし、林摶秋⁽³⁶⁾
が描いたのは、あくまでも台湾の社会であり台湾の人々である。自身が立ち
上げた玉峰影業公司での最初の作品『阿三哥出馬』（1959年）は戦後台湾で
実施された地方選挙をスラップスティック・コメディの題材にしている。⁽³⁷⁾
政治的には微妙な問題もはらむ「選挙」をあえて玉峰での最初のテーマに選
んだ背景には、林摶秋の映画事業に資金面で援助していた政治家・文化人の
楊肇嘉が影響を与えた可能性も考えられる。楊肇嘉は植民地期の1930年8
月に「台湾地方自治連盟」を結成して「普通選挙権付与・州市街庄の自主権
確立・民選議決機関設置」などを主張する運動を展開した経験をもつ。総督
府側は楊肇嘉らの運動に対抗する「台湾地方自治協会」を組織し映画を宣伝
に用いた（岡本真希子、2000：188）。こうした経験をもつ楊肇嘉が、戦後
ようやく物質的に可能になった台湾語映画＝「われわれの映画」で選挙への
大衆の興味を惹起しようと考え、応じた林摶秋がムーラン・ルージュ新宿座
仕込みの軽演劇の手法（笑いのなかに風刺を込める）で『阿三哥出馬』を製
作したのではないか、とも想像されるのである。他方、『錯戀（丈夫的秘密）』
や『五月十三傷心夜』（1965年、林摶秋監督作品）は、いずれも社会的な弱
者としての女性が主人公である。政治力、経済力、体力などにおける男女の
非対称性、旧態依然とした貞操観念が支配する社会で苦しめられながらも奮
闘する女性の姿は、戒厳令下の大衆にとって「我々の映画」として同一化し
やすいメロドラマであり、涙を絞りつつ、勇気づける内容だったといえる。
林摶秋自身は、植民地期にも戦後の国民党政権下でも経済的にはかなり裕福
な階層にあった。だが、政治的な権力という意味では、周縁に位置していた。
戦後いち早く演劇活動を再開したものの、脚本審査で検閲に不合格となり舞
台化を諦めるという挫折を味わい、二・二八事件後には、かつて共に演劇活
動をした簡国賢の逮捕処刑、呂赫若の死を目の当たりにし、白色テロによる
弾圧のリスクがある表現活動から、いったんは遠ざかっている。執筆活動も
日本語で行っていたがゆえに、戦後の出版界では発表の機会を失っていた。
林摶秋の創作活動が帯びた植民地期からの連続性は、「戦後」の政府公認の

公共圏、政治的正しさの文脈では歓迎されざるものだったといえる。こうした経歴は、政府の高官として、公営スタジオのリソースを十分に活用でき、中国語で映画評や映画理論を書き、教鞭をとることのできた白克とは、きわめて対照的であり、掴むことのできた機会の非対称性がきわだつ。もっとも、権力の周縁にいるという自覚が、林搏秋をして政治的危険を避けさせたのかもしれない。林搏秋の作品が再評価されるのは、民主化が進み、台湾固有の文化が評価されるようになる戒厳令解除後である。林搏秋の被抑圧経験を勘案すると「メロドラマには根本的な両義性」が存在し、体制破壊的にもなれば、現実逃避的にもなるという指摘（ピーター・ブルックス2002）が重要性を増す。台湾語演劇を離れ、台湾語映画で文化活動に復帰した際、その政治的リスクを回避すると同時に市場の要求に沿った選択が林搏秋にとってのメロドラマだったといえるかもしれない。この点は、日本占領下の上海映画人の戦略（Poshek Fu 1993）を連想させもする。

3．二重の連続性が出会う時

　本章で見てきた白克と林搏秋には、未完に終わった共同監督映画『後台（別名：桃花夜馬）』の企画があった。大陸出身の映画人と台湾出身の映画人は、はたしてどのように出会い、そこにどのような化学反応が生まれたのか。詳しいことは、わかっていない。

　二人の出会いを確認する手がかりは、林搏秋が創設した湖山スタジオを、白克が訪問した時の記事である。白克は『聯合報』に、「湖山スタジオを記す」としてこの民間のスタジオを高く評価する次のような記事を書いている。

　「台湾語映画を見下す人がいるが、湖山スタジオは未来の台湾語映画の大本営となるだろう。……日本とインドを除けば、湖山スタジオはアジアで最も規模が大きく、自由中国映画界が誇るべきものである。このスタジオは内外の人々に重視され、政府当局もまたかならずこれを支持すると信ずる。私はこのスタジオを祝福し、未来の自由中国映画界の遠景のために心から喜悦を感ずる」（1958年6月5日『聯合報』06版「聯合副刊」）。

　同じ年、白克は植民地期の台湾人が日本軍によって南洋に派遣された先で

の苦労と、日本人看護士および現地マレーシア女性との三角関係を描いた『断魂南海（魂を断つ、南の海）』（1958年）を監督している。国家電影及視聴文化中心が保存公開する宣伝チラシには、原作は「台南の林安保」、キャメラマンは日本人の宮西四郎[38]と紹介され、あらすじの他、映画主題歌、挿入歌２曲の楽譜も記載されている。ここで想起されるのは、戦後台湾で日本軍兵士を匿ったこともあるという林博秋が書き、検閲で不合格となった脚本『海南島』（1946年）との類似である。石婉舜（2003：122－124）によれば、脚本『海南島』の内容は、植民地期の台湾人が日本軍によって動員され敗戦をむかえたものの海南島に留められなかなか帰国できない苦労を描いた内容だという。三角関係の恋愛劇は、よくある設定ともいえるが、『錯戀（丈夫的秘密）』（1960年）や『五月十三傷心夜』（1965年）のモチーフでもあり、「林安保」は林博秋の筆名で、検閲でお蔵入りした『海南島』脚本を、斯界に顔のきく白克ならば映画化可能とみて、両者が協力し映画『断魂南海』が誕生した、ということはないだろうか。ひとつの可能性として今後検討してみたい。

　白克は、湖山スタジオで初めて製作された林博秋監督『阿三哥出馬』について、「監督の手法は堅実で明快といえる。そのうえ独特の創造的な筆致を備えており、非凡なことは明らかだ」（1959年５月29日『聯合報』06版「新藝」）と、きわめて好意的な批評を書いている。

　では、二人が本格的に合作を試みた映画『後台』は、なぜ撮影半ばで中断してしまったのか。林博秋によれば、題材の「争議性」と資金難、市場不景気が理由という（石婉舜、2003：149）。では、その「争議性」とは何を指すのか。映画製作という討議が必須の場で、それぞれに異なる経験と独自の美学をもつ彼らが、どのように協力して作品を作ろうとしていたのか。台湾で刊行された林博秋全集に所収のシナリオを分析することで明らかになる部分もあるかもしれない。

おわりに：オルタナティブな公共圏の多義性

　本章では、戦後台湾映画における「二重の連続性」が出会うなかで、それ

ぞれの連続性が依拠するところとは「別様でもありうる公共圏」（それは当然、オルタナティブな政府公認の公共圏とも別様であっただろう）が形成される可能性を見通しに入れながら、大陸出身の白克と台湾出身の林搏秋を事例として、まずは「二重の連続性」が単なる仮説ではなく、実態として確認できるかを検討した。

　白克の事例からは、彼が中華民国の映画統制という連続性を代表し台湾に残された植民地期からの映画機構を接収し、その人材を流用するプロセスにおいて、抗戦期中国大陸からの連続性と植民地期台湾からの連続性との結節点に位置していたことがわかった。白克の映画における語りは、確認できる範囲では中華民国の積極的統制に沿っていたが、東南アジア市場での成功には消極的統制の対象とされうる多義性があったと推定される。さらに、白克が採用した「モンタージュ」の訳語「織接」は台湾出身の劉吶鴎が戦前の上海で創出したものであり、意図した結果か否かは不明だが、戦後台湾での「織接」の使用には植民地期台湾からの連続性と中国大陸からの二重の連続性が折り畳まれていたといえる。

　林搏秋の事例からは、植民地期に「分節的普及経路」と「臨場的土着化」によって形成された台湾語の大衆文化圏に成長し、これを製作者として継承し、「臨場的土着化」（イベントとしての「我々の映画」）のみならず冗長性（redundancy）を備えた土着化（「物質＝フィルム」としての「我々の映画＝台湾語映画」）として成立させるなど、植民地期台湾社会からの連続性が確認できた。また、その映画における語りにも、植民地期に果たせなかった政治参加に対する知識人の思いや多重の抑圧のなかで生きる女性への共感が見出せる。

　きわめて雑駁な試論の段階ではあるが、大陸出身の白克と台湾出身の林搏秋という二人の映画人の足跡を検討することを通じて、戦後台湾映画には「二重の連続性」といえるものが実態として存在していたことは確認できたと思う。同時に、多くの検討すべき課題が明らかになった。今後は、この「二重の連続性」が出会う場において、それぞれの連続性が依拠するものとは「別様でもありうる公共圏」が形成された可能性の条件について考察してみたい。現時点での作業仮説は、そうした大衆娯楽の場において、戒厳令解除後に加速する民主化、自由化に向けた混交的な関係態が、非識字層を含む社会の基

層において組織されるようなダイナミクスが育まれたのではないかというものである。

　この作業仮説に関わって最後に触れておきたいのが、白克が台湾省行政長官公署宣伝委員会を通じ、戦後間もない1946年12月−1947年3月に、上海に復員していた新中国劇社と歐陽予倩を台湾に招聘して行なった台湾公演（会場はいずれも台北市中山堂）である。間ふさ子（2005）の研究によれば、宣伝委員会の招聘意図は「国語」の普及と「祖国の新文化」の紹介にあり、政府の招聘した劇団に対してはじめは警戒を示した台湾の人々も、実際に『日出』や『桃花扇』などの舞台を観ると共感を示したという。さらに「上部の指示を受けた共産党の地下党員で『中外日報』の本省籍記者・呉克泰」が「台湾の演劇人と歐陽予倩の間をつないだ」ことで、日本語を通じて直接の交流も得たという（同前：102）。日本への留学経験もある歐陽予倩は、二・二八事件の渦中においても日本語で「国民党ファシストに反対する台湾人民の闘争を支持する」と表明したという（同前：101）。間ふさ子が明らかにしたのは、歐陽予倩のように「台湾の特殊性を認識した上で台湾の問題を自分たちのものとして受け止める」外省人の台湾認識が存在したことである（同前：103）。1930年代上海で左派映画監督に就き、新中国劇社を台湾に招聘した白克の台湾認識も歐陽予倩のそれに近かったのではないだろうか。共産党の本省籍地下党員が媒介した、外省籍の左派映画演劇人と本省籍の演劇人との間では、植民地期台湾の演劇の歩みにも話が及んだという（同前：102）。そこには、新中国劇社と歐陽予倩を台湾に招聘した行政長官公署の意図を超えた「別様でもありうる場」、活発な討議の場が出現していたと想像される。

　他方で、『桃花扇』の公演（1927年2月15日−20日）チラシに印刷された総勢20名の「演出顧問」（末尾に白克の名がある）のリストは、その後の歴史を知る者には肌を粟立たせるものがある。すなわち、二・二八事件で報復的な弾圧を行なった柯遠芬（台湾省警備總部参謀長）や張慕陶（憲兵第四団団長）、逆に二・二八事件の反乱主要人物として連れ去られ消息不明となった宋斐如（『人民導報』創刊者の一人）、1952年に白色テロで処刑された李友邦（重慶で台湾義勇軍に参加）、国民党政権で要職を歴任した黄朝琴、リベラリスト外省人の雷震と共に「中国地方自治研究會」を組織した李萬居な

どの名が、同列に並んでいるのである。この「演出顧問」リストはしかし、当該時期の台湾において「二重の連続性」が出会う場がもつ性質の一面を正しく伝えているともいえる。すなわち「別様でもありうる場」は「重なり合いつつも不均衡に葛藤するような公共性が立ち現れる」がゆえに、そもそも多義的な場であり、戒厳令下では政治的に危険な場でもあった、ということだ。

［注］

※　本章の初出は『JunCture: 超域的日本文化研究』13号（2022年3月30日、24－40頁）、中国語版は周俊宇訳「由白克和林搏秋的足跡試論戦後臺灣電影的「雙重連續性」」である。

(1)　「台湾」という場合の地理的な広がりは日本植民地期に台湾総督府の統治下にあった台湾島、澎湖諸島などの他、日本の敗戦後に中華民国の実効支配下となった金門島などの地域も含む。「台湾人」という場合には、この地理的な広がりに居住する現代の台湾住民のみならず、日本植民地期に「内地人」ではなく「本島人」、「高砂族」などと呼称された過去の台湾住民もふくめた総称として使用する。

(2)　1945年の敗戦をもって「戦後」と捉える日本とは異なり、台湾では1945年の日本の敗戦による植民地支配からの解放後を、そのまま「戦後」と捉えることにはある種の困難がつきまとう。「戦後」という言葉は「日本人が勝手に遣って、勝手に独占しているだけ。アジアの人々にとっては、ちっとも『戦後』ではない」（劉進慶2006）という捉え方もある。また、「戦後台湾の戦時体制」（林果顕2008）という捉え方もある。冷戦の最前線にあった台湾では、実際に総動員体制法が解除されたのは1991年になってからのことだからだ。本章で扱う時期もまた、国共内戦の続く総動員体制期であり、東西冷戦期、戒厳時期に重なる。だが、ここでは読みやすさを優先し、あえてカッコはつけずに「戦後」という語を「第二次大戦後」の意味で用いる。なお、本稿における訳文は特記しない限り筆者による。

(3)　「北京官話」をベースとする「標準中国語」を指す。国民党政府は、これを「国語」として普及推進した。今日、中国大陸では「普通話」、台湾では「台湾華語」と呼ばれることもある。

(4)　福建省南部の閩南語系言語（泉州語、潮州語など）が台湾で独自に発展した言語で、「閩南語」、「福佬語」、「河洛語」、「台湾閩南語」とも称される。本省人にとっての母語のひとつ。

(5)　わずかながら筆者も刊行に関わったが、残念なことに現時点では手元に届いておらず、脱稿までに参照することが出来なかった。

(6)　DVD-BOX『台灣電影的先行者──林搏秋』（經典台語電影數位珍藏版）台湾国家電影中心・飛行、2021年。DVD『龍山寺之戀』台聖発行、2012年。

(7)　省に属する同組織は、後に党に属する中央電影公司、国防部に属する中国電影

製編廠と共に、台湾の三大公営映画スタジオの一角を成した（「關於台影新聞」、「国家電影中心──台影新聞片中的電影」http://www.ctfa.org.tw/tai_image/about.html.最終閲覧日：2019年08月24日）。

(8) 当時のニュース映画は一部しか残っていないが、在台日本人の「戦後」の姿を捉えた『遣送日俘日僑歸國』（1946年、製作：行政庁官公署宣伝委員会、製片：白克）など、修復されたフィルムの一部は台湾・国家電影中心ウェブサイトで公開されている（http://tcdrp.tfi.org.tw/achieve.asp?Y_NO=5&M_ID=25、最終閲覧日時：2021年12月22日）。

(9) ただし、機器や設備は損傷も多く、場長の白克は新たに多くの機材を購入し、撮影環境を整える必要があった（林賛庭、2003：18）。

(10) 1945年12月8日付行政庁官公署档案によれば、留用されていたのは影山鶴雄、桑田嘉好、倉橋勇、蓑田俊夫、安藤鐵郎の5名。このうち安藤鐵郎は台湾総督府档案（「安藤鐵郎（事務嘱託；手当；勤務」1941年05月01日、台湾総督府档案、典蔵号：00010269127）で経歴が確認でき、明治37年千葉県生まれ、早稲田大学英文科中退、満蒙研究会嘱託、阿里山公園協会嘱託、嘉義市役所雇、台南市雇などを経て総督府官房文書課臨時情報部で情報宣伝の経験のあったことがわかる。また、1946年9月4日の段階で「必須留用」名簿にあるのは、相原正吉（撮影、41歳）、影山鶴雄（写真、36歳）、佐々木永治（現像、43歳）、戸越時吉（録音、39歳）、桑田嘉好（美術、37歳）、蓑田俊夫（写真、30歳）の6名（妻子など家族を含めた人数は16名）である（「日僑遣送應澈底辦理指示」1949年09月04日、台湾省行政長官公署档案、典蔵号：00301910060002）。

(11) 台湾初の台湾語劇映画は邵羅輝監督による16ミリの『六才子西廂記』（1955年）とされる（国家電影資料館口述電影史小組、1994）。台湾語で製作された教育映画『農家好』（1955年）を台湾初の台湾語映画とする見方もある（林奎章2020：248）。

(12) 何基明監督へのインタビュー原稿（八木信忠、池田博、鳥山正晴、渡辺豊、広澤文則、丸山博、山名泉ら7名による。1993年6月3日、同11日、日本大学芸術学部にて。国家電影及視聴文化中心所蔵）。

(13) 中華民国政府、国民党による大陸時期の映画統制については、たとえば張新民（1996）、三澤（2004b；2007）などを参照のこと。

(14) 日本語では奥平康弘（1986）、内川芳美（1973、1989）、中国語では鄭用之（1941）杜雲之（1972a）などを参照のこと。

(15) 国民統合のための映画統制を分析する枠組みについては、三澤（2010a：25─27）を参照されたい。

(16) 同作について、国家電影及視聴文化中心ウェブサイト「開放博物館」（https://openmuseum.tw/muse/digi_object/ee75cfc28333598634e532c929eb8bd8#902、最終閲覧日時：2021年12月22日）には、以下の記載がある。「首部公営片廠出品的台語電影。僅巡迴放映，未在戲院上映。1955.10.25開拍，1956.6完成」、「以國台語雙聲帯配音，由呂訴上翻譯台語」（『歴史的腳蹤：台影五十年』1996年、国家電影資料館）、「新聞處製片廠加強製片工作再計劃攝製教育片「我們是黄帝

子孫」」（1955／7／10『台中民聲日報』1955年7月10日第四版）。

(17) モノクロ35ミリ、北京語・台湾語混成、長編劇映画。脚本：白克・徐天榮、香港莊氏影業公司・台湾福華影業公司合作。1962年9月18日より台北の新世界など複数の劇場で公開。データは下記参照。国家電影及視聴文化中心ウェブサイト「開放博物館」（https://tfi.openmuseum.tw/muse/digi_object/2dc667145b2bbf54164896cef2dd4743）、最終閲覧日時：2021年12月22日。

(18) 台湾初の台湾語劇映画は前述の通り『六才子西廂記』（邵羅輝監督、1955年）。

(19) 筆者が閲覧したのは国家電影及視聴文化中心所蔵の北京語版VHS。

(20) 国民党政府はこの時期、香港や東南アジアに「反共自由陣営」による文化商品ネットワークを求めていたが、同時に、そうした文化商品ネットワークを通じて共産主義思想が台湾に浸透するのを警戒してもいた（三澤2009；三澤2012）。

(21) ただし、植民地期には中文の映画評がなかったという見方（黄仁編2003）は正確ではない。

(22) 白克は国立芸術専科学校（現在の国立台湾芸術大学）や政工幹部学校（現在の政戦学院）では映画演劇の教授として招聘され、「映画監督」、「映画脚本」などの科目を担当していた。以下は黄仁編（2003）収録の「紀念文集」からの採録。括弧内の氏名は執筆者、数字は頁数を示す。「台湾の映画学科がまだ砂漠のようだった時代、映画理論を追求しようにも読むべき本はなく、新聞雑誌で白教授の書いた映画評論や監督とモンタージュの紹介を読み、砂漠に突然緑地を見た思いだった」（孫陽：51－53）、「（白克）先生の映画理論におけるモンタージュの明晰な解説が、私の脚本監督の仕事に深い影響を与えた」（呉桓：57－58）、「図書館にも十分な本はなく、コピー資料もなく、ネットで何でもダウンロードできる現代とは違って、学生は白克が口述する講義をそのままノートに速記し、授業が終わると劇場へ行って上映中の映画のカット割を分析し、次の授業で先生やクラスメイトと相互に討論した」（李樹良：64－65）、「シーンの転位方法、モンタージュの対位構成技法……当時の講義ノートは今も書架にある」（李英：70－71）、「百科全書にも墨塗りの箇所があった時代、白克もまたモンタージュを語るのにエイゼンシュテインを持ち出すことはできずワイラーやヒッチコックを例に挙げていた」（曾連榮：61－63）。

(23) 夏衍と鄭伯奇がペンネームでプドフキンの『電影導演論』と『電影脚本論』の翻訳を上海『晨報』の『毎日電影』副刊に連載したのは1932年7月28日からで、単行本は1933年2月刊行。劉吶鴎のモンタージュ理論と同時代の映画理論の関係については三澤（2017a）の整理を参照のこと。

(24) 『聯合報』1960年5月23日－30日の連載「蒙太奇簡論」など。

(25) Charles Herbert Frend監督作The Cruel Sea（1953）だと思われる。

(26) 当該時期のモンタージュ論に詳しい岩本憲児は「『モンタージュ』というフランス語の意味が、もともと機械の組み立てとか、機械の据え付けとかを指していることはともかく、犯人捜しであれ、映画編集であれ、合成画面や合成写真であれ、そこには既成のイメージを『つぎはぎする』か、『重ね合わせる』共通の性格が見られる。そのとき写真は一つの空間のなかで、映画は空間と時間

のなかで、パッチワークを行いながら、現実とは別の空間を構成するのである」と説明している（岩本憲児1998）。

(27) 劉吶鷗「影片芸術論」（『電影周報』1932年7月1日−10月8日掲載）康来新・許秦蓁編『劉吶鷗全集　電影集』2001年、260−261頁。

(28) 1936年、白克は広西省政府の推薦を受け、南京中央撮製場に赴いており、この時期（1936年8月初旬から1937年盧溝橋事変直後まで）劉吶鷗は南京中央撮製場の編導委員会の主任委員、すなわち映画製作の実質的な現場責任者だった。つまり、二人は直接出会っていた可能性もある。また、彼の下で働いた黄鋼は劉吶鷗が「漢奸」とみなされた時期にあって、あえて「嘘をいう必要はあるまい」と断りながら、現場での彼が映画制作の仕事や映画理論の渉猟にはきわめて熱心で、「責任感」のある人物だったことを想起している（劉吶鷗の南京中央撮製場時代については三澤（2010a）第1章第5節を参照のこと）。また、南京中央撮製場に赴く以前から、彼の書く映画理論が「進歩的映画人」にも影響を及ぼしていたことからも、白克がその著作に触れていたことは十分に考えられる。

(29) 今回は盛り込むことができなかったが、日中戦争が本格化した後も、白克は舞台劇の脚本や通俗小説を執筆していた。この点について2021年1月23日−24日名古屋大学大学院人文学研究科付属超域社会文化センター主催の国際シンポジウム「メディア化された身体/引き裂かれた表象——東アジア冷戦文化の政治性」（以下、「2021年名古屋大学シンポ」と略記）における筆者の報告に対するコメンテーター張新民先生からは重要なご教示と貴重な資料のご提供を得た。記して感謝したい。

(30) 2014年には、「分節的普及経路」の戦後への連続性を示す物的証拠ともいえるフィルムも発見された。すなわち、台湾初の35ミリ「台湾語」トーキー映画として知られる『薛平貴與王寶釧』（何基明監督、1956）の「客家語版」である。この客家語版の背景音楽には1960年のハリウッド映画『栄光への脱出』（原題：Exodus）が使用されており、オリジナル台湾語版が公開された1956年から数年後に客家語吹き替え版が制作されたこと、すなわち、同作が数年にわたって映画市場で人気を保ったこと、客家語吹き替え版を制作してもその費用が回収できるだけの、客家語固有の分節的映画普及経路があったことを示している（三澤、2017b）。つまり、戦後の北京語政策下でも、こうした分節的経路による映画受容空間が、台湾語映画を普及させる前提（基盤）になっていたと考えられる。

(31) 台湾語弁士・陳勇陞氏へのインタビュー（国家電影資料館資料組：洪雅文・薛恵玲・王美齢による。1998年12月11−12日、陳勇陞氏の自宅にて。筆者も同行）。

(32) 1994年、原題は『多桑』。日本植民地期に青春時代を過ごした炭坑夫の父を息子の視点から描いた呉念真の自伝的作品。

(33) 「山田宏一と観る林摶秋映画　第三回」『三澤研究室』HP内（http://misawa.pbworks.com/w/page/146522172/山田宏一と観る林摶秋映画）。最終閲覧日：2021年12月23日。

(34) 蒲鋒・李照興主編『經典200:最佳華語電影二百部』（香港電影評論学会、2005年）に選出された唯一の台湾語映画でもある。

(35) 日本でも、1940年に松竹大船の蛭川伊勢夫監督で映画化されている。

(36) DVD発売後にYouTube上の当該動画は削除されたが、国家電影及視聴文化中心が提供する動画「【台語片60週年】關於台語片28：台語片中的日式風情萬種」には台湾映画に登場する日本的な要素が数多く紹介されている（https://www.youtube.com/watch?v=8bNRDqv7m-E）閲覧日時：2021年12月23日。

(37) 戦後台湾では、1951年の臨時省議会議員選挙から、順次、県の知事や市長の選挙、「地方自治」が実施され始めていた。

(38) 松竹で任侠映画『男の嵐』（1963年、松浦健郎原作・脚本、中川信夫監督）の撮影を担当（一般社団法人日本映画製作者連盟データベース、http://db.eiren.org、最終閲覧日時：2021年12月27日）。

(39) 歐陽予倩の台湾行きには「彼の豊富な演劇経験はもとより、国民党にまでまたがる広い人脈や日本とのつながりなど、新中国劇社に欠けていたものを補う意味合いがあった」（間ふさ子2005：95）。

(40) 同資料は、2021年名古屋大学シンポの際、松浦恒雄先生からご提供いただいた。記して感謝したい。十分に読解できていない部分もある。今後の課題としたい。

(41) 「演出顧問」リストは無事に公演を行うための各方面に向けた通行手形のようなもので、実際に彼らが演出に関わったわけではないと思われる。

[参考文献リスト]
本文で直接言及した書籍・論文のみ掲げる。その他は注記に掲げる。

日文（五十音順）

間ふさ子2005「欧陽予倩の台湾認識──1946〜47年の台湾公演を中心として」『九州中国学会報』43号、92−106頁

五十嵐真子・三尾裕子編2006『戦後台湾における〈日本〉──植民地経験の連続・変貌・利用』風響社

岩本憲児1998「モンタージュの時代──写真と映画」『ロシア・アヴァンギャルドの映画と演劇』水声社

内川芳美編1973『現代史資料40　マス・メディア統制１』みすず書房

内川芳美1989『マス・メディア法政策史研究』東京：有斐閣

岡本真希子2000「1930年代における台湾地方選挙制度問題」『日本史研究』452号、165−194頁

岡本真希子2003「植民地支配下台湾の政治経験」『アジア遊学』48号、14−21頁

奥平康博1986「映画と検閲」今村昌平・佐藤忠男・新藤兼人・鶴見俊輔・山田洋次編『講座日本映画２　無声映画の完成』岩波書店、302−318頁

黄智慧2003「ポストコロニアル都市の悲情－台北の日本語文芸活動について」橋爪紳也編『アジア都市文化学の可能性』清文堂、115−146頁

張新民1996「国民政府の初期映画統制について──一九三〇年代を中心に」『（大阪教育大学）歴史研究』33号、269−293頁

ピーター・ブルックス2002、四方田犬彦・木村慧子訳『メロドラマ的想像力』産業図書

三澤真美恵2004a「植民地期台湾における映画普及の分節的経路と混成的土着化」『立命館言語文化研究』第15巻3号、39－52頁

三澤真美恵2004b「南京政府期国民党の映画統制－宣伝部、宣伝委員会の映画宣伝事業を中心として」『東アジア近代史』第7号、67－87頁

三澤真美恵2007「抗戦期中国の映画統制－取締から積極的活用へ」平野健一郎編『日中戦争期の中国における社会・文化変容』財団法人東洋文庫、133－170頁

三澤真美恵2009「米国広報文化交流局USIS）と台湾『自由』映画陣営の形成」土屋由香・貴志俊彦編『文化冷戦の時代』国際書院、95－118頁

三澤真美恵2010a『『帝国』と『祖国』のはざま――植民地期台湾映画人の交渉と越境』岩波書店

三澤真美恵2010b「『戦後』台湾での日本映画見本市――1960年の熱狂と批判」坂野徹・慎蒼健編『帝国の視角死角－〈昭和期〉日本の知とメディア』青弓社、207－242頁

三澤真美恵2012「1970年代台湾『心理建設』としてのテレビ統制」『メディア史研究』32号、83－105頁

三澤真美恵2016「戦後台湾の映画館における国歌フィルム上映プログラムの確立」『日本台湾学会報』18号、63－85頁

三澤真美恵2017a「劉吶鴎の『織接＝モンタージュ』――その映画論の特徴と背景」『中国語中國文化』14号、21－58頁

三澤真美恵2017b「終章」三澤真美恵編『植民地期台湾の映画――発見されたプロパガンダ・フィルムの研究』東京大学出版会、出版協力：国立台湾歴史博物館、234－251頁

劉進慶2006構成・注作成：駒込武「『戦後』なき東アジア・台湾に生きて」『前夜』9号、229－246頁

若林正丈2007「台灣の重層的脱植民地化と多文化主義」鈴木正崇編『東アジアの近代と日本』慶應義塾大學東アジア研究所、207－214頁

中文（ピンイン順）

陳翠蓮2016「臺灣戰後初期的『歷史清算』（1945－1947）」『臺大歷史學報』58号、195－248頁

陳景峰2001『国府對台湾電影產業的處理策略1945－1949』国立中央大學歷史研究所修士論文

陳儒修2013『穿越幽暗鏡界：台灣電影百年思考』書林

杜雲之1972a,b,c『中國電影史1・2・3』台灣商務印書館

杜雲之1986『中國電影70年（1904－1972）』中華民国電影図書館

国家電影資料館口述電影史小組1994『台語片時代1』財団法人国家電影資料館

黃仁1994『悲情台語片』萬象図書

黃仁主編2003『白克導演紀念文集暨遺作選輯』亞太圖書

黃仁・王唯編著2004『台湾電影百年史話』中華影評人協会

黃仁2008『日本電影在臺灣』秀威資訊

黃仁2010『國片電影史話：跨世紀華語電影創意的先行者』台湾商務印書館

黃小萍2008「白克與早期臺灣電影的發展」『萬芳學報』4期、27－38頁

李天鐸1997『台灣電影、社會與歷史』視覚伝播芸術學會

廖金鳳2001「消逝的影像——台語片的電影再現與文化認同」遠流

林摶秋2018「林摶秋談林摶秋——1995年佐藤忠男與林摶秋訪談節錄」『電影欣賞』
　　36卷4期（總177號）、104－113頁

林摶秋2023『林摶秋全集』全12卷、書林出版有限公司

林奎章2020『台語片的魔力——從故事、明星、導演到類型與行銷的電影關鍵詞』游
　　擊文化

林果顯2008「戰後台灣的戰時体制（1947－1991）」『台灣風物』58卷3期、135－
　　165頁

林贊庭編著2003『台湾電影撮影技術発展概述1945－1970』行政院文化建設委員会・
　　財団法人国家電影資料館

劉吶鷗2001（康来新・許秦秦編）『劉吶鷗全集』全6卷（日記集2卷、文学集、理
　　論集、電影集、影像集各1卷）台南県文化局

劉現成1997『台灣電影、社會與國家』視覚伝播芸術學會

呂訴上1961『台灣電影戲劇史』銀華出版

盧非易1998『台灣電影：政治、經濟、美學（1949－1994）』遠流

蒲鋒・李照興主編2005『經典200:最佳華語電影二百部』香港電影評論学会

蘇致亨2019『毋甘願的電影史：曾經，臺灣有個好萊塢』春山出版

石婉舜2003『林摶秋』臺北藝術大學・行政院文化建設委員會

蘇致亨2019毋甘願的電影史：曾經，臺灣有個好萊塢』春山出版

王君琦主編2017『百變千幻不思議：台語片的混血與轉化』聯經、財團法人國家電影
　　中心

徐樂眉2015『百年台灣電影史』揚智

徐叡美2012『製作『友達』——戰後台灣電影中的日本（1950s－1960s）』稻鄉出版社

楊浩偉2017「戰後初期臺灣電影評論研究－以《臺灣新生報》為分析場域（1946－
　　1950）」國立臺灣大學／台灣文學研究所修士論文

鄭玩香2001『戰後台灣電影管理体系之研究（1950－1970）』国立中央大學歷史研究
　　所修士論文

鄭用之1941「抗建電影製作綱領」『中国電影』1卷1期、19－20頁

英文

Alexander Kluge and Oskar Negt, 2016, *Public Sphere and Experience: Analysis of the
　　Bourgeois and Proletarian Public Sphere*, Foreword by Miriam Hansen, Verso

Edgar Wickberg, 2007, *The Chinese Philippine Life*: 1850-1898, Ateneo de Manila Univ
　　Press

Guo-Juin Hong, 2011, *Taiwan Cinema. A Contested Nation on Screen*, Springer

Jeremy E. Taylor, 2011, *Rethinking Transnational Chinese Cinemas: The Amoy-Dialect Film Industry in Cold War Asia*, Routledge

Miriam Hansen, 1994, *Babel and Babylon: Spectatorship in American Silent Film*, Harvard University Press

Poshek Fu 1993, *Passivity, Resistance and Collaboration: Intellectual Choices in Occupied Shanghai, 1937-45*, Stanford University Press

Wang Ying-fen, 2016, "The transborder dissemination of nanguan in the Hokkien Quadrangle before and after 1945", Ethnomusicology Forum, Volume 25, pp. 58-85

付記：本章の原案を報告した2021年 1 月23日－24日の名古屋大学大学院人文学研究科付属超域社会文化センター主催の国際シンポジウム「メディア化された身体／引き裂かれた表象――東アジア冷戦文化の政治性」（コメンテーター：張新民先生）および2022年11月 4 日― 5 日の霞山会・台北大学共催シンポジウム「東アジア近現代史の中の変遷・対抗・融和――歴史・教育、産業・経済の視点から」（通訳：周俊宇先生、コメンテーター：林果顕先生）では、参加者より貴重なご意見を頂戴した。記して感謝したい。また、本章の中国語版は2023年12月25日に急逝された故 周俊宇先生（國立政治大學 臺灣史研究所 助理教授）に翻訳していただいた。ここに、謹んで感謝と哀悼の意を表したい。

台湾における日本統治時代の
建築文化財の再生と再利用に関する考察
——日本式宿舎を対象として

王　淳熙
国立台北大学民族芸術與文化資産研究所副教授

1．文化財の保存と再生

（1）台湾の文化財の保存過程

　文化財の保存は自然に始まったものではない。長い年月にわたる継続的な修正、検討を経て、比較的完全な制度が徐々に形成されてきた。台湾における文化財保存の法制化の経緯は、実は日本統治期の「史跡名勝天然記念物保存法」に遡る。日本政府は、価値があると見なした建築物ないし建造物を精査、指定していた。戦後、当初の法制度は適用されなくなり、最初の「文化財保存法」が制定されたのは、1980年代になってからであった。

　1982年に「文化財保存法」が制定され、その後数回、大幅の修訂が行われ、1998年には一級、二級、三級が国定、省市定、県市定古蹟に改められた。また後に、2000年に歴史的建造物の種類が追加され、2005年の法改正では、[1]大幅に改正され、種類が追加され、暗黙のうちに有形文化財と無形文化財の区分が定められた。2016年の最新の法改正では、有形の史跡や記念建造物が増加しただけでなく、無形も無形文化遺産の保護に関する条約（ICH）の分類に一致させた。

　過去40年間の文化財保存の歴史を振り返ると、その種類は数多くあるものの、2005年以前は主に指定・登録対象となったのは建造物であり、特に「史跡」という用語は文化財の代名詞といえるようになっていた。文化財が文化財として認識されるようになったのは2005年で、古遺物と無形文化財の種類が指定または登録され始め、建築に類する文化財はもはや文化財の代名詞

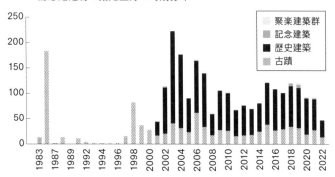

図1　台湾の古蹟、歴史建造物、聚落建造物、
　　　記念建造物の指定登録の時期分布

出典：文化資産網（nchdb.boch.gov.tw）、この調査による編集、データは2022
　　　年8月まで。

ではなくなった。

　指定・登録時期から判断すると、1982年に文化資源法が成立・施行され、1983年と1985年に当時の第1級、第2級、第3級古蹟が多数指定された。1997年に文化財法が改正され、国定、省（市）定、県（市）定の3つに分類され、中央内政部の指定から外れたため、1997年と1998年には地方の指定古蹟は全部で99カ所となり、そのなかのほとんどが日本統治時代の建造物であった。

　その後1999年の9.21地震の影響で、2000年に文化資源法が修正され、歴史的建造物のカテゴリーが増え、2001年に歴史的建造物の登録が始まった。2003年には金門県が98件の歴史的建造物を一括して登録し、その数は増加し、年間222カ所に至った。2005年の法改正により報告制度が追加され、文化資産の数が再び急速に増加した。[2]

（2）管理・保守・再利用の導入

　一棟の建物が文化財になると、すぐに多くの問題に直面する。それは、どのように修復／維持するか否か、どのように再利用し管理するのか、の問題である。有形文化財でも無形文化財でも、指定のための指定ではなく、登録のための登録である。可能性のある文化財が文化財審議会で法定文化財とし

表1　各県市の古蹟、歴史建造物、聚落建造物、記念建造物群の指定登録数

県　市	古　蹟	歴史建造物	記念建造物	聚楽建築群	合　計
台北市	193	311	4	3	511
金門県	93	148	2	1	244
台南市	143	85	0	1	229
台中市	58	120	3	1	182
新北市	92	77	2	0	171
彰化県	61	106	0	2	169
桃園市	28	96	0	0	124
宜蘭県	40	83	0	0	123
高雄市	51	66	1	0	118
雲林県	28	84	0	1	113
屏東県	22	72	0	4	98
澎湖県	27	56	2	2	87
花蓮県	20	65	0	2	87
苗栗県	16	58	0	0	74
新竹県	31	42	0	0	73
新竹市	41	30	1	0	72
南投県	18	45	2	0	65
台東県	0	50	0	0	50
嘉義市	17	30	0	1	48
嘉義県	23	24	0	0	47
基隆市	16	29	0	0	45
連江県	4	5	0	2	11
合　計	1022	1682	17	20	2741

出典：文化資産網（nchdb.boch.gov.tw）、この調査による編集、データは2022年8月まで。

て決定されると、その文化財は実質的に指定・登録公告の時点からすでに管理・維持の段階に入る。しかし、これまで台湾の文化財の多くは、文化財の価値を守る上で、指定登録後に、さまざまな保存・維持・管理を怠ることが多く、文化資産価値を擁護する重要な工作は、多くの公示した法定文化資産を導いたが、調査研究費用、あるいは修復再利用する費用を欠き、効果的な管理、維持、修理、再利用が長期にわたって行われなかった。このため時間の経過とともに、文化財の価値が徐々に減少または低下した。これは保存の本来の目的ではない。

　古い建物の再利用自体、特に特色のある、成功した再利用を達成するのは、複雑な思考、設計、計画のプロセスにあり、本質的に多くの考慮を必要とする。この点について傅朝卿氏は、主に4つの考え方をまとめている：（1）建物のライフサイクル期の再循環機能の継続的使用（2）構造の安全と現代の機能の双方を考慮した保存方法（3）歴史性と現代性の両方を考慮した保存方法（4）建築物の財経上、持続可能な経営[3]、これらの文化財を修復すると同時にその後の維持運用の可能性を考える。これが再利用の概念の導入である。本来の機能が維持できるなら、建物の損壊部分を修復するとともに、不適切な増築を除去することで建物自体を良好な状態に維持する。

　しかし、文化財に指定された時点ですでに建物自体の状態が悪く、その原因が本来の機能を失い破棄されている場合には、文化財指定後に新たな建物が必要となり、新たな機能の導入により、建物の文化財の有効運用が促進され、再放棄による破壊が回避される。この観点は『文化資産保存法』にも反映され、度重なる改正により、建築文化財に必要な業務、すなわち「修復・再利用計画」の一環として徐々に定着してきた。

「古蹟修復及再利用弁法」第3条第2項：
前条第1項の再利用計画には、次の事項を含むものとする。
一．文化財の価値と再利用適否の評価。
二．再利用原則の検討と経費概算の策定。
三．必要な調査と現状の説明。
四．再利用に関連する建築、土地、防火、その他の関連法規の検討と建議。

五．古蹟、歴史建造物、記念建造物及び聚落建築群の建築管理における土地使用、消防安全処理弁法第4条に基づく計画及び提案。

六．再利用に必要な設備システム、経営管理の建議。

上記の再利用計画事項には、次の概念が含まれる。

一．建築文化財の再利用事業は、まず文化財の価値に応じて再利用の適否を検討し、再利用の適否に基づいて再利用の原則を提案する必要がある。現在の運用過程から判断すると、再利用の適宜性や原則は、建物の既存の特性に基づいて、建物の文化財を再利用するための一連の「方向」や「機能」を検討することが通常である。

二．この方向と機能の設定は、通常、過去の経験、周囲環境の需要、さらには新しい運営内容やモデルを考慮して制定される。建物自体の所有権者の属性を考慮すると、この方向性と機能の設定は異なる。文化財、特に公共の文化財は公益性をもつと考えられることが多く、公共の福祉の性質を伴う再利用と機能、例えば博物館、文化財館、展示などが設立されることがよくある。

三．機能設定について議論した後、この再利用の方向と機能を完成させるために必要な建築設計と工程上の追加を再検討する。これには、図面の作成、建築、土地、消防などの関連法令の検討、およびそれに必要な対応計画が含まれる。この過程は、建物再利用の法的手続きを完了するために必要な過程である。再利用の考えを高める必要がある場合も多く、既存の法令の制限を排除するための対応計画を確認する必要がある。

四．ただし、時空の背景や導入予定メーカーの変更により、当初設定した方向や機能が異なることが多く、実際に再利用の企画・設計を開始する際には、その方向や機能が異なり、大きな隔たりが生じることがあり、再利用計画を練り直す必要がある。したがって、最適な再利用方案を見つけるには、初期段階で、長く、非常に困難な過程を経ることが必要となる。

（3）研究方法と流れ

　文化遺産の修復と再利用には一定の手順があり、個々の建築事例の場所、敷地条件、その後の活用モデルの戦略によって異なる。本来、個々の建築物の再利用には開放性のある活用方法が必要であり、総合的な議論と分析がなければ、より完全な情報分析を行うことが困難である。本研究では、まず法定文化財の保有数が比較的多く、再利用の事例も多い日本式宿舎を対象に、「国家文化資産網」を通じて、事例の基礎情報を収集し、修復・再利用の類型を分類し、横断的に所在地、時間などの要因に基づき検討をすることとする。

2．文化財としての日本式宿舎

（1）台湾の日本式宿舎制度

　台湾が日本の植民地統治下にあった期間（1895年から1945年）、台湾総督府の行政制度のもとに各級の役人が置かれ、これら植民政府役人の基本的な住居の需要を満たすために、各地に多数の官舎が設置された。これらの官舎は、建設年代の違い、各地の気候や環境条件の違い、設計チームの技術、用いる材料などの違いにより、さまざまな形態をしているが、これらの建築物は実際には台湾の日本統治時代の建築のなかの重要な部分を占めている[4]。

　現在、「日本式宿舎」または「日本宿舎」と呼ばれるものは、主に日本人の住居の特性をもつものであるので、外国植民地文化の最も代表的な文化産物と言える。ただし、所謂「日本式宿舎」や「日本宿舎」などの通称は、実際には日本人の住居全般を指し、台湾における日本人の居住を目的として設計・建築され、背景の違いにより、官舎、「公営住宅」、社宅、営団住宅および民間住宅等の体系に分かれる[5]。同時に、一般政府機関、学校、警察、専売事業、鉄道、その他の単位を含む、対応する機関と関連している。その後、同様の間取りや建築構造方式に基づいて日本家屋が自費で建てられるようになった[6]。

　このような建設体系、特に政府の各部が建設する官舎は、官職の階級に応じて官舎の種類と配分を原則とするものであったが、1922年に官邸の建築

標準化が公布されて以降、それが官舎建築物の建築基準となった。[7] したがっ
て、標準化された日本の公用建築物は、その規模、構造、工法等の外観造形
上は類似性が高く、その規模、構造、工法等はすべてトレース可能であるが、
異なる特殊な地域条件の下で若干の差異が存在する。

台湾日本統治時代の官舎建築特定フローチャート[8]

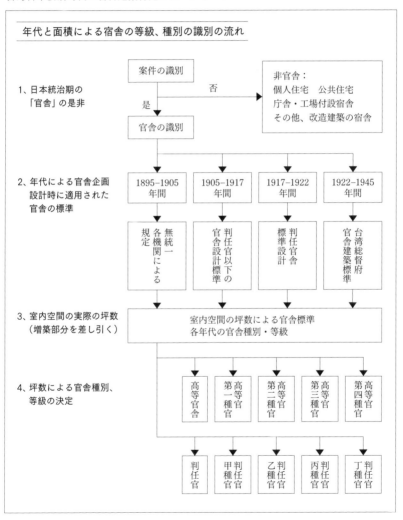

（2）法定文化財になった日本式宿舎

ａ．類型の定義

長年にわたる文化財法の改正と文化財に代表される時代の流れに伴い、日本式宿舎も徐々に法定文化財の指定登録対象となってきた。ここでいう日本式宿舎とは、主に日本統治時期の木造住宅であり、標準図面や共通プランで建てられた宿舎や官舎に限定される。実際、登録された該当する建物の名前は、後に使用する単位に基づいている可能性があるため、実際にはもう少し多様な例が見られる。

しかし、外観から、いくつかの特徴を大まかに要約できる。

（1）日本統治時代に建設された。

（2）主に木材で作られ、特に雨淋板の外装が使用されている。

（3）住居として提供され、通常は集合的な従業員または職員の宿舎である。

（4）一部の宿舎は自前で建てられているが、建物の風格は標準的な宿舎を継承し、微調整を加えている。

ｂ．資料の収集

以上のような「日本式宿舎」の位置づけを通じて、現在法定文化財となっている「日本式宿舎」のデータを収集する。検討と比較は、以下のような流れで、国家文化資産網を通じて行われる。

（1）文化財の種類は「住居」であり、システム上の登録は日本統治時代のものである。しかし、この審査方法では、多くの日本式宿舎の文化財カテゴリーが「その他」として無視されやすい。また、官舎や宿舎ではない私邸（伝統的な一般住宅建築など）の場合も簡単に除外されてしまう。

（2）文化財の名称には「宿舎」、「官舎」が含まれる。この審査では、日本統治時代に属していない官舎や宿舎も簡単にリストに含まれる。

（3）上記の事前審査を経て、日本式宿舎の定義に該当する建物については、文字説明や写真の外観等を審査・判定の方法として手作業方式で調整する。

（4）歴史的建造物として登録されている宿舎であっても、その名称や内容

は「建物群」として記載されている場合や、逆に、一見建物群であるにもかかわらず、登録の際に個別の家屋番号で指定されているものもある。この種のケースは一部の県市で特に顕著であり、個別のケースを含めたり除外したりすることで処理される。

(5) 統計作成を簡略化するため、単体、集合体を問わず、個別名と件数を単位とし、それ以外区切りをしない。

c．事例の予備分析

―数量と県市―

一連のプロセスを経過し、計278件が日本式宿舎に属し、事例の分布は県市に整理した。このうち台北市の件数が最も多いが、日本式宿舎の場合、台北市では一つの門牌を一つの文化資産という指定登録方式を採用している。しかし他の県では、同じような日本式宿舎のグループが1つのケースとして指定されたり、登録されたりすることがある。この食い違いは、是正が必要な比較問題を引き起こす。

図2　各県市の日本式宿舎事例図

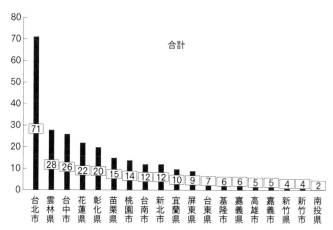

出典：文化資産網(nchdb.boch.gov.tw)、この調査による編集、データは2022年8月まで。

―日本式宿舎の事例比率―

ただし、この数字の多さは各県市の日本式宿舎の割合を表すものではない。各県市の有形文化財の数を比較した結果、花蓮県、雲林県、苗栗県、台中市、台東県などの県市では日本式宿舎の割合が全県の平均よりも高く、特に花蓮、雲林、苗栗のトップ3市では、文化財4～5件に1件は日本式宿舎であると言える。一般的なイメージ通り、かなりの数の日本式宿舎が法定文化財に指定・登録されている。

表2　県市日本式宿舎比例比較表

県市	有形文化財の数量（注1）	日本式宿舎の文化財数	日本式宿舎の割合
花蓮県	87	22	25.3%
雲林県	113	28	24.8%
苗栗県	74	15	20.3%
台中市	182	26	14.3%
台東県	50	7	14%
台北市	511	71	13.9%
基隆市	45	6	13.3%
嘉義県	47	6	12.8%
彰化県	169	20	11.8%
総数(注2)	2399	278	11.6%
合計(注3)	2741	278	10.1%

出典：文化資産網（nchdb.boch.gov.tw）、この調査による編集、データは2022年8月まで。
注1：有形文化財とは、古蹟、歴史建造物、記念建造物、聚落の建物等を主とする建築文化財をいう。
注2：澎湖県、金門県、連江県には日本式宿舎がないため、3県市の有形文化財の総数を差し引いて割合を平均した。
注3：全有形文化財の合計数量をもとに算出。

―県、市および指定登録時間―

一般的には、文化財法の改正や歴史建造物の種類の追加などにより、日本式宿舎の指定登録が数多く法定文化財の対象となり始めた。後の統計から判断すると、2006年と2007年の指定・登録件数が他の時期に比べて相対的に

図3　日本式宿舎の指定登録時間の分布図

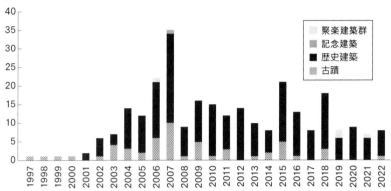

出典：文化資産網(nchdb.boch.gov.tw)、この調査による編集、データは2022年8月まで。

表3　各県市の日本式宿舎の指定登録時間の分布比

県・市／年代	1997－1999	2000－2004年	2005－2009年	2010－2014	2015－2019	2020－2022	合計
台北市	4.23%	15.49%	49.30%	8.45%	9.86%	12.68%	100.00%
雲林県	0.00%	0.00%	42.86%	21.43%	28.57%	7.14%	100.00%
台中市	0.00%	3.85%	11.54%	30.77%	50.00%	3.85%	100.00%
花蓮県	0.00%	4.55%	31.82%	36.36%	27.27%	0.00%	100.00%
彰化県	0.00%	10.00%	20.00%	20.00%	40.00%	10.00%	100.00%
苗栗県	0.00%	6.67%	26.67%	33.33%	20.00%	13.33%	100.00%
桃園市	0.00%	7.14%	7.14%	42.86%	28.57%	14.29%	100.00%
台南市	0.00%	25.00%	25.00%	25.00%	25.00%	0.00%	100.00%
新北市	0.00%	8.33%	33.33%	33.33%	25.00%	0.00%	100.00%
宜蘭県	0.00%	30.00%	50.00%	10.00%	10.00%	0.00%	100.00%
屏東県	0.00%	11.11%	22.22%	11.11%	44.44%	11.11%	100.00%
台東県	0.00%	14.29%	57.14%	14.29%	14.29%	0.00%	100.00%
基隆市	0.00%	33.33%	50.00%	0.00%	0.00%	16.67%	100.00%
嘉義県	0.00%	16.67%	16.67%	16.67%	50.00%	0.00%	100.00%
高雄市	0.00%	0.00%	20.00%	60.00%	20.00%	0.00%	100.00%
嘉義市	0.00%	0.00%	60.00%	0.00%	0.00%	40.00%	100.00%
新竹県	0.00%	0.00%	25.00%	25.00%	25.00%	25.00%	100.00%
新竹市	0.00%	25.00%	0.00%	25.00%	50.00%	0.00%	100.00%
南投県	0.00%	0.00%	50.00%	0.00%	0.00%	50.00%	100.00%
合計	1.08%	10.79%	33.81%	21.22%	24.46%	8.63%	100.00%

出典：文化資産網(nchdb.boch.gov.tw)、この研究による編集、データは2022年8月まで。

高かったのは、2005年に「文化財保存法」に追加された届出制度によって日本宿舎が市民団体からの報告書を経て、文化財の審査手続きに入ったことと関係があると考えられる。各県および市の指定登録回数の時間の分布から判断すると、2005年から2009年の間に、県および市の半数（50％）で指定登録の件数が多かった（県および市の件数の30％以上を占める）。このことは、文化資源法改正後の届出制度との関連も推測される。[9]

—種類—

ほとんどの日本式宿舎は、指定登記の「種類」上、「住居」として認めらる。ただし、「その他の施設」に認定されたケースもかなりの数（60件）ある。文化財の指定登録は、カテゴリーの認定のため、通常、文化財委員会での審議を経て決定される。一部の事例での議論では、「住居」は民家や住居に近いが、職員宿舎に類する日本式宿舎とは意味が異なるため、その他の登録施設に指定されている。他の種類の宿舎は、異なる機関や業種の付帯スペースに属し、指定登録の際にはその機関の管理空間と併せて指定登録されるため、その他の種類として認定される。

図4　日本式宿舎文化財の種類分布

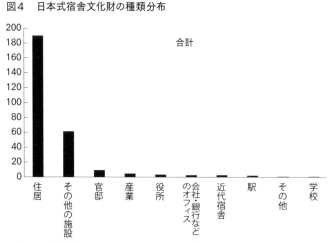

出典：文化資産網(nchdb.boch.gov.tw)、この調査による編集、データは2022年8月まで。

「種類」の認定の問題については、ほとんどが住居として指定されている
とはいえ、種類についてより詳しい説明がなければ、各県市文資委員会の討
論、論述、認知に依頼し決定する。この研究の定量化の議論には、さらなる
修正や一般化が必要な場合が多い。

　―修理するかどうか―

　多くの日本式宿舎が指定登録される時、長期間の使用により大規模な増改
築が行なわれていたりして、長年放置されて老朽化や傷みが生じている場合
がある。通常、指定登録後に、文化財の全体的な修復が期待される。実際に
一部の日本式宿舎は、指定登録前後に住居として使用されており、大幅な増
改築も行われておらず、外観を損なうことがなかった。その場合、現時点で
は「まだ修理の必要なし」となる。

　未修復状態の場合の日本式宿舎が依然として多く、特に2007年に指定登
録件数が最も多かった物件では、3分の1近くが修繕の必要があり、いまだ
修復されていない。これは、財源の配分や所有権などの要因が大きく関係し
ていると思われる。

図5　日本式宿舎の修復状況と登録指定年度

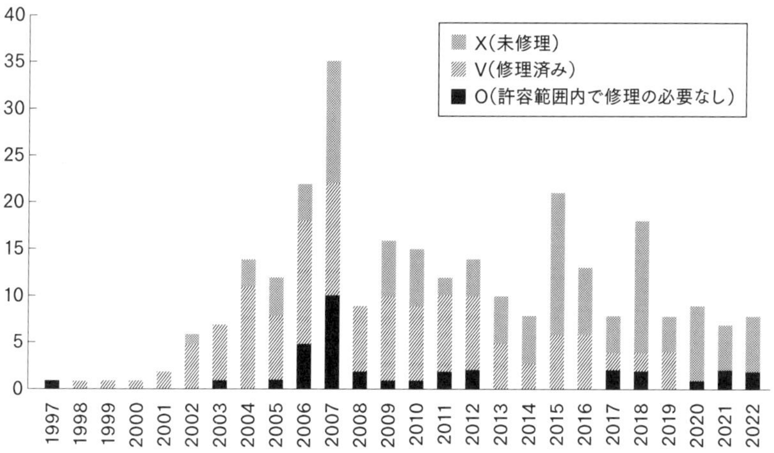

出典：本調査による集計、データは2022年8月まで。

3．日本式宿舎の文化財としての再活用

　未修復のケースでは、まったく使用できないため、使用モデルについて議論する基盤がほとんどない。そのため、再利用および現状の使用状況の分析は、状態が良好で修復されたもの（162カ所）に限定される。活用を進める場合、建物の改修や新たな機能の導入を伴うことが多い。特に再利用の機能の設定は、文化資産による制約があるだけではない。日本式宿舎の多くは依然として公有であり、政府からの補助金を受けており、公共の福祉が期待されている。現代の環境では、実際的な運用上の課題に直面している。文化財に適切な事業活動を導入することは持続可能な経営の基本的な考え方であり、文化財と相容れる商業活動を通じて、日々の維持管理収入を増やすことが可能である。[10]

　文化財の運用には、往々にして複数の種類と側面が含まれる。詹謹菱氏は論文の中で、経営、活動、宣伝を含む3つの主要な側面を提案している。経営には、飲食、宿泊施設（民宿）、店舗、展示会が含まれる。活動には、アート、共同近隣管理活動への参加が含まれる。プロモーションの観点からは、インターネット、仮想世界、およびWebサイト上の友人との接続モデルを使用する。[11]日本式宿舎が法定文化財となった後は、文化財法の規定に基づいて修繕されるほか、実際の再利用機能は独自の主軸を持つ場合が多いが、異なる運営手法が混在することもある。いわゆる「投資」は、実質的な「商業」活動だけではなく、アウトソーシングの総称であり、この機能は必ずしも実質的な商業活動のみを行うわけではない。したがって、機能分類においては、主軸からの分析が必要な判断プロセスとなる。

（1）再利用の機能分類

　再利用の形態は明確に定義・分類されておらず、また、それぞれの場合に提示される状態は、複合的な利用形態を持つことが多く、必ずしも単一の利用機能のみを持つわけではない。したがって、整理することで使用方法が分類される。この分類は、建物の計画に使用される建物の用途ではなく、実際の使用様式に基づいた分類である。[12]

表4　再利用使用機能の分類

訪　　問	展　　覧	講座－コース	展　　示	展　　演 （パフォーマンス）
図書館・書店	芸術と創造	地域福祉の つどい	学生のための 教室	長期介護の施設
飲　　食	体　　験	市　　場	宿泊施設	商　　品
飲み物	投　　資	家族の活動	親子体験	宿　　舎
その他	プライベート 会館	倉　　庫	オフィス	な　し

出典：本研究により作成

　上記の類型のうち、いくつかのタイプは次のように定義される。

表5　静的運用モデルの定義

訪　　問	展　　覧	展　　示	公　　演	芸術と創作
建物の修復後は、屋内と屋外の空間が当時の姿で公開され、一般の人々が訪れることができる。	建物の修復後は、市民が訪れることができるように、特定のテーマを設定して屋内外のスペースで展示やアクティビティが計画、組織される。	建物の空間に特定のテーマの設定があるが、積極的な展示設計ではなく、絵画や物体の展示方式によってのみ表現される。	展覧や展示と連動して、ダイナミックなパフォーマンス活動を企画することができる。	特定の芸術表現形式を主軸として、芸術家、作家が滞在し創作する機会を提供する。

出典：本研究により作成

　一方、関連する定義は次のようになる。

表6　商業性のある運用モデルの定義

食　　事	飲　　料	商　　品	体　　験	親子体験
飲食のサービスの提供、広い空間がある。	飲料を伴うサービスを提供、スペースは比較的小さい。	文化・クリエイティブ商品の展示・販売をはじめ、スペース内での様々な商品の販売サービスを提供。	空間の特性を踏まえ、顧客に特定の時代・状況を体験させるサービス。	空間の特性を踏まえ、顧客がその時代・状況の体験をする。ただし、親子連れの客層を考慮すると日式宿舎の普遍的な雰囲気とは少し性質が異なる。

出典：本研究により作成

表7　特定用途運用モデルの定義

宿泊施設	宿　舎	なし
不特定の対象については、民宿、旅館等のレジャー・宿泊の機能を運営する。	宿泊の機能を維持し、特定の対象者に宿泊施設を提供する。	修復後はそのままにしておくか、修復せず、積極的に使用しない。

出典：本研究により作成

　上記の機能概要から、機能の使用方向を大まかに標準化することができる。観察の切り口として、文化財の再利用を進める際によく議論されるのは、それが「公益」なのか、否か、再利用後に建物が外部に公開されるのかという問題である。特に、この案件が法定の文化資源であり、公共部門によって所有および管理されている場合、アウトソーシング（外部委託）のプロセスはしばしばそのような困難に遭遇する。漢王が高雄の英国打狗総領事館を運営していた時代から、訪問者数は過去最高を記録したものの、「文化財教育」の公共福祉性を満たさないとして契約は更新されなかった。古い家屋が商業的利益によって、地域のアイデンティティや文化遺産などの無形の価値の再生が失われる。⁽¹³⁾このような批評はまた、法定文化財、あるいは法定文化財の地位を持たない古い家屋であっても、単に公共財産か私有財産かというだけでなく、本質的に再利用には公的責任があるとみなされる、という考えを強くするものである。

　これに基づいて、「商業」に対して「公共の福祉」を、「内向型」に対して「外向型」をスペクトルの両端に対置し、⁽¹⁴⁾再利用機能を分級モデルから分類することも可能となる。

表8　使用機能特性の分類と分級

	公　益	商　業
外向性	芸術文化を核として、対外開放や人材募集などの方式を通じて運営目標を定める。	現代のビジネス運営を手段とし、運営から得られる経済的利益を目標とする。利益を達成するために、対外開放の方式でもって多くの来場者に消費を促す。
内向性	芸術的、文化的、社会的機能を核としているが、利用者は比較的限られており、一般公開されない場合もある。	商業的利益に基づいて運営されているが、対象となる顧客層は限定されており、必ずしも常時、公開されるわけではない。

出典：本研究により作成

　参考「公益－商業」と「外向－内向」の概念に基づき、上述の使用類型は、次のように分類・分布される。

図6　使用機能特性の分類と階層の分類

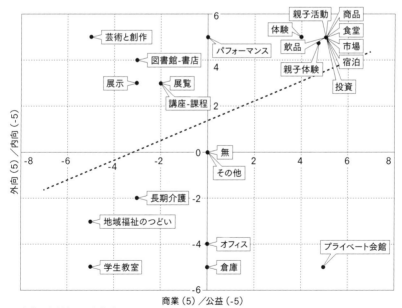

出典：本研究により作成

同様の類似的分布の利用形態をさらに分類すると、4種（A、B、C、D）に集約でき、大まかに次のように説明できる。

A：この種の使用は、ほとんどが静的であり、公共の福祉を目的としている。日本式宿舎という空間は、博物館レベルの施設にはなり得ないものの、機能的には「商業利用」に比べてより公共的・知的用途となっている。複合性をもつ商業用途が含まれている可能性もあるが、最終的な数量の統計から判断すると、これらの日本式宿舎は依然として再利用の機能の大部分を占めている。

B：この種の使用は、主に静的で非包括的な外部世界への開放が主である。特に、宿舎、居住、倉庫、事務室などのスペースは維持されており、機能面での大幅な変更や調整は行われていない。「なし」のケース（つまり、

分類	数量
A	129
参観	31
展覧	28
講義―コース	25
展示	21
公演	14
図書館・書店	6
芸術と創造	4

分類	数量
B	81
なし	44
宿舎	20
その他	14
プライベート会館	1
倉庫	1
オフィス	1

分類	数量
C	5
地域社会のつどい	2
学生の教室	2
介護	1

分類	数量
D	83
飲食	37
体験	13
市場	9
宿泊施設	8
商品	8
飲物	4
投資	2
親子の活動	1
親子体験	1

積極的に再利用されていない）のケースが少なくないので、B類の全体的な数はD類のそれに似ている。

C：この部分の使用は、地区住民、学生、長期入居者などの内部使用を目的としている。しかし、統計的に見るとその数は非常に少ない。

D：この種の使用は主に「商用」による使用で、商用利用により関連収益が見込まれ、自力による再利用が可能となる。その中でケータリングの利用は明らかに最も多く、民間団体による見直しの対象となることが多い。

図7　使用機能の特性分類と数量区分図

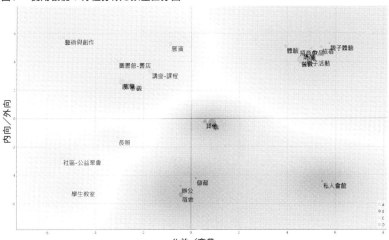

出典：本研究により作成。

訳者注：原書の印刷が不鮮明であるため忠実に再現することができない。図内の項目は、図6の項目にほぼ合致している。それを前提に参考にしていただきたい。

（2）再利用の分析

a．指定登録年代の分析

指定登録年代に基づいていえば、再利用の類型に明らかな違いはない。数量の上で大きな差がある場合、それは2001年から2005年の期間にあるはずで、B類型は他の期間のケースほどでなくほぼ均等している。

図8　再利用使用類型と指定登録年代の分布

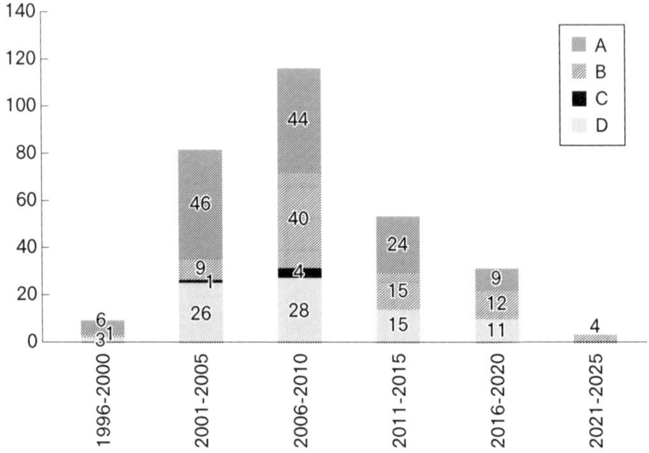

出典：本調査により集計、データは2022年8月まで。

表9　再利用使用類型と指定登録年代の分布比率

	1996–2000年	2001–2005年	2006–2010年	2011–2015年	2016–2020年	2021–2025年	合　計
A	2.01%	15.44%	14.77%	8.05%	3.02%	0%	43.29%
B	0.34%	3.02%	13.42%	5.03%	4.03%	1.34%	27.18%
C	0%	0.34%	1.34%	0%	0%	0%	1.68%
D	1.01%	8.72%	9.4%	5.03%	3.69%	0%	27.85%
合　計	3.36%	27.52%	38.93%	18.12%	10.74%	1.34%	100%

出典：本調査により集計、データは2022年8月まで。
注：背景が濃いグレーは横軸の比率が最も高い類型を表し、薄いグレーは縦軸の比率が最も高い類型を表す。このうち、2001年から2005年までのA類型は、横軸、縦軸ともに最も件数が多い時期であった。

b．県および市ごとの分析

個別のケースにより、指定登録後の再利用は依然として県市審議会の承認が必要であり、調査研究報告段階での再利用も各県市の委員会の審査と承認が必要となる。したがって、県および市の委員の意見が県および市の再利用ケースの分類に影響を与えることがある程度想定される。

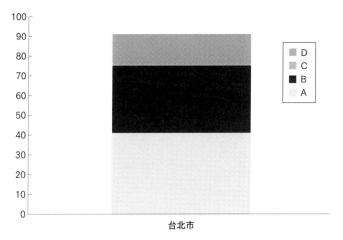

図9　台北市における日本式宿舎再利用使用類型数量の分布

出典：本調査により集計、データは2022年8月まで。

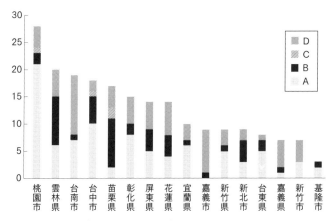

図10　桃園市等16県市の日本式宿舎再利用使用類型数量の分布

出典：本調査により集計、データは2022年8月まで。

　台北市では個別の事例が多いため、図形での表現は個別の確認に適している。台北市以外の県や市はまとめて配列すると、県や市の事例の再利用類型の表現にかなりの差異が見られる。

図中の数量をパーセンテージ数値に変換すると、さまざまな県や市の傾向がより明確にわかる。明らかに、桃園市、台中市、彰化県などの地域では、主にＡ類（展示、展覧会など）の事例の割合が非常に高い。それに対し、雲林県と苗栗県はＢ類（住居または未使用）、台南市、嘉義市、嘉義県ではＤ類（商業用）の割合が高い。

表10　県、市における再利用使用類型の分布の割合

	A	B	C	D	合計
台北市	13.76%	11.41%	0.34%	5.03%	30.54%
桃園市	7.05%	0.67%	0.34%	1.34%	9.40%
雲林県	2.01%	3.02%	0.00%	1.68%	6.71%
台南市	2.35%	0.34%	0.00%	3.69%	6.38%
台中市	3.36%	1.68%	0.34%	0.67%	6.04%
苗栗県	0.67%	3.02%	0.67%	1.34%	5.70%
彰化県	2.68%	0.67%	0.00%	1.68%	5.03%
花蓮県	1.34%	1.34%	0.00%	2.01%	4.70%
屏東県	1.68%	1.34%	0.00%	1.68%	4.70%
宜蘭県	2.01%	0.34%	0.00%	1.01%	3.36%
新北市	1.01%	1.34%	0.00%	0.67%	3.02%
嘉義市	0.00%	0.34%	0.00%	2.68%	3.02%
新竹県	1.68%	0.34%	0.00%	1.01%	3.02%
台東県	1.68%	0.67%	0.00%	0.34%	2.68%
嘉義県	0.34%	0.34%	0.00%	1.68%	2.35%
新竹市	1.01%	0.00%	0.00%	1.34%	2.35%
基隆市	0.67%	0.34%	0.00%	0.00%	1.01%
合　計	43.29%	27.18%	1.68%	27.85%	100.00%

出典：本調査により集計、データは2022年8月まで。
　注：背景が濃いグレーは各県および市で最も高い割合を持つ類型を表し、薄いグレーはこの類型の割合が最も高い県および都市を表している。台北市の割合が高いため、下線は、台北市を除いた後、この類型の割合が最も高い県と市を表している。

おわりに

　本論は、データの目録と類別を行なったものであるが、まだ初歩的調査の
レベルにある。時間の関係で、深く掘り下げたり、専門家へのインタビュー
を通じて議論したりすることはできていない。しかし、日本式宿舎は多数残
されており、台湾全土に点在しているため、文化財届出制度により次々と法
定文化財となりつつある。日本式宿舎には様々な形態やレベルがあるものの、
修復・再利用に関しては比較的完全な体系が形成されており、調査研究から
修復に至るまで、かなり充実したプロセスと考え方が確立されていると言え
る。

　すでに日本式宿舎の事例は、建築文化財全体の10.1％を占めており、日本
式宿舎の事例がない澎湖、金門、連江を除くとその割合は11.6％となり、ほ
ぼ1／9に達する。日本式宿舎は、文化財の種類のなかで最も高い割合を占
めている。文化財指定資産が選定であるという観点からすれば、これらの日
本式宿舎が指定登録の価値や条件を備えているかどうかについては、実はか
なり疑問の余地がある。

　本論は、指定登録の数と分布を整理することに加えて、修理後の再利用さ
れたケースの目録に見られる、もう１つの興味深い現象も紹介した。多くの
民間の団体が商業利用のための文化財の再利用を批判しているが、本論の観
点は、実際には商業利用はその一側面にすぎず、他の展示、コミュニティ、
または静的利用が依然としてかなりの割合を占めている可能性があることを
示している。すなわち、おそらく個々の県や市における同様のケースはすべ
て同様の再利用パターンを示しており、これは、再利用の決定プロセスにお
いて、特定の委員会のメンバーが好みを持っていることをさらに明確にして
いる。再利用の機能の選択には、往々にして標準的な答えはないのである。

[注]

(1) 林會承、『台湾文化資産保存史綱』第3冊（台北市：遠流、2011年）。

(2) 2005年に公布・修正された『文化資産保存法』第12条：所轄機関は、個人や団体から提出された古蹟、歴史建造物、聚落の価値のある建造物の内容と範囲について、法にもとづき一般調査を実施したのち、受理する。この条文は、一般の市民団体が古蹟、歴史建造物、聚落を報告するための法的根拠を提供している。この制度は2016年の法改正でも継続された。

(3) 傳朝卿、『旧建築再利用：歴史、理論、実例』（台南市：古都保存再生文教基金会、2017年）。

(4) 陳信安、『台湾総督府官舎建築標準之研究』（未刊行博士論文）、国立成功大学建築研究所（2004年）。

(5) （一）「官舎」は、官公庁に雇用される職員及び官公庁の機構が雇用する職員の住居として国が整備する公的宿舎をいい、主に高等官舎と判任官舎の2つに分けられる。各種職員宿舎、独身宿舎、合宿所等の宿舎もある。（二）「公営住宅」も政府が建設し、民間人が居住・使用するために低価格で賃貸できる住宅である。（三）「社宅住宅」は、企業等が建設する職員宿舎である。（四）「営団住宅」は、営団住宅等の建設会社が建設する住宅を指す。（五）「私宅」は、個人が建築する民間住宅をいう。陳信安、同上。

(6) 同上。

(7) 陳錫献、『日治時期台湾総督府官舎標準化形成之研究（1896至1922年）』（中原大学建築研究所修士論文、2002年）。

(8) 陳信安、前掲書。

(9) 登録当初は歴史建造物として登録されていたものの、その後記念建造物にカテゴリーが変更され、データの表示に時間的なずれが生じた例もある。「最初」に法定文化財となった時期を示すため、このギャップは残されている。

(10) 傳朝卿、前掲書。

(11) 詹謹菱、『台南府城老屋新生之氛囲空間研究』（東海大学建築学系修士論文、2014年）。

(12) 『建築法』とその準法である『建築物使用類組及変更使用弁法』によれば、建物には公共の集会、商業、工業、倉庫、レジャー、文化教育などの複数の用途の枠組みが定められている。ただし、実際には各枠組みにサブカテゴリーの許容範囲について細かい規定があるため、文化財の再利用機能の観点からは、この建築物用途枠組みの分類は参考の価値があり、実際の使用パターンに従って判断される。

(13) 葉瀚中、「老旧房子的民間経営模式與其在地性之研究」（南華大学建築與景観学系環境芸術修士論文、2012年）。

(14) 「公益」使用の対立面（非公益）は、多くあると考えられるが、本論の出発点としての予備調査と比較の便宜を考慮して、「商業」を対立語として設定する。

凡　　例

・原則として、資料等の旧漢字は当用漢字に改めている。
・各論説中の注釈は、執筆者の表記方法を尊重し、最低限の統一にとどめ、全体を統一していない。

あ と が き

　かつての日本の出版界には、中国関連の書籍がシリーズ本として、また叢書として何種類も刊行されていた。ジャンルは、歴史、政治、経済、文学、思想……であり、それぞれが現在でも読むに値する価値をもっている。しかし最近は、そうした書籍が書店の店頭から姿を消している。出版界が様変わりしたこと、中国への日本人の関心が変化してきたことが原因であろう。

　本書は、近現代の台湾を中心テーマとする叢書として、刊行するものである。久しぶりともいえる叢書であり、一般財団法人霞山会と台湾国立台北大学との共同企画である。

　本書刊行の目的、趣旨については、冒頭の台北大学蔡龍保教授による解説があるので、ここで述べるまでもない。ひと言、編者の感想を付け加えるならば、日本統治時代の台湾を深掘りした各論説から、日・台関係の現在に至る源流を知ることになったということにある。ここには、特定のイデオロギーによる歴史解釈は存在していない。台湾研究が進化しているこうした現状を、本書と台湾版の二冊を通して、台湾と日本の読者に提供できると考える。

　霞山会版について、説明しておきたい。

　8篇の論説のなかの6篇は、中文からの翻訳である。テーマは、日本統治時代の漁業、通信、台湾鉄道、台湾の酒、日本人の植民政策論、戦前戦後の台湾映画の二重性、現在の日本人宿舎の保存状況…、と多岐にわたる。翻訳するにあたっては、執筆者の協力を得た。あまりにも領域が広く、個人による翻訳には、各論説の理解が不十分であると考えたからである。執筆者各位は、日本語文献を自由に読むことができることから、まさに共同訳を担当してもらえたと感謝している。

　日本の大学に所属する研究者2篇は、三澤真美恵（日本大学文理学部）教授、林采成（立教大学経済学部）教授の執筆によるものである。長年にわたり積み重ねてきた、重厚な研究成果を提供していただけた。「序」をお寄せいただいた国立台北大学李承嘉学長、歴史学科何淑宜主任をはじめ、執筆いただいた皆さんにお礼を申し上げたい。

霞山会と国立台北大学に集まった研究者による研究成果の共有と発信を通じて、日台間に存在し、将来にわたる近現代史の実相が読者の皆さんに伝わることを願っている。

（編集委員会を代表して）

小山 三郎

2024年 3 月

霞山アカデミー 近現代東アジア研究叢書
日本統治期 台湾の経済、産業発展再考

2024 年 5 月 15 日　第 1 刷印刷
2024 年 5 月 15 日　第 1 刷発行

発 行 所　　一般財団法人 霞山会
　　　　　　〒107-0052 東京都港区赤坂 2-17-47 赤坂霞山ビル

編集委員長　　小 山 三 郎（責任編集）

編 集 委 員　　倉持由美子　千葉憲一　齋藤眞苗

発 行 者　　阿 部 純 一

印刷・製本　㈱興学社